Peter Zernisch

Markenglauben managen

Peter Zernisch

Markenglauben managen

Eine Markenstrategie für Unternehmer

WILEY-VCH

WILEY-VCH GmbH & Co. KGaA

1. Auflage 2003

Bibliografische Information Der Deutschen Bibliothek
Die Deutsche Bibliothek verzeichnet diese Publikation in der Deutschen Nationalbibliografie; detaillierte bibliografische Daten sind im Internet über <http://dnb.ddb.de> abrufbar.

Printed in the Federal Republic of Germany

Gedruckt auf säurefreiem Papier.

Satz TypoDesign Hecker GmbH, Leimen
Druck und Bindung Ebner & Spiegel GmbH, Ulm
Umschlag init GmbH, Bielefeld

ISBN 3-527-50055-3

Hans Domizlaff,
der mir den Weg zeigte,
Otto-Ernst Prast und
Tina Husvogt,
die mich veranlassten,
auf ihm fortzuschreiten.

Inhalt

Vorwort

Musste dieses Buch geschrieben werden?

Es musste, nicht obwohl es schon so viele Bücher über die Marke gibt, sondern eben deshalb. Der Tanz um die Marke hat ein hohes Tempo erreicht, und es scheint, als ob die Tänzer von ihrer Entdeckung ahnungsvoll berauscht wären. In solcher Stimmung liegen Chance und Risiko ganz nahe beieinander.

Tatsächlich verspricht der Einsatz von Markenstrategie unserer Wettbewerbsgesellschaft einen großen zivilisatorischen Entwicklungssprung und den beteiligten Unternehmen neues, gesundes Wachstum. Die Ahnung trügt nicht und die Chance sollten wir nicht verspielen. Sie ist jedoch durch das Missverhältnis zwischen der allgemeinen Begeisterung für die Marke und dem Unverständnis für ihr Wesen in diesen Jahren besonders gefährdet. Das Missverhältnis ist der Anlass für dieses Buch.

Das Missverhältnis zwischen Begeisterung und Unverständnis ist eklatant und komisch. Eine Marke ist eine Glaubenssache, kein rationaler Gegenstand. Jeder Mensch kann das leicht an sich selbst feststellen, wenn er will. Jeder kann sich auch selbst von der Macht seines Glaubens überzeugen: Immer dann, wenn seinem vernunftgemäßen Wollen sein Glaube entgegensteht, siegt sein Glaube.

Die Macht der Marke ist die Macht des Credo, nicht die der Ratio. Markenmanagement ist folglich Credomanagement. Trotzdem wird das Management der Marken heute fast überall rationalistischen, technisch-ökonomischen Prinzipien unterworfen. Daraus entsteht eine Markentechnokratie und die Ergebnisse enttäuschen zwangsläufig immer öfter.

Mit dem Talent einer Marke ist es wie mit dem Talent eines Menschen: Es kann sich unter naturwidrigen, wesensfremden Einflüssen nur im Widerstand gegen diese entfalten. So kann das unverstandene Talent einer Marke unter den Einflüssen einer Markentechnokratie nur als regelwidrige Überraschung in Erscheinung treten. Nennenswerte Markenerfolge sind ja auch tatsächlich bis heute selten und eher glückliche Zufälle als Managementerfolge.

Das Ziel dieses Buches ist, die dem Wesen der Marke entsprechenden Managementprinzipien darzustellen. Das sind nicht technologische, sondern anthropologische Prinzipien. Sie dürfen als empirisch einigermaßen gesichert angesehen werden. Ich konnte sie in mehr als vierzig Jahren und an mehr als hundert Marken praktisch erproben und ich war nicht der Erste. Eine erfolgreiche Arbeit unter diesen Prinzipien bleibt jedoch immer in besonderem Maße auf die persönliche Befähigung des Markenverantwortlichen angewiesen. Sie wird so manchen Leser in seinem Managementverständnis vor einen Paradigmenwechsel stellen.

Wie jeder erfolgreiche Wandel setzt auch dieser ein fundiertes Verständnis für seine Umstände voraus. Das muss sich jeder selbst erkämpfen. Um darüber nicht hinwegzutäuschen, habe ich in diesem Buch auf die unterhaltsamen, aber stets irreführenden Fallbeispiele und auf die Bequemlichkeit versprechenden Rezepte verzichtet. Ein tragfähiges Markenverständnis können Sie nur von Grund auf, ganzheitlich und ganz persönlich erwerben. Der Lohn für Ihre Mühe wird auch ein ganz persönlicher sein – nicht nur, aber auch.

Dem ganzheitlichen Wesen der Marke entsprechend habe ich den Stoff nicht analytisch zerstückelt, sondern so entfaltet, wie er sich in der Praxis darbietet. Um ihn anschaulich darzustellen, habe ich ihn unter vier Perspektiven behandelt:

Im ersten Teil des Buches, unter der persönlichen Perspektive, liefere ich einen Ausblick auf die Zukunft des Markenwettbewerbs, seine Auswirkungen auf Managementstruktur und Managementstil und die Entwicklungschancen des Markenmanagers. Im zweiten Teil, unter der pragmatischen Perspektive, versuche ich, dem Leser durch Orientierung über Kommunikationswirtschaft und Kommunikationsmanagement die praktischen Grundlagen für ein modernes Markenmanagement zu vermitteln. Im dritten Teil, unter einer erkenntnistheoretischen Perspektive, gebe ich dem Leser die Möglichkeit, sich selbst von der Wertschöpfungskraft der Marke zu überzeugen als Voraussetzung für ihre verständnisvolle Nutzung. Im vierten Teil, unter der strategischen Perspektive, zeige ich, mit welchen Mitteln, Methoden und Prinzipien sich der Markenmanager seine Erkenntnisse über die Kraftquelle seiner Marke im Wettbewerb nutzbar machen kann.

Ich habe dieses Buch für den unternehmerischen Menschen geschrieben, nicht für einen bestimmten Positionsinhaber oder Funktionsträger in einer bestimmten Unternehmensart oder Branche. Deshalb habe ich mich auch bemüht, so allgemein verständlich zu schreiben, wie es das Thema nur eben zulässt. Wer sich die Zeit nimmt , alle vier Teile des Buches mit gleicher Sorgfalt zu lesen, sollte auf ein Fundament hoffen dürfen, das stabil genug ist, um seinen Einstieg in ein Markenmanagement zu tragen, das die derzeit herrschende Markeneuphorie überlebt.

Dezember 2002 *Peter Zernisch*

Die persönliche Perspektive:

Warum ein Topmanager als Markenmanager besser lebt

Entwicklungsprognose

Indizien zur Unvermeidlichkeit des Markenwettbewerbs

Das *Branding* ist ein junges Managementthema. So ist es kein Wunder, dass im *Brand Management* entsprechend viele Fehler gemacht werden, auch sehr grobe Fehler. Der gröbste Fehler wäre jedoch, deshalb die Bemühungen um die Marke einzustellen. Auf die Marke und ihre Wirkung im Wettbewerb zu verzichten, kann sich in absehbarer Zeit kein Unternehmen mehr leisten. Denn der Wettbewerb, ganz gleich in welcher Branche, wird in der künftigen Kommunikationsgesellschaft nahezu ausschließlich öffentlich ausgetragen werden. Die Öffentlichkeit macht sich von den Wettbewerbern Images und daraus günstigstenfalls Marken. Alle traditionellen Leistungsfaktoren des Wettbewerbs, Preis-, Liefer- und Qualitätsvorteile werden in den Marken aufgehen. Damit wird der Wettbewerb letztlich zwischen Marken ausgetragen werden. Der Wettbewerb wird zum Markenwettbewerb.

Das war eine Behauptung und Sie zweifeln. Gut. Jede Prognose verdient es, bezweifelt zu werden; kein verantwortungsbewusster Mensch kann darauf verzichten, sich über seine Zukunft selbst ein Bild zu machen. Also liefere ich Ihnen die Indizien, die mich zu meiner Prognose veranlasst haben, damit Sie sich selbst eine Vorstellung davon machen können, wohin die Reise geht. Darüber, dass sie uns deutliche Veränderungen bringen muss, sind wir sicher einig. Wie sollten wir sonst aus unserer gesellschafts- und wirtschaftspolitisch doch ziemlich verzwickten Lage herauskommen? Kleine, bescheidene Verbesserungen unserer traditionellen Arbeitssysteme werden kaum noch ausreichen, dafür ist ihre Entwicklung zu weit fortgeschritten. Unter geschichtlicher Perspektive zeigt sie einige Merkmale einer Endphase. Sollte diese Einschätzung zutreffen, dann könnten wir uns kaum früh genug mit künftigen Wahrscheinlichkeiten auseinander setzen, insbesondere mit solchen, die sich so schwer verständlich ankündigen, so irrational wie die Marke. Trifft das Wahrscheinliche ein, so ist jedenfalls dieses sicher: Je früher und je zielstrebiger sich ein Unternehmen auf einen Wettbewerb der Marken vorbereitet, desto besser sind seine Aussichten auf eine glückliche Wettbewerbsposition seiner Marke. Denn eine Markenbildung braucht Zeit.

Der Verzicht auf eine ernsthafte Auseinandersetzung mit der Markenbildung wäre auch deshalb riskant, weil jedes Unternehmen und jedes Produkt für seine Öffentlichkeit irgendwann zu einer unerwünschten Marke werden kann, jedenfalls dann, wenn es lange genug existiert und sein Image nicht ständig wechselt. Der absichtsvolle Verzicht auf eine Markenbildung dagegen, der durch einen häufigen und radikalen Imagewechsel erreicht wird, eine Maskerade, wie sie ein Verbrecher auf der Flucht beherrschen muss, wird in unserer Zeit bald noch schwieriger als eine Steuerung der Imagebildung in Richtung auf eine hilfreiche Marke. Denn unsere Kommunikationsgesellschaft wird ja immer durchsichtiger. Nicht nur der gefürchtete *Gläserne Mensch* sondern auch die *Gläserne Gesellschaft* sind greifbar nahe. Das Tarnen und Untertauchen ist für jeden, der in ihr etwas unternehmen will, schon heute fast unmöglich. Die Frage, ob er ein Image haben will oder nicht, stellt sich einem Unternehmer gar nicht mehr. Es geht nur noch um die Frage nach der Tauglichkeit seines Image im Wettbewerb. Ein Image ist eine gefährliche Sache.

Ihr Image unterstützt oder behindert mehr oder weniger alles, was Sie öffentlich erreichen wollen, ob Sie es bemerken oder nicht. Und ist ihr Image nicht in einer starken Marke sicher verankert, so sind Sie dem launischen Meinungswechsel Ihrer Umwelt ausgeliefert. Denn Images sind gerade so unstabil wie Marken stabil sind. Wollen Sie aber Ihr Unternehmen längerfristig betreiben, dann ist es gleichgültig, ob Sie ein großes oder ein kleines Unternehmen führen, eines, das aus mehreren Unternehmen oder Divisionen besteht, oder nur ein untergeordnetes Unternehmen ist, ob ein Produktionsunternehmen, Handelsunternehmen oder Dienstleistungsunternehmen: Für jedes Unternehmen brauchen Sie ein markengesichertes Image, über kurz oder lang also eine gute, starke Marke.

Man tut sich schon heute im Wettbewerb auf den reifen, gesättigten Märkten ziemlich schwer, wenn man nicht über eine gute, starke Marke verfügt; in absehbarer Zukunft wird man sich noch viel schwerer tun.

Die Sättigung der Märkte erzwingt einen Wandel der Wettbewerbsparameter

Diese Feststellung ist nicht riskant; sie erfordert weder besonders viel Mut noch Fantasie. Sie ist nur eine Konsequenz der Einsicht in die Entwicklung unserer Industriegesellschaft und in logische Notwendigkeiten, die sich schon seit langem ankündigen. Die Not der gesättigten Märkte in den hoch entwickelten Industrieländern ist bekannt. Die Marktsättigung greift in immer kürzeren Zeitabständen von den älteren Produkten und Produktgattungen auf die jüngeren über und von den materiellen auf die immateriellen. Wettbewerb und technischer Fortschritt sorgen gemeinsam dafür, dass jedes industrielles Produkt bald im Überfluss vorhanden ist. Keine Branche kann sich vor der Sättigung ihrer Märkte schützen und vor Folgen wie Verdrängungswettbewerb und Preisverfall. Geschützt ist sie immer nur so lange und so weit, wie ihr Innovationsvorsprung reicht.

Und schon trifft den Unternehmer die zweite, ebenso unvermeidliche Not: die Kopie seiner Innovation oder eine Imitation. Jede Erfindung, die gemessen und deren Funktion und Wert berechnet werden kann, kann auch kopiert werden, zwar nicht immer exakt in ihrer Beschaffenheit, aber doch befriedigend in ihrer Wirkung. Und das muss man auch tun; der wachsende Wettbewerbsdruck zwingt dazu. Was gemessen werden kann, muss gemessen werden, was berechnet werden kann, muss berechnet werden, was kopiert werden kann, muss kopiert werden. Der Innovationswettbewerb wird immer hektischer und teurer, die Verzinsung der Investitionen in Innovation immer schlechter. Zwangsläufig werden die Leistungsabstände aus Innovationen kleiner.

Die Nivellierung aller messbaren Unterschiede bis hin zur funktionalen Austauschbarkeit aller Produkte einer Gattung ist absehbar. Jedes ökonomisch und technisch auch nur geringfügig überlegene

Produkt wird zur zwingenden *Benchmark* für alle Hersteller derselben Produktgattung. Kein Wettbewerber hat so auf längere Sicht die Chance der Monopolisierung seiner Innovation. Das gilt jedenfalls für alle vernünftigen Innovationen. Vernünftige, patentierbare Erfindungen lassen sich nur vorübergehend schützen, die Schutz- und Ausbeutungszeiten gehen immer schneller vorüber. Längerfristig lassen sich in der Praxis nur *unvernünftige* Produkte vor Kopien schützen, solche, die sich rationalen Bewertungen und objektiven Vergleichen entziehen. Nur irrationale, immaterielle Produkte lassen sich rechtlich dauerhaft schützen. Sicher hat der Gesetzgeber nicht im Sinn gehabt, die Künstler gegenüber den Technikern zu begünstigen, aber die Wirkung seiner Gesetze entspricht diesem Rückschluss.

Marken sind absolut irrationale und immaterielle Produkte. Sie sind rational nur über ihre Namen zu fassen, nicht kopierbar, keinem Preiswettbewerb ausgeliefert und keiner technologischen Überalterung ausgesetzt. Über ihre Namen und Zeichen genießen sie einen praktisch unbefristeten Rechtsschutz. Mit dem neuen *Markengesetz* wurde der Schutzumfang gegenüber dem alten *Warenzeichengesetz* noch erweitert. Wenn einmal alle Angebote einer Produktgattung ökonomisch und technisch ausgereift und folglich unter rationalen Maßstäben austauschbar geworden sein sollten, dann blieben als einzige Unterscheidungs- und Auswahlkriterien ihre Erscheinungen, also ihre Namen, ihre Zeichen, ihr Design, ihr Äußeres. Auf dieser Reifestufe der Entwicklung muss jeder Wettbewerb über irrationale Leistungsmerkmale entschieden werden. Dann wird jeder Qualitätswettbewerb zunächst zum Imagewettbewerb und schließlich zum Markenwettbewerb. Die Zigarettenindustrie zum Beispiel hat dieses Wettbewerbsstadium schon vor Jahrzehnten erreicht. Sie lebt seit langem von Marken – und gut lebt sie nur von guten, starken Marken.

Doch Marktsättigung, Austauschbarkeit der Produkte, Kopien der Innovationen und schließlich Preisverfall, die rundherum bedrohliche Notlage auf Unternehmerseite, begründet allein noch nicht die Notwendigkeit eines künftigen Markenwettbewerbs. Die ökonomische Differenzierungsnot der Unternehmer trifft jedoch auf die kulturelle Differenzierungsnot der Kunden. Ein stetig wachsender Orientierungsnotstand aufseiten der Kunden und Konsumenten macht die Markenbildung eben so sehr notwendig. Die Informationsfülle und -komplexität im Angebot der Wirtschaft lässt schon heute bewusste Unterscheidungen und vernünftige Wahlentscheidungen kaum noch zu. Das Vermögen der Kunden zur kognitiven Informationsverarbeitung ist in den meisten Entscheidungsbereichen längst überfordert. Unvernünftige Vorurteile treten zwangsläufig an die Stelle vernünftiger Urteile, Vermutungen an die Stelle von Wissen, Glauben an die Stelle von Erkennen.

Die wachsende Komplexität der Kommunikationsgesellschaft beschleunigt den Wandel

Zu ihrem eigenen Glück und zum Glück für die Anbieter wissen die Abnehmer nicht, wie wenig ihre Wahlentscheidungen schon heute von Erkenntnissen und wie sehr sie von Glaubensgewissheiten getragen sind, von Images und Marken. Je weiter sich ihre diffusen Empfindungen und irrationalen Reaktionen zu Marken verdichtet und verfestigt haben, desto besser helfen sie den Menschen dabei, sich in der Überfülle von Informationen zurechtzufinden. Ohne ihre Begabung zur Markenbildung wären die Menschen nahezu entscheidungsunfähig. Dank ihrer Orientierung an Marken können sie sich auch im dichten Informationsgetümmel einer modernen Kaufhauswelt leicht und schnell vorwärts bewegen.

Marken dienen den Menschen seit jeher zur Bewältigung von Komplexität, das ist eine ihrer natürlichen, evolutionären Bestimmungen. In einer Erlebniswelt, die immer komplexer wird, gewinnt die Markenbildung also naturgemäß an Bedeutung. Deshalb brauchen auch die Märkte gute, starke Marken, nicht nur die Unternehmen. Die Volkswirtschaften brauchen sie, die Gesellschaft, wir alle. Marken lassen uns vertrauensvoll handeln; daraus erwächst uns Selbstvertrauen und Vertrauen in unsere Welt und unsere Zukunft. Starke Marken bringen Optimismus in die Welt, vorausgesetzt, dass sie nicht nur stark sind, sondern auch gut. Ein imponierender Bekanntheitsgrad genügt nicht, das vergisst man oft.

Der guten, starken Marke traut ihr Publikum nur Gutes zu und zwar nur ganz bestimmtes, unvergleichbar Gutes. Mithilfe einer solchen, in unvergleichbarer Weise vertrauenswürdigen Marke können Sie es weit bringen, in und mit Ihrem Unternehmen, zu fröhlichem Wachstum, sprudelnden Gewinnen, Ansehen und Unabhängigkeit. Haben Sie dagegen ein Unternehmen mit einer fragwürdigen oder gar schlimmen Marke zu führen, dann können Sie sich abrackern wie ein Kuli und werden schon heute kaum noch beachtenswerte Erfolge ernten. Die meisten so genannten Marken sind weder gut noch stark, sondern ausgesprochen fragwürdige Erscheinungen.

Eine fragwürdige Marke ist nicht mehr wert als gar keine Marke. Genau genommen ist sie auch noch gar keine Marke, sondern nur die Möglichkeit einer Markenbildung, nur ein namentlich benennbares *Image*. Images bildet das Publikum eines Unternehmens oder Produktes verhältnismäßig schnell, korrigiert sie nicht ganz so schnell, vergisst sie aber bald, sobald ihm das Unternehmen oder Produkt keinen aktuellen Anreiz mehr bietet. *Images* sind oberflächliche, zeit- und milieugebundene, schwankende Vorstellungsbilder von Unternehmen, Produkten oder Menschen. Marken sind dagegen tief wurzelnde, sinnhaltige und ausgesprochen zählebige Bilder, *Sinnbilder* kann man auch sagen oder Symbole.

Images werden nicht nur von Laien, sondern auch von Brandingprofis oft mit Marken gleichgesetzt. So orientiert mancher Brand Manager seine Markenführung heute noch fast ausschließlich am Image seiner Marke. Aus solcher Beschränkung resultieren viele Fehlentscheidungen. Um sie zu vermeiden, werde ich später zu einer trennscharfen Unterscheidung zwischen Image und Marke kommen. Immerhin verläuft aber doch jede Markenbildung zeitlich parallel zu einer Imagebildung. Schon allein deshalb verdient die Beobachtung und Steuerung der Imagebildung große Sorgfalt.

Das Interesse der Manager an Images wächst in jüngster Zeit bemerkenswert

Die Manager der USA haben für die ökonomische Bedeutung der Images ihrer Unternehmen offensichtlich eine bessere Nase als ihre deutschen Kollegen. Jedenfalls haben sie nach Auskunft des Marktforschungsinstitutes *Harris Interactive* die Nase vorn, was die

Einschätzung der strategischen Bedeutung von Unternehmensimages angeht: 94 Prozent von ihnen sprechen dem Image eine entscheidende Rolle zu, in Deutschland sind es nur 71 Prozent. Den Einfluss ihres persönlichen Images auf die Chancen ihrer Unternehmen schätzen 84 Prozent der US-Manager als bedeutend ein, in Europa tun das nur 59 Prozent. Immerhin hat die Mehrheit der Manager wohl begriffen, dass ein Image keine akademische Fiktion ist, und bereitet so intuitiv den Markenwettbewerb vor.

Jedes Unternehmen, jedes Produkt, jeder Mensch bekommt von seinem Publikum in kürzester Zeit ein Image. Ein Unternehmen ohne Image wäre wie ein Mensch ohne Gesicht, wie ein Körper ohne Gestalt, flüchtig und amorph wie ein Gespenst. Wo ein morphologisch noch nicht zuverlässig erfassbares Unternehmen überraschend auftritt, stößt es ab, erzeugt Unbehagen, Unsicherheit und Misstrauen. Man weicht ihm aus und vergisst es gern schnell. Schafft man das nicht, so macht man es schlecht. Mögen die Fähigkeiten eines derart *unansehnlichen* Unternehmens noch so großartig, seine Leistungsfähigkeit geradezu bewundernswert und seine Absichten nur gutartig sein, man vertraut ihm nicht. Bei jedem seiner Auftritte muss das Unternehmen immer wieder ganz unverhältnismäßigen Aufwand leisten, um auch nur annähernd so gute Geschäfte machen zu können wie sein Wettbewerber mit dem sympathischen, vertrauten Gesicht.

So ist der Mensch nun einmal, er vertraut dem Vertrauten, dem, was er kennt, was er als angenehm erlebt hat und sich gern merkt. Er scheut das Fremde. Fremd heißt unsicher, bedrohlich, feindlich – so sind wir leider alle zunächst biologisch programmiert, *fremdenfeindlich*. Das ist unser Programm aus den Jahrmillionen unserer Evolution, und das wird bedauerlicherweise mit anthropologischer Sicherheit alle Anstrengungen überdauern, die der harte Weg zum *Global Village* noch von uns fordert. Die Angst vor allem Fremden haust tief in unserem Unterbewusstsein und lässt sich nur sehr ungern von unserer Vernunft beherrschen. Viel eher beherrscht die Angst die Vernunft. Denn eigentlich ist Angst die tiefste Ursache aller Markenbildung: Alle Marken dienen letztlich der Überwindung von Ängsten, entweder als beruhigende Versicherungen oder aber auch als Warnungen.

Nicht jede starke Marke ist auch eine gute, nicht jede verdient unser Vertrauen. *BSE, Aids, Atombombe, Finanzamt, Mafia, Hitler, Scientology* sind schließlich ja auch Marken. Alle im Interesse unserer Evolution wirklich *merkwürdigen* Erinnerungsbilder sind Marken, nicht nur die angenehmen. Der Mensch macht sich Marken aus allen Begegnungen, die für seine Existenz merkwürdig sind, würdig genug, um für ein ganzes Leben gemerkt zu werden. Und er bildet sich seine Marken unbewusst, ohne aktives Zutun, ob er will oder nicht. Marken sind ungewollte Erinnerungen an wichtige Begegnungen, hoch verdichtete, sinnvolle innere Bilder, Deutungsmuster nennt sie der Psychologe.

Wie die Markenbildung im Gedächtnis des Menschen vor sich geht, werden wir untersuchen müssen, um auf sie Einfluss nehmen zu können. Hier sei zunächst nur so viel festgestellt: Marken sind keine Modeerscheinungen des modernen Managements. Marken begleiten die Menschheit seit jeher, immer unbewusst und unvermeidlich und nicht erst, seitdem wir sie als ökonomische Größe entdeckt haben. Das Verständnis und die Behandlung der Marke als primär ökonomische Angelegenheit verengen nicht nur unseren Blick, sondern liefern uns auch eine völlig verzerrte Ansicht von der Marke. Wahrscheinlich hat das populäre ökonomische Zerrbild der Marke unsere Einsicht in ihre Natur bisher am stärksten behindert.

Alle geistlichen und weltlichen Fürsten haben schon vor Jahrtausenden von der Markenbildung profitiert. So mancher von ihnen verstand mehr von Marken als die professionellen *Markenmacher* von heute. Denken wir nur an solche Marken, die wir persönlich aus jenen Zeiten noch heute besitzen, zum Beispiel an die Marke Christus und ihr Logo, das Kreuz. Da werden wir unseren Ahnen wohl schon in Anbetracht der Langlebigkeit ihrer Marken zugestehen müssen, dass sie von Markenstrategie wohl eher mehr verstanden als wir. Sicher hätten die Großen früherer Zeiten auch niemals das Wort *machen* für ihre Bemühungen benutzt, für Bemühungen um einen Bildungsprozess, von dem sie genau wussten, dass sie ihn nicht stärker beeinflussen konnten als ein Priester seine Gemeinde.

Markenverantwortung

Niemand kann sich seine Marke selber machen

Vor der Annahme, dass man sich eine Marke einfach so *machen* könnte, in selbstherrlicher Unternehmerfreiheit und mit technischem Geschick wie ein industrielles Produkt, waren unsere Vorfahren allein schon durch ihre damalige Werteordnung gefeit. Religiöse Werte beanspruchten ja bekanntlich in der vorindustriellen Gesellschaft den höchsten Rang und industrielle Werte noch überhaupt keinen. Folglich war es in jener Zeit auch viel leichter, Vertrauen als ein Phänomen des Glaubens zu verstehen, als uns das heute in unserer vernünftigen Gesellschaft gestattet ist. Und es war auch viel leichter, die Marke als kollektives Phänomen zu verstehen. Der Individualismus war ja noch nicht erfunden worden. Die frühen Markenstrategen waren Politiker und Missionare, keine Macher oder Techniker.

Der Spruch *Marken machen Märkte* ist nicht ganz falsch, aber seine Umkehrung ist für unser Markenverständnis wichtiger. Jeder große oder kleine Fürst dieser Welt bekommt seine Marke von seinem *Volk*, sonst wäre er nicht sein Fürst, sein *First*, der Erste seines Volkes. Jeder Fürst ist es durch das Vertrauen seiner Anhängerschaft in seine Marke, jeder lebt von gläubigem Vertrauen, dem Kredit, dem Credo seiner Anhänger, ihrem Glauben an seine Marke. Weil kein Mensch mehr als nur die allernächsten Menschen seiner Umgebung persönlich durch handfeste Taten und vernünftige Argumente von seiner Vertrauenswürdigkeit überzeugen kann, braucht jeder Menschenfürst das gläubige Vertrauen seiner Öffentlichkeit. Jeder braucht Kredit – und sei er noch so reich.

Kredit ist mehr wert als Geld. Der Kredit ist die Quelle des Geldes. Die Zahlungsbereitschaft ihrer gläubigen Gläubiger ist und bleibt den Fürsten aller Art und zu allen Zeiten sicher. Ob es einem Bar-

barossa gelang, einen Kreuzzug ins Heilige Land mit dreißigtausend Kreuzfahrern zu finanzieren oder einem Start-Up der New Economy, Tausende von scharf rechnenden Anlegern zu motivieren, für ihren Fortschrittsglauben zu bezahlen – die finanzielle Grundlage ihrer Unternehmen war die gleiche: Der Kredit einer unwiderstehlichen Marke. Sie hatten eine Marke, der ihre gläubige Anhängerschaft blind vertraute, jedenfalls so lange, bis die übermütigen Schuldner ihren Kredit durch arge Enttäuschungen verspielt hatten. Das Wort Marke ist de facto ein Synonym für öffentlicher Kredit.

Je härter der Wettbewerb wird, desto mehr Kredit brauchen Sie. Ihr Kredit bei den Banken ist dabei durchaus nicht der wichtigste. Ihre Banken sind nur die letzten Kreditstationen in der Reihe Ihrer Kreditgeber, die Instanz, die Ihnen den bei Kunden, Lieferanten und Mitarbeitern erworbenen Kredit monetär bestätigt. Sie brauchen die kreditwürdige Marke, und zwar in allen Ihren Märkten. Sie brauchen sie in Ihren Absatzmärkten wie in Ihren Beschaffungsmärkten, im Personalmarkt wie im Kapitalmarkt. Ihre Marke ist nicht nur ein Absatzförderungsinstrument, wie es offensichtlich noch manchem Marketingfachmann scheinen mag.

Jedes Ressort ist mit der Markenverantwortung überfordert

Ihr öffentlicher Kredit ist keine Angelegenheit eines Ressorts. Er betrifft Ihr ganzes Unternehmen und die Verantwortung für ihn ist unteilbar. Ihre gesellschaftliche Kreditwürdigkeit ist vonseiten aller Ihrer Märkte her angreifbar. Ohne einen unbezweifelt *guten Ruf*, einen Namen, den sich alle hoffnungsfrohen Gläubiger Ihrer Welt gern merken, einen in jeder Beziehung kreditwürdigen Markennamen also, können Sie als Chef des Unternehmens keinen nennenswerten Erfolg erzielen. Ob es Ihnen bei Ihrem Unternehmen letztendlich um Geld geht, um Stimmen, Seelen, Fans, Orden oder Trauergäste an ihrem Grab: Sie brauchen immer eine gute Marke. Und das in Zukunft mehr als jemals zuvor, denn nie zuvor war die Öffentlichkeit so einflussreich wie in unserem heraufziehenden Kommunikationszeitalter, und nie zuvor war der Wettbewerb um die Gunst der Öffentlichkeit so hart.

Die Marke ist also nicht nur eine uralte strategische Größe autoritärer Fürsten, sondern auch eine sehr reale gesellschaftliche Größe in unseren Demokratien, ein demokratisches Machtinstrument. Die Art und Weise, wie mit dieser Realität bisher in der Wirtschaft umgegangen wird, ist allerdings nicht frei von irrealen Attitüden. Die *Markenwert-Rankings* zum Beispiel, in denen man für Marken aus betriebswirtschaftlichen Statistiken Milliarden-US-Dollar-Werte errechnet, sie in kurzen Zeitabständen wie Börsenkurse herauf- und herunterstuft und dann breit veröffentlicht, haben wirklich keinerlei Realitätswert im Sinne eines ökonomischen Realitätsverständnisses. Als Rennlisten können sie den Unternehmen und ihren Managern höchstens vorübergehend dazu dienen, ihr Image zu polieren und ihre Umwelt zu entzücken.

Auf der anderen Seite können solche Markenwerte aus betriebswirtschaftlichen Rechnungen jedoch schlimme Enttäuschungen verursachen, wenn sie bei *Mergers & Acquisitions* den Unternehmens- oder Produktwerten als eigenständige *Assets* hinzugerechnet werden. Dann werden sie unversehens als Vermögenswerte aktiviert, wo sie doch in Wahrheit nur Darlehen sind, die erst durch künftige Leistungen in Vermögenswerte verwandelt werden müssen. Keine der bisher entwickelten und publizierten Markenwertrechnungen liefert isolierbare Markensubstanzwerte, alle liefern nur statistische Konstrukte aus Ertragswerten der gesamten die Markenbildung begleitenden Unternehmensleistungen. Wollte ein Käufer den Wert einer so eingeschätzten Marke realisieren, so müsste er dazu noch das gesamte Unternehmen kaufen. Und das obendrein in genau dem Zustand und Umfeld, in dem es sich während des betreffenden Wirtschaftszeitraumes befand, eine Unmöglichkeit also.

Markenwertrechnungen, die tatsächlich nur den Wert einer Marke ausweisen, isoliert von allen anderen Werten des Unternehmens und damit auch transferierbar in andere Unternehmen, andere Produkte, andere Branchen, andere Vertriebswege und andere, zukünftige Wettbewerbssituationen, gibt es bisher nicht. Der eigentliche Markenwert, die transferierbaren Substanzwerte der Marken bleiben in allen bisherigen Rechnungen verborgen. Alle Zahlen können nur täuschen – und jede dieser Täuschungen ist eine programmierte Enttäuschung. Selbst die jüngsten Zahlen für weltweit anerkannte Spitzenreiter der Markenwert-Rankings sind realitätsferne Konstrukte. Wer die Marke Coca-Cola heute für 72 Milliarden US-Dollar kaufen würde, ohne auch nur das komplizierte und fest verwurzelte Absatzsystem gleichzeitig damit zu erwerben, müsste wenigstens 70 Prozent des Kaufpreises sofort abschreiben.

Zahlenspiele wie Markenwertrechnungen sind aber nicht die einzigen Spielereien, die mit der Marke in diesen Jahren betrieben werden. Das werden Sie bald feststellen, wenn Sie sich etwas mehr mit der Marke befasst haben und Ihre neuen Erkenntnisse mit Ihren Beobachtungen aus der Praxis vergleichen konnten. Gelingt es Ihnen dann, auch nur die gefährlichsten Spielereien an und mit Ihrer eigenen Marke zu vermeiden, so werden Sie schon bald Ihre Wettbewerber hinter sich lassen. Das wird allerdings nicht ganz einfach sein, dafür sorgen schon die vielen verwirrten Helfer, auf die Sie nicht verzichten können, all jene Menschen, die von der großen Bedeutung der Marke ahnungsvoll ergriffen sind, ohne sie wirklich zu begreifen.

Die Frage nach dem Markenverantwortlichen wird der Eigentümer stellen

»Die Marke ist das wertvollste Eigentum des Unternehmers«, liest man seit einiger Zeit in vielen Aufsätzen. Tatsächlich ist die Marke seine Wertschöpfungsquelle und nicht irgendein Wertschöpfungsinstrument, kein Marketingtool oder Verkaufsförderungsmittel, wie die Laien meinen. Diese Einschätzung hat sich in der Diskussion der Fachwelt weitgehend durchgesetzt. »Die Markenverantwortung ist Chefsache«, auch das hört und liest man immer öfter. Aber was bedeutet das für die praktische Arbeit des Chefs? Muss er als der für das Unternehmen Letztverantwortliche deshalb tatsächlich mehr von Marken verstehen als seine Mitarbeiter? Soll er sich in Zukunft höchstpersönlich um die Marke seines Unternehmens kümmern oder sogar um die Marken seiner Produkte? Kann er die Entscheidungen in den Fragen der Markenentwicklung und Markenführung nicht als Ressort- und Spezialistensache Markenspezialisten überlassen, zum Beispiel seinen Marketingexperten? Gibt es wirklich einen zwingenden Grund, die Markenentscheidungen als Chefsache selbst zu übernehmen und nicht zu delegieren?

Es gibt ihn wirklich: Die Verantwortung für Markenentscheidungen kann Ihnen als Chef wirklich niemand abnehmen. Kein anderer kann diese Verantwortung tragen, denn nur Sie allein haben die Macht über alle Kräfte Ihres Hauses. Und alle diese Kräfte sind an der Bildung Ihrer Marke maßgeblich beteiligt. Wollten Sie Ihre Markenverantwortung abgeben, so müssten Sie damit zugleich Ihre Macht abgeben, also Ihre Position und Funktion als Chef Ihres Unternehmens.

Aber hier ist noch ein weiterer Grund: Es lohnt sich nicht nur für Ihr Unternehmen, sondern auch für Sie ganz persönlich, wenn Sie die Markenführung übernehmen. Die Markenführung erleichtert Ihnen Ihre gesamte Unternehmensführung, vorausgesetzt natürlich, Sie betreiben sie ernsthaft und fröhlich. Eine starke Marke erleichtert Ihnen alle Ihre anderen Arbeiten, eine wackelige, schwache Marke kann sie Ihnen zur Qual machen. Als angestellter Unternehmer sollten Sie deshalb schon vor Ihrem Eintritt in die Verantwortung für ein Unternehmen sorgfältig prüfen, was seine Marke taugt. Ist die Marke, die Sie dort vorfinden, stark, so müssen Sie schon sehr viel falsch machen, um selbst schwach zu werden. Ist die Marke aber schwach, so müssen Sie geradezu übermenschliche Kräfte einsetzen, um nicht zu scheitern und auch nur mittelmäßige Erfolge zu erzielen. Folglich sollten Sie in Ihrem ganz persönlichen Interesse versuchen, wirklich klar zu erkennen, welche Chancen und welche Risiken in der Marke Ihres Unternehmens verborgen liegen. Das ist oft mühevoll, denn die meisten Eigentümer der Unternehmen kennen die Stärken und Schwächen ihrer Marken gar nicht. Da bleibt Ihnen nichts anderes übrig als eine Markenanalyse anzufordern, so früh wie möglich und so genau wie möglich, noch ehe Sie kostbare Zeit vergeudet haben.

Langfristig gesehen, also unter den Maßstäben eines markenstrategisch entwickelten Wettbewerbs wie von mir im vierten Teil dieses Buches mutig skizziert, treten Sie als angestellter Unternehmer nicht in eine Firma ein, sondern in eine Marke. Genau genommen sind nicht die betrieblichen Mittel der Firma Ihre Arbeits- und Erfolgsgrundlage, sondern der Wert und die Wettbewerbsposition ihrer Marke. Das Wertschöpfungspotenzial der Marke Ihrer Firma ist Ihre Wertschöpfungsquelle. Ihre Mitarbeiter-, Produktions- und Finanzpotenziale sind für Sie realiter nur Mittel zur Wertschöpfung, also Schöpfungsinstrumente. Ich weiß, dass diese Einsicht nicht allen Menschen gefällt, aber sie trifft die Realität aller Wertschöpfung, der wirtschaftlichen wie auch der kulturellen. Alle Aktivitäten eines Unternehmens werden von seiner Öffentlichkeit honoriert, und zwar nur entsprechend der Wettbewerbsposition seiner Marke. Wer sich dieser Tatsache nicht verschließt, sollte auch keine Schwierigkeit mit der folgenden schlichten Konsequenz haben: Jede Marke ist ein Unternehmen.

Erlebt das Publikum ein Unternehmen als Marke, dann erlebt es auch die Marke als Unternehmen. Das ist eine Tatsache; der Umkehrschluss ist durch viele Marktforschungsstudien bestätigt. Der Konsument erlebt beispielsweise als Interessent an der Produktmarke Audi zugleich eine Firma Audi, nicht eine Firma Volkswagen, zusammen mit der Waschmittelmarke Persil eine Firma Persil, nicht eine Firma Henkel, mit der Marke Mon Chéri eine Firma Mon Chéri, nicht eine Firma Ferrero. Produkt und Produzent werden vom Konsumenten in einer Marke erfasst, als Einheit, in einem Bild.

Obwohl den meisten Konsumenten der hier beispielhaft genannten Produktmarken die tatsächlich hinter diesen stehenden Herstellermarken Volkswagen, Henkel und Ferrero durchaus bekannt sind, werden die Hersteller nicht zusammen mit den ihnen rechtlich zugehörigen Produktmarken erlebt. Bestimmte Qualitäten der Herstellermarken, die das Erlebnis der Produktmarken bereichern, werden von den Produktmarken aufgesogen. Qualitäten die die Produktmarken nicht von den Herstellermarken absaugen können, werden abgestoßen. Die Produktmarke plündert sozusagen die Herstellermarke anderen Namens. Sie stößt sie in eine andere Erlebnissphäre ab, weit weg von der eigenen Wirkungssphäre. Eine Marke duldet keine zweite Marke in ihrer Wirkungssphäre; was sie nicht integrieren kann, das entfernt sie daraus. Marken sind autokratische Phänomene. Das hat eine organisatorische Konsequenz.

Jeder Markenmanager wird Unternehmenschef

Verfügt eine Firma über mehrere Marken, zum Beispiel für unterschiedliche Geschäftsbereiche, Produktgruppen oder Produkte, so verfügt sie über entsprechend viele Unternehmen. Jeder Mensch, der innerhalb einer solchen Firma die Verantwortung für eine ihrer Marken übernehmen will, lädt also eine Unternehmerverantwortung auf sich. Jeder, der als Markenmanager für eine Marke verantwortlich entscheidet, ist de facto ein Unternehmenschef. Der ernst zu nehmende Markenmanager muss folglich auch darauf bestehen, über alle Maßnahmen, Mittel und Ressourcen des Unternehmens, das wirtschaftlich von seiner Marke getragen wird, zu entscheiden.

Eine saubere Abgrenzung mehrerer Markenunternehmen innerhalb einer Firma beziehungsweise einer Unternehmensgruppe ist nicht immer ganz einfach, aber bei gutem Willen aller Beteiligten erreichbar. Es gibt bewährte Profitcenter-Modelle, die sich markenstrategisch ausrichten lassen, und es gibt Spezialisten für die organisatorische Verwirklichung solcher Modelle. Eine angemessene Verwirklichung dient immer auch dem größeren Ganzen, der Firma oder der Unternehmensgruppe. Sie verbessert ihre Durchlüftung, ihre Kontrollierbarkeit, Flexibilität und Effektivität. Markenorientierte Unternehmensteilung ist vernünftiges *Lean Management*. Man darf sie empfehlen, ohne sich damit dem Vorwurf eines egoistischen Separatismus auszusetzen.

Aber zunächst einmal sollten Sie im Hinblick auf Ihre persönliche Karriere die frühe Erkenntnis der Stärken und Schwächen Ihrer Marke wichtig nehmen. Dieses Vorhaben, die Markenbewertung, fordert von Ihnen einen besonders kühlen Kopf, denn kaum eine andere Aufgabe ist so von Nebelschwaden aus Vorurteilen, Halbwissen und Mystifikationen umhüllt, kaum ein anderer Arbeitsgegenstand so zum Spielball zwischen ambitiösen Schwärmern einerseits und anmaßenden Dogmatikern andererseits geworden. Ihre erste große Leistung als Markenmanager wäre deshalb zu erkennen, was Ihre Marke wirklich taugt. Die Auskünfte Ihrer Mitarbeiter helfen Ihnen dabei nur wenig, die Gutachten Ihrer Marktforschungsinstitute auch nicht. Sie werden leider wohl ganz persönlich Pionierarbeit leisten müssen.

Sie haben guten Grund, diese wie so manche meiner Behauptungen anzuzweifeln, selbst wenn Sie kein Markenartikelunternehmen führen oder durch persönliche Erfahrungen aus der Markenartikelwirtschaft voreingenommen sind. Sie haben nicht nur deshalb Grund dazu, weil es in der Branche, der Ihr Unternehmen angehört, vielleicht noch nie üblich war, dem Chef eine Markenverantwortung zuzuschieben. Sie haben auch deshalb Grund dazu, weil man von den Kollegen aus der Markenartikelindustrie ja weiß, dass auch diese ihre Marken Spezialisten anvertrauen, nämlich Marketingspezialisten. Ich kann das nur bestätigen. In den größeren Unternehmen der Markenartikelindustrie werden Spezialisten auf zwei, drei oder vier Hierarchieebenen mit Markenentwicklung und Markenführung beschäftigt. Als *Brand Manager* bezeichnet man dort nicht etwa einen Leitenden der zweiten Hierarchieebene, den Marketingvorstand oder Marketing Manager zum Beispiel, sondern in aller Regel einen Mitarbeiter auf der dritten oder vierten Hierarchieebene, meistens einen jungen Mann, der den *Product Managers* und *Product Group Managers* mit akademischem Eifer zuarbeitet, immer häufiger auch eine patente junge Frau.

Wie reimt sich das, wie kann es sein, dass einerseits in der Praxis berühmter Markenartikelunternehmen ein junger Mensch, ein Hochschulabsolvent nahezu ohne Berufserfahrung, ohne praktische Marketingerfahrung und ohne Führungserfahrung und -verantwortung als *Brand Manager* bezeichnet wird und andererseits diese Aufgabe zur Chefsache erklärt wird? Ganz einfach: Die Erklärung zur Chefsache ist bis heute nicht mehr als die Konsequenz einer Vorahnung, nur Theorie. In der herrschenden Praxis sieht es eben leider anders aus. Auch unter meinen Auftraggebern haben sich bisher nur wenige Chefs bereit gefunden, die Markenführung persönlich zu übernehmen, und sie dann tatsächlich auch über längere Zeit getragen.

Das Delegieren und Outsourcen funktioniert nicht mehr

Was ist heute im Markenartikelgeschäft festzustellen, wer managt dort realiter die Marken? Der Brand Manager? Der Marketing Manager? Der Marketingvorstand? Der Vorstandsvorsitzende? Eine törichte Frage, sofern sie tatsächlich einmal in einem Markenartikelunternehmen gestellt würde. Dass der junge Brand Manager sie nicht managt, ist schon seinem Vorgesetzten auf der nächsten Hierarchieebene klar. Schließlich sagt der ihm ja, was er zu tun und was er zu lassen hat. Sein schmales Gehalt, sein noch schmäleres Fachwissen und seine völlige Ohnmacht innerhalb der häuslichen Hackordnung werden mit dem kleinen Schwindeletikett *Brand Manager* doch nur gnädig zugedeckt. Wer wird sich noch über einen kleinen Etikettenschwindel aufregen. Schließlich wissen wir doch alle, dass Titel in den meisten Fällen nur taktische Hilfsdienste leisten. Die Tatsache, dass wir den Markenverantwortlichen in der Markenartikelindustrie nicht am Titel erkennen können, wäre also nicht weiter besorgniserregend. Nur, woran kann man ihn denn dort sonst erkennen?

Fragen Sie auf der Suche nach dem Verantwortlichen für eine unglückliche Marke hartnäckig in einem Marketingstab herum, so werden Sie bald auf Dienstleister außerhalb des Hauses verwiesen. Dort wimmelt es geradezu von freiwilligen Verantwortungsträgern für Marken. Designer, Werbefachleute, PR- und Promotionsexperten, Marktforscher und Berater aller Art haben sich ihren Auftraggebern ja als *Markenmacher* angedient. Jeder von Ihnen rühmt sich auch gern der von ihm *gemachten* Marken, solange ein Markenerfolg zu preisen ist. Im Falle des Misserfolges einer Marke erwischen Sie allerdings auch dort keinen, der nicht die besten Beweise dafür hätte, von anderen Leuten in seinem Werk behindert und damit seiner Markenverantwortung enthoben worden zu sein. Mit Recht.

So überspannt der Anspruch der vielen freiwilligen *Markenmacher* auch ist, so berechtigt ist doch ihre Entschlossenheit, sich der Markenverantwortung zu entledigen, wenn es einmal ernst wird. Tatsächlich ist ja der Einfluss eines jeden von ihnen auf die Markenbildung und den Markenerfolg derart gering, dass er kaum als Beitrag und schon gar nicht als Ursache für ein negatives oder positives Gesamtergebnis isoliert und bewertet werden kann. Markenbildung ist ja das Ergebnis unzähliger Einflüsse, und die Zahl der Einflüsse auf eine Markenbildung unterschätzt man allgemein.

Über Anzahl, Arten und Gewichte der Einflussfaktoren, die zu einer erstrebenswerten Marke führen, herrscht allgemein große Unklarheit. Die Wissenschaft von der Marke stolpert noch in Kinderschuhen daher. Zwar hat sich herumgesprochen, dass ein Markenlogo noch keine Marke ist und folglich ein Logo-Designer auch kaum ein *Markenmacher* sein kann. Aber sehr viel weiter reicht der allgemeine Konsens über Markenbildung kaum. Noch immer glauben viele Auftraggeber von Agenturen, diese könnten ihnen mithilfe von Werbung aller Art starke Marken machen, sie brauchten deshalb vor allem einen großen Werbe- oder Kommunikationsetat und berühmte *Kreative*.

Die Mehrheit der Markenexperten glaubt noch an die Unverzichtbarkeit einer starken, kreativen Werbung, sogar in solchen Marketingstäben, die den *Mix* ihrer Kommunikationsinstrumente im Laufe der letzten Jahre stark vergrößert haben. Der *Mediamix* beschränkt sich auch dort, wo das Medienverständnis extrem erweitert wurde, immer wieder auf Mittel, die die Marketingmitarbeiter selbst bestimmen können. Nur in wenigen Unternehmen wird der Kommunikation durch Produkte und Produktinnovationen ebenso viel Einfluss auf die Markenbildung zugestanden wie der medialen Kommunikation.

Die Bedeutung der Kommunikation durch käufliche, fremde Medien wird ganz besonders überschätzt, sehr zur Freude der Medienwirtschaftler und ihrer Helfer. Werbung wird fast überall zunächst immer noch als Mediawerbung verstanden. Was nicht von Sendeanstalten und Verlagen als Werbemedium gekauft werden kann, wird als zweitklassig, als *Below the Line* eingeschätzt. Die diskriminierende Klassifizierung *Below the Line* wird tatsächlich sogar für hochaktuelle Verkaufsförderungs- und Public-Relations-Veranstaltungen, also für *Events* solcher Art benutzt, von denen ihre Auftraggeber heute stärkere Wirkungen erwarten als von ihrer Mediawerbung. So traditionsverhaftet sind unsere modernen Kommunikationsexperten. Nur wenige *Werbungtreibende* haben sich aus der Vormundschaft der Medienwirtschaft befreit.

Vorherrschend bleibt die Ansicht, man könne allein durch den Einsatz der eigenen Mittel die Bildung einer starken Marke herbeiführen. Selbst dort, wo man schon Produkt, Preis, Distribution und Services als Werbemedien versteht und einsetzt, lässt man nicht von der Vorstellung ab, das Unternehmen könnte eine Marke produzieren wie ein Produkt. Die Tatsache, dass fremde, äußere Einflüsse, Wettbewerber, Handel, Trends, kulturelle, wirtschaftliche und politische Kräfte aller Art auf die angestrebte Markenbildung mindestens ebenso stark einwirken wie die eigenen Kräfte, wird allgemein erfolgreich verdrängt. Strategisch planvoll genutzt werden solche

Fremdeinflüsse so gut wie nie. Hier liegt ein großes, ungenutztes Energiepotenzial der modernen Markenstrategie, ein fruchtbares Arbeitsfeld für den Wettbewerbsstrategen der heraufziehenden Kommunikationsgesellschaft.

Das immer noch ungebrochene Kraftgefühl der spätindustriellen Produktionsgesellschaft verengt nicht nur das Blickfeld der kecken *Markenmacher*. Auch dort, wo schon ernsthaft von Markenmanagement gesprochen wird, organisiert man es noch als Anhängsel zum Produktmanagement oder analog zu diesem als Management der Produktion einer Marke. Auch die Pläne der fortgeschrittenen Markenmanager sind Produktionspläne, zumeist Pläne für Aufträge an Produzenten von Kommunikationsmitteln. Es sind keine Regiepläne, die neben den internen Einflussmaßnahmen auch die externen Einflüsse auf die Markenbildung strategisch umfassen. Das erklärt zwar nicht alle Misserfolge, aber doch sehr viele, denn eine Marke ist ja das Gegenteil eines Produktes. Viele Prinzipien des Produktmanagements wirken im Markenmanagement kontraproduktiv.

Managementstil

Markenmanagement und Produktmanagement erfordern unterschiedliche Arbeitsprinzipien

Wer den Markenartikel versteht, versteht auch, warum die Unterscheidung von Marke und Artikel so wichtig ist. Der versteht, dass sich im Markenartikel zwei Teile von gegensätzlicher Art zu einem Ganzen verbinden und dass ihre komplementäre Gegensätzlichkeit das Erfolgsgeheimnis des Ganzen, des Markenartikels ist. Wäre die Zahl derer, die den Markenartikel verstehen, etwas größer, so wäre auch die Zahl der Markenartikelerfolge größer. Sie ist nicht zuletzt deshalb so klein, weil die Tiefe jener Gegensätzlichkeit nicht verstanden wird, die im Markenartikel wirkt. Die Marke verhält sich zum Artikel ja nicht nur wie der Geist zum Stoff, sondern wie das Glauben zum Wissen. Dabei hat nur scheinbar das Wissen über den Artikel die tragende Funktion und nur scheinbar die Markengläubigkeit erst dort zu funktionieren, wo das Wissen endet.

In Wahrheit sieht das Verhältnis von Wissen und Glauben anders aus, und ich werde in den Teilen drei und vier dieses Buches erklären, wie und warum. An dieser Stelle sollte es als Beweis für die Notwendigkeit einer eigenständigen Markenmanagementform ausreichen, daran zu erinnern, dass die Marke, der Gegenstand dieses Buches, eine Sache des Glaubens ist. Jeder Leser, der sich der Anstrengung unterzogen hat, seine eigenen Markenbeziehungen zu prüfen, kann das nur bestätigen. Danach sollte er eigentlich auch nichts dagegen haben, dass ich das Markenmanagement inhaltlich als Glaubensmanagement definiere. Um die innerbetriebliche Einführung einer dem Wesen der Marke entsprechende Managementform zu erleichtern, weiche ich begrifflich zunächst auf den Titel der *Markenregie* aus. Die Analogie der Regie und des Regisseurs trifft ziemlich gut. Missionare und Priester sind letztlich ja auch nur Glaubensregisseure und keine Glaubensproduzenten.

Der Markenregisseur löst also den Markenproduzenten ab. Der Markenregisseur hat ein riesiges Arbeitsfeld. Die Zahl seiner Mitarbeiter ist unabsehbar groß. Im Unterschied zu den meisten anderen Betriebsergebnissen sind an den Ergebnissen des Markenmanagements nicht nur viele Leistungen vieler fester und freier Mitarbeiter beteiligt, sondern auch unzählige Aktivitäten vieler fremder Stimmungsmacher außerhalb des Unternehmens. Alle diese Einflüsse müssen in der Regieleistung des Markenverantwortlichen glücklich miteinander verknüpft werden. Das Verknüpfen funktioniert anders als das Beauftragen. Es verlangt mehr Umsicht, Geschicklichkeit und Behutsamkeit als Durchsetzungskraft. Wer könnte schon den Stimmungsmachern außer Hause Anweisungen geben, oder gar Befehle?

Mit Kommandogewalt ist im Markenmanagement gar nichts zu erreichen. Der Typ des laut- und ellenbogenstarken Direktors, den man ja hin und wieder immer noch unter dem Titel eines Managers antrifft, hat keine Chancen. Viel eher schon hätte der Typ des geborenen Diplomaten Chancen, allerdings nur dann, wenn in seiner Persönlichkeit die Wesenszüge unbestechlicher Gewissenhaftigkeit mit jenen der Diplomatie verbunden wären. Der Titel des Regisseurs, wie man ihn im Film- und Theatergeschäft benutzt, trifft schon am besten die besondere Qualität des Markenmanagers. Beim Film unterscheidet man ja auch den Produzenten vom Regisseur sehr deutlich. Tatsächlich bestimmt auch dort ungeachtet seiner ökonomischen Abhängigkeit vom Produzenten der Regisseur das Einspielergebnis. Wie dort, so ist es auch im Markengeschäft, nur dem Markenregisseur ist die Ergebnisverantwortung zuzuschreiben, im glücklichen wie im unglücklichen Fall. Der Regisseur ist souverän genug, im positiven Fall den Ruhm für seine Arbeit an seine fleißigen Helfer abzugeben und im negativen Fall jeden Tadel auf sich zu nehmen. Andernfalls wäre er keiner.

Wer könnte wohl bisher in diesem Sinne der Markenregisseur in Ihrem Hause gewesen sein? Stellen Sie die Frage besser nicht mit Nachdruck, jedenfalls dann nicht, wenn Sie einen aktuellen Anlass haben, sie zu stellen, wenn Sie Anzeichen für eine Markenschwäche oder gar einen Verfall Ihrer Marken haben. Die Verantwortung dafür würde zwischen den Befragten herumgeschubst wie ein elternloses Kind und schließlich wieder bei Ihnen landen. Die unglückliche Marke ist immer ein Waisenkind; die glückliche Marke hat ungezählte Väter. Seien sie nachsichtig!

Die vielen Markenschwärmer verdienen Ihre Nachsicht. Der Zeitgeist hat sie berauscht, der ahnungsvolle Geist unseres jungen Kommunikationszeitalters. Eine Marke, das ist schon heute etwas Großartiges, fast Wunderbares, darin sind sich alle Ihre Helfer einig. Es nicht ist nur für jedermann verdienstvoll, an der Marke zu arbeiten, sondern geradezu motivierend. Die Intuition geht der Erkenntnis voraus. Man muss sich nicht wundern, dass in den letzten Jahren immer mehr Menschen von ihrer Arbeit an der Marke erzählen, was immer sie auch unter Marke verstehen. *Branding* ist heute so hip wie vor zwanzig Jahren die *Communications* und vor vierzig Jahren das *Marketing*. Mögen die Zielvorstellungen der vielen *Markenmacher* noch so verschwommen sein, so verweisen sie doch alle auf den tieferen Sinn der vielen banalen Arbeiten, die gemacht werden müssen, auf ein höheres Ziel, das stolz macht.

Der Markenregisseur darf nicht innerhalb seiner Organisation stehen, jedenfalls nicht mental. Wer die vielen Kräfte dirigieren will, die auf die Markenbildung Einfluss nehmen, muss über ihnen stehen. Er muss sich gerade so wie der Dirigent eines großen Orchesters außerhalb und vor seiner Organisation aufstellen. Auch das ist ein Grund dafür, dass Sie sich als Chef des Unternehmens persönlich um die Marke kümmern. Aber sind Ihnen die genannten Gründe schon Grund genug, Ihre kostbare Zeit und Kraft tatsächlich für eine ökonomisch immer noch unklare Größe einzusetzen? Wohl kaum.

Wodurch ist die Sonderstellung der Marke im Management schon heute ökonomisch zu rechtfertigen? Fragen wir die, die es am besten wissen müssten, die Chefs der Markenartikelindustrie. Ihre Antworten kommen schnell und locker. Ein richtiger Markenartikler stellt niemals infrage, ob die Marke für sein Unternehmen besonders wichtig oder ob er als Chef des Unternehmens für seine Marken verantwortlich sei. Jeder Chef in der Markenartikelindustrie trägt die Verantwortung für seine Marken. Sein Unternehmen lebt ja von seinen Marken. Und selbstverständlich versteht der Chef eines Markenartikelunternehmens auch das Markengeschäft, abgesehen davon, dass er über eine große Zahl hoch qualifizierter, teurer Marketingmitarbeiter verfügt, die ihrerseits wieder viele freie, teure Markenspezialisten als Lieferanten beschäftigen.

Der besondere, hohe Wert ihrer Marken wird von den Chefs der Markenartikelindustrie niemals infrage gestellt, sondern immer mit Nachdruck bestätigt. Absätze, Umsätze und Erträge ihrer Unternehmen hängen vor allem von der Kraft ihrer Marken ab, darin sind sich alle Markenartikler einig. Deshalb pflegen sie auch das Ansehen des Markenartikels in Verbänden, Instituten, Veranstaltungen und Medien, in den letzten Jahren allerdings mit dem Ausdruck wachsender Unruhe. Denn der Markenartikel steckt unbestreitbar in einer Krise.

Die Krise des Markenartikels ist keine Krise der Marke

Würden die Chefs der Markenartikelindustrie nicht so vertrauensvoll in der Tradition des Markenartikelgeschäftes ruhen, dann würden sie sich heute die gleichen Fragen stellen, die der Chef eines Produktionsgüter- oder Dienstleistungsunternehmens zu stellen hat. Würde der gestandene Markenartikler mit gleicher Unbefangenheit fragen wie ein Markenneuling, dann hätte er es leicht, die Krise des Markenartikels zu verstehen und sein Geschäft neu zu begründen. Denn das ist leider notwendig. Zur gleichen Zeit, in der eine winzige Zahl weltbekannter Markenartikel-Marken eine öffentliche Werteinschätzung in Milliarden-US-Dollar-Höhe erfährt und in der Pseudomarken wie Pilze aus dem Boden der allgemeinen Markengläubigkeit sprießen, verliert die Mehrzahl der klassischen Markenartikel an Einfluss und Wert.

Nie zuvor haben einige prominente Markenartikel in der öffentlichen Meinung eine so hohe Wertschätzung erfahren wie heute und nie zuvor mussten viele Manager ohnmächtig mit ansehen, wie bisher scheinbar unersetzliche Markenartikel nach jahrelangem Preis- und Wertverfall trotz schmachvoller Zugeständnisse an ihre Vertreiber von diesen schließlich doch ersetzt wurden. Einfach *ausgelistet* wurden sie und durch Produkte unter so genannten *Handelsmarken* ersetzt, unter Namen, die wirklich kein Markenartikel-Profi ernst nehmen kann. Verfall und Blüte der Marke, jeweils in unterschiedlichen Beziehungssystemen, treffen in diesen Jahren hart aufeinander und bieten gerade dem Markenartikler reichlich Lehrstoff. Aber das Gewicht der Würde und Tradition des Markenartikels lähmt offensichtlich. So bleibt es fast überall bei Restaurationsversuchen mit so genannten Markenrelaunches. Diese werden immer teurer und zeigen immer weniger Wirkung.

Marke und Produkt bilden im Markenartikel eine Einheit. Das Wort Markenartikel und auch die Theorie und Tradition des deutschen Markenartikelgeschäftes wollen es so, die Ökonomieprofessoren Vershofen und Mellerowicz haben es postuliert. Folglich spricht man allgemein von Markenartikeln als von Marken. Die Realität des Wirtschaftens stellt jedoch das tradierte Wortverständnis längst infrage. Die Marke klebt nicht am Artikel. Nur die Mehrheit der Markenartikler tut es, sehr zu ihrem Schaden. Die Ergebnisse der Markenartikelwirtschaft, der Konsumwirtschaft im Weiteren und der Lebensmittelwirtschaft im Besonderen sind vor allem in Deutschland ärmlich. Ihre Umsatzrenditen sinken ziemlich stetig und locken nicht zu Investitionen. Nur wenige Markenartikelunternehmen können mit einigen wenigen großen Marken einigermaßen ansehnliche Ergebnisse erwirtschaften. Nur diese Marken werden auch immer wieder zitiert und in Rankings monetär bewertet. Die Art und Weise, wie die Rankings erstellt und publiziert werden, gibt Anlass zu einer interessanten Frage: Sind die gerühmten Marken nun eigentlich die Ursachen für gute Betriebsergebnisse oder sind sie etwa nur ihre Folgen?

Der Umstand, dass solche Marken bisher immer erst gerühmt werden, nachdem die betreffenden Unternehmen gute Ergebnisse erwirtschaftet haben, und dass sie aus den Rankings der *Starken Marken* verschwinden, sobald die Ergebnisse der Unternehmen weniger brillieren, legt den Verdacht nahe, dass in Wahrheit nicht Marken und auch nicht Markenartikel, sondern Markenartikelunternehmen bewertet werden. Erinnern wir uns andererseits nicht auch an so manche berühmte Marke, die längst keine guten Ergebnisse mehr bringt oder sogar sang- und klanglos aus ihren Diensten ausgeschieden ist, von Adler, AEG, Arwa, Asbach, Astor bis Zeidler, Zündapp und Zuntz?

Trägt das Produkt die Marke oder die Marke das Produkt?

Das ist keine rhetorische Frage, das ist die Frage nach dem Primat von Stoff oder Geist und damit auch nach der Freiheit des Markenmanagers. Die Beantwortung dieser Frage entscheidet über die Grenzen seiner Entwicklung, über die Lösbarkeit seiner materiellen Bindungen und über die Strenge seiner ideellen Verpflichtungen. Nicht zuletzt hängt von ihrer Beantwortung auch das Tempo des Fortschritts in Markenmanagement und Markenwirtschaft ab. Nicht zuletzt deshalb, weil diese Frage bisher nicht allgemein verbindlich beantwortet wurde, schreitet die Entwicklung des Markenmanagements so langsam fort, taugen die bisher gebräuchlichen Markenmodelle nichts, wird so viel Geld vergeudet und ist das Markenartikelgeschäft in Not. Die Frage soll deshalb schnell und klar beantwortet werden: Die Marke trägt das Produkt.

Die Pioniere der Markenartikelwirtschaft und des Brandings konnten das noch nicht erkennen. Sie fühlten, dachten und handelten im Geist der industriellen Gründerzeit. Sie brandmarkten ihr Vieh und markierten ihre Warenbehälter, um die Herkunft ihrer Waren, ihre Qualität und vor allem ihre Neuheiten mit Gründerstolz zu kennzeichnen. Um sich mit ihrer Produktqualität im Wettbewerb besser zu behaupten und sie im Markt schneller durchzusetzen, fügten sie dem Produkt ein Markenzeichen hinzu, nach heutigem Verständnis ein Logo. Das Logo erklärten sie zur Marke und ließen es gesetzlich schützen. Damit trug das Produkt eine Marke. Das Ziel des Unternehmers war dessen Durchsetzung im Markt, das Mittel dazu die Reklame.

Der Geist des Durchsetzens lebt noch heute fort in der Idee von der Marke als einer Absatz fördernden Zutat des Unternehmens zum Produkt. Man sieht die Marke als eine unternehmerische Zusatzleistung zum Produkt, nicht als Basis für das Produkt, nicht als seine Vertrauensgrundlage. Obwohl sich die Probleme und Wertvorstellungen unserer Gesellschaft in den letzten fünfzig Jahren deutlich gewandelt haben, geht der traditionstreue Markenartikler noch immer davon aus, dass sein Produkt eine Marke tragen und mit dieser zum Markenartikel verschmelzen solle. Sein Ideal ist die so genannte Solitärmarke, ein Markenname, der nur auf ein einziges Produkt gesetzt wird und diesem für alle Zeit vorbehalten bleibt.

Der typische Markenartikler macht nach wie vor den Fehler, seine Marke noch immer an seinem Produkt zu orientieren und damit am Stoff und an der Produktion. Er setzt den Käufer und dessen vitale Probleme und Werte hinter das Produkt. *The Product is the Hero!*, das postulieren die Brand Manager immer wieder allzu gern, besonders nachdrücklich in ihren Briefings an die Werbeagenturen. Obwohl die Philosophie von der Orientierung des Unternehmens an der Gesellschaft durch die Idee des Marketings längst als etabliert gilt, werden Markenentwicklung und Markenführung immer wieder am Produkt ausgerichtet. Das Branding hinkt dem Marketing mit großem Abstand hinterher. *Brand* und *Label*, Brandeisen und Etikett, leben im Branding fort und behindern seine Emanzipation vom Stoff.

Der Gegner der Markenartikelindustrie hat gezeigt, was modernes Markenmanagement ist

Tatsächlich liegt der Wert der Marke längst nicht mehr darin, dass ein Unternehmer mit ihr die besondere Qualität seiner Produkte besonders gut kennzeichnen und glaubhaft garantieren kann. Das kann er heute genauso gut und manchmal besser durch Hinweise auf Testergebnisse von Gutachterinstituten, die sich heute in allen Märkten mit dem Anspruch auf Neutralität und höchste Sachkenntnis zum Schutz der letzten sachunkundigen Kunden aufgeschwungen haben. Produkte müssen schon lange keine Herstellermarken mehr tragen, um ihre Herstellungsqualität zu beweisen. Das hat der Händler Aldi am eindrucksvollsten bewiesen. Aldi ist eine großartige Marke, sie trägt wirklich. Sie trägt jedes Produkt, das der Aldi-Wertidee entspricht. Die Markenartikelindustrie sollte von Aldi lernen – ich habe es getan.

Als ich noch ganz im Banne des Markenartikeldogmas stand, erreichte mich die Anfrage einer mir damals völlig unbekannten Handelsfirma Albrecht. Sie war sehr allgemein gehalten und nicht besonders attraktiv. Stutzig machte mich nur ein knapper Hinweis auf den Discountcharakter des Albrecht-Handels. Einen nennenswerten Discounthandel gab es damals in Deutschland nicht, ich hatte darüber nur aus den USA gehört. Aber schon Schlimmes. Die Discounter würden die Markenartikler angreifen, ihre Preise herunterreißen, Werte vernichten. Und sie seien schrecklich kulturlos. Also war ich unsicher. Durfte ich als Dienstleister der Markenartikelwirtschaft für einen Discounthändler arbeiten? Ich fragte, ein bisschen zaghaft schon, bei zweien meiner Auftraggeber an. Sie waren nicht etwa entsetzt, sie nahmen meine Anfrage gar nicht ernst. So etwa, als ob ich sie gefragt hätte, ob wir nicht gemeinsam ihre Fabrik abbrennen sollten. Also lehnte ich die Anfrage ab. Aber ich blieb neugierig.

Ich beobachtete die Entwicklung der Albrechts über die Jahrzehnte hin, ihre Sortimentsgestaltung, ihre Preise, ihre Sonderangebote, ihre Standortpolitik, ihre Mitarbeiter, ihre Kunden. Ich verfolgte den zielsicheren Ausbau ihres Unternehmens, seinen unaufhaltsamen Vormarsch im Wettbewerb, seinen grandiosen wirtschaftlichen Aufstieg. Nach wenigen Jahren war ich mir sicher, ich hatte hochklassige Markenstrategen vor mir, Naturtalente, wie man sie in allen Branchen nur selten antrifft. Sie waren nicht nur ihren Handelswettbewerbern, sondern auch den meisten Markenartiklern von Anfang an weit voraus, auf jeden Fall in ihrer charakterlichen Festigkeit und Strenge. Markentalent ist ja in erster Linie eine charakterliche Begabung, die Begabung zur Konsequenz das wichtigste Charaktermerkmal eines Markenmanagers.

Aldi ist konsequent wie nur wenige klassische Markenartikler, dabei aber moderner. Aldi ist deshalb moderner, weil der Ausgangspunkt seiner Konsequenz keine Produktidee, sondern eine Wertidee ist. Dieser dient man mit geradezu spartanischer Härte und puritanischer Reinheit, ohne dabei selbstgefällig und stur zu werden. Die Wertidee Aldi wird gelebt, so bleibt sie in ihrer Strenge lebendig, so ist ihre Askese zur Kultur geworden. Wer sagt, der Aldi-Stil sei unkultiviert? Aldi hat den Ausdruck seiner Wertidee so kultiviert, dass heute kein Käufer mehr auf den Preis schauen muss. Kein falsches Zeichen stört ihn in seinem Vertrauen, keine Kursunsicherheit seine vertrauensvolle Kaufgewohnheit. Keine Verbeugung vor einem Wettbewerber lässt den Käufer an der Autorität von Aldi zweifeln, kein anderer Discounter tritt ihr zu nahe, keiner tastet ihren Führungsrang an. Aldi ist eine gute, starke Marke geworden, ohne jede spektakuläre Werbung.

Unsere Gesellschaft braucht heute keine Marken mehr als Qualitätsgarantien für Produkte und Leistungen. Sie bildet Marken für Unternehmensleistungen als Symbole ihres gesellschaftlichen Wertes. Ihre Marken vermitteln den Menschen den kulturellen Sinn der Unternehmensleistungen, der die Grundlage ihrer Zweckmäßigkeit ist. Ich hatte die Frage offen gelassen, ob gute, starke Marken eigentlich Ursachen oder Wirkungen erfolgreicher Unternehmensführung seien. Sie sind beides zugleich – sowohl Ursachen als auch Wirkungen. Sie sind Erfolge, die noch erfolgreicher machen, Kredite, die noch kreditwürdiger machen.

Managementvorteile

Die Marke ist nicht nur für Investoren die zuverlässigste Bilanz

Die Marke eines Unternehmens ist eine soziale Referenz, eine zweite neben seiner Bilanz und die weitaus zuverlässigere von beiden. Sie ist die von der Öffentlichkeit erstellte Bilanz des gesellschaftlichen Wertes des Unternehmens, denn sie nennt die kulturelle Bedeutung des Unternehmens, zu der sich sein ökonomischer Wert auf die Dauer immer nur als Gegenwert einstellen kann. Der Substanzwert seiner Marke bietet allen Gläubigern des Unternehmens mehr Sicherheit als seine gesamte restliche materielle und immaterielle Substanz.

Die Tatsache, dass die Marke den primären, den grundlegenden Wert eines Unternehmens repräsentiert, ist spätestens dann nicht mehr zu übersehen, wenn die Unternehmenseigentümer und die Öffentlichkeit nicht mehr voneinander zu unterscheiden sind. Wenn Unternehmen an die Börse gehen und hohe Streubesitzanteile erreichen, fließen ihre Absatzmärkte, Kapitalmärkte, Personal- und Beschaffungsmärkte vollständig ineinander. Dann schlägt das Gewicht ihrer Marken als *Bilanzen der öffentlichen Wertschätzung* voll auf Börsenkurse, Produktnachfrage, Mitarbeiterangebote, Lieferkonditionen und schließlich auch die Wirtschaftsbilanzen durch.

Das Ineinanderfließen der Märkte beschleunigt sich verstärkt in diesen Jahren und ist keineswegs nur für die börsengängigen Aktiengesellschaften relevant. Unsere gesamte Wirtschaft *geht public.* Die Vernetzung aller Informationsträger wird durch eine immer schnellere und elegantere Kommunikationstechnologie unaufhaltsam angetrieben. Die Menge und das Tempo der Informationen wachsen exponentiell. Nicht nur das Internet, sondern alle Medien produzieren täglich mehr Informationen – und das über alle Lebensbereiche und für alle Bevölkerungsschichten.

Die Menge der Informationsempfänger und damit verständlicherweise auch die Naivität des Empfangs wachsen ebenfalls. Alle Bevölkerungsschichten empfangen unabhängig von ihrer Vorbildung immer mehr Informationen und diese kaum sortiert. Sie alle, die Leute auf der Straße, werden damit die *Markenmacher*, die Kreditgeber der Wirtschaft. Und sie entscheiden immer emotioneller, immer seltener durch Sachkenntnis und Vernunft beeinflusst. Die *Opinionleader* von gestern, die Experten, verlieren stetig an Einfluss. Die Hierarchie der Meinungsbildner ist in vielen Lebensbereichen schon gekippt.

Was man schon lange bei den großen politischen Wahlen beobachten kann, vor allem in den USA, wird man künftig auch in der Wirtschaft immer häufiger und deutlicher erleben: Nicht das vernünftige Argument siegt, sondern die Sympathie. *Show and Fun*, Emotion und Faszination entscheiden auch über Wahlen in der Wirtschaft. So scheint es jedenfalls. Die Wirtschaft wird für die Öffentlichkeit immer mehr zur Unterhaltung: »Nichts ist spannender als die Wirtschaft.« Der Slogan der *WirtschaftsWoche* sagt es und ihre Auflagenentwicklung auch. Die Markenbildung wird scheinbar liberaler und demokratischer. Die Grenzen zwischen den etablierten Kommunikationsbereichen und Kommunikationsthemen, zwischen Fach-, Sach- und Unterhaltungsangeboten fallen. Alle an der Markenbildung Beteiligten kommunizieren kreuz und quer. Das Interesse der breiten Öffentlichkeit an den Unternehmen wächst infolgedessen rapide, und wo die Öffentlichkeit zum Shareholder geworden ist, ist der *Brand-Value* des Unternehmens logischerweise sein *Shareholder-Value*.

Das Markenmanagement wird allerdings in unserer hitzigen Kommunikationsgesellschaft nicht leichter, denn die Einflüsse werden immer unübersichtlicher. Die negativen Einflüsse werden gefährlicher und die Verdichtung der positiven Einflüsse kann nicht mehr von einem Ressort aus allein gesichert werden. Weil die Marken nicht mehr nur in den Absatzmärkten, sondern gleichzeitig in allen Märkten des Unternehmens gebildet werden, muss das Markenmanagement ressortübergreifend betrieben werden, vom Chef also. Aber das lohnt sich, denn nie hatte ein Chef so gute Chancen dazu, die Markenbildung zu steuern, wie heute.

Der Chef, sein Unternehmen und seine Marke werden für die Öffentlichkeit eins

Je größer das Interesse der Öffentlichkeit an einem Unternehmen ist, desto deutlicher rückt auch der Chef des Unternehmens in ihr Blickfeld. Ob er will oder nicht, er wird von der Öffentlichkeit über kurz oder lang zur Galionsfigur des Unternehmens stilisiert. Medienberichterstattung und Journalisten fördern das mit dem größten Vergnügen. Sie tun dies ebenso gern aus dem lustvollen Erlebnis ihrer Macht über das Ansehen exponierter Menschen heraus wie aus ihrer Verpflichtung gegenüber dem Medium, das sie zu füttern haben.

Journalisten wissen genau, dass auch für das Wirtschaftspublikum kein Thema faszinierender ist als der Mensch. So wird der Chef eines Unternehmens auch als unmittelbarer, persönlicher Stimulus für die Bildung seiner Unternehmensmarke immer wichtiger. Sein Beitrag zur Markenbildung ist umso höher, je länger er die Cheffunktion im Hause hat, noch höher, wenn er nicht nur Manager ist, sondern auch Miteigentümer, und am höchsten natürlich, wenn er den Namen des Unternehmens trägt. Der Namensträger des Unternehmens wirkt öffentlich als personifizierte Unternehmensmarke. Die Designermarken sind Belege idealer und äußerst ökonomischer Markenbildung. Schon zu Lebzeiten erzielen Armani, Lagerfeld, Ralph Lauren und Kollegen aus ihren persönlichen Einsätzen Markenzinsen, die kein anonymer Chef erreicht und die auch posthum noch hohen Zinseszins bringen, wie Chanel, Dior, Versace und viele andere beweisen.

Wenn Ihnen erst einmal klar ist, dass Sie sich ohnehin in Zukunft immer weniger aus der öffentlichen Meinungsbildung über Ihr Haus heraushalten können, dann geben Sie gern auch Ihr Bestes als Markenmanager. Das bedeutet, dass Sie nicht nur Ihre Unternehmensführung an Ihrer Marke orientieren, sondern auch Ihre persönliche Publizität. Automatisch fällt Ihnen dann vieles immer leichter; Sie erreichen eine immer höhere Effizienz Ihres Einsatzes und leben immer besser.

Wenn Sie Ihre Führung künftig konsequent an Ihrer Marke orientieren, sind Sie zwar nicht der Rücksicht auf Ihre ökonomischen Bilanzen enthoben, aber doch bestmöglich gegen gefährliche Bilanzüberraschungen versichert. Mögen auch ihre Quartals- und Jahresbilanzen zusammen mit Ihren Image- und Börsenkurswerten schwanken, die große Linie der Kapitalverzinsung bleibt dauerhaft stabil. Denn die Gesellschaft bildet starke Marken nur für starke Unternehmen. Erfolgreiche Markenführung bedeutet damit zwangsläufig erfolgreiche Unternehmensführung, theoretisch jedenfalls. Der Weg der Praxis bleibt steinig und voller Fallgruben. Aber die prinzipielle, langfristige Unvermeidlichkeit der Markenbildung und die große, theoretische Chance eines frühzeitig markenzentrierten Managements rechtfertigen auch gegenüber Ihren Kapitalgebern Ihren vollen persönlichen Einsatz für Ihre Marke.

Ihre Marke markiert die Position Ihres Unternehmens in dem Wertesystem unserer Gesellschaft. Sie ist ein Ausdruck der Wertschätzung unserer Gesellschaft für Ihr Unternehmen, und zwar in seiner höchstmöglichen Verdichtung. Seine Verdichtung ist so hoch, dass Sie sich Ihre Markenposition als zentralen Punkt auf einer Zielscheibe, als die Zwölf, oder aber als einen Stern am nächtlichen Firmament vorstellen können. Gelingt es Ihnen, im übertragenen Sinne gesprochen, den Stern Ihres Unternehmens, seine Marke, unter den unzähligen anderen zu entdecken und zu fixieren, so haben Sie für Ihre Unternehmensführung eine Zielposition gefunden, die zuverlässiger zum Erfolg führt als jede betriebswirtschaftliche Zahl. Im Vergleich zu der ruhevollen Bahn Ihres Sterns springen alle konventionellen Orientierungsdaten Ihres Unternehmens, Renditezahlen, Umsatzzahlen, Marktanteilszahlen, Börsenkurswerte und so weiter wild herum wie die Flöhe. Im Vergleich zu der fundamentalen Bedeutung jenes Sterns, der die gesellschaftliche Stellung Ihres Unternehmens markiert, sind alle betriebswirtschaftlichen Kennzahlen für die Ertrags- und Lebenskraft Ihres Unternehmens nur von relativer Bedeutung.

Kurssicherheit in der Markenführung bedeutet Souveränität in der Unternehmensführung

Konzentrierten Sie Ihre Pläne und Operationen darauf, die Faszination Ihrer Marke zu erhöhen, so gewinnen Sie auf beiden Seiten Ihrer Ertragsrechnung. Einerseits senken Sie Ihre Kosten um einen großen Teil jener Aufwendungen, deren Wirkungen in der Überfülle austauschbarer Leistungen verloren gehen. Andererseits steigern Sie Ihre Erlöse durch die wachsende Bedeutung Ihrer Leistungen für die Gesellschaft und die Bindung dieser Bedeutung an Ihr Unternehmen. Die Effektivität Ihres Einsatzes nähert sich stetig dem theoretischen Optimum eines Nachfragemonopols. Aus der Sammlung aller seiner Kräfte entstehen Ihrem Unternehmen darüber hinaus Einheitlichkeit, Ruhe und Unbeirrbarkeit. Seine Widerstandskraft gegen die Turbulenzen seines Umfeldes wächst und daraus wiederum erwächst Ihnen persönlich die größtmögliche Unternehmerfreiheit.

Ein Unternehmer, der alle Kräfte seines Unternehmens sammelt und für die Steigerung des Wertes seiner Marke einsetzt, stetig und ohne zu schwanken, wird dafür mit Freiheiten belohnt, von denen markenunkundige Unternehmer nicht zu träumen wagen. Er wird von sozialen und materiellen Zwängen frei, denen andere hohe Opfer an Geld, Kraft und schließlich Lebensfreude bringen müssen. Er kann seine Wettbewerber durch seine Marke auf Abstand halten. Damit kann er sein Unternehmen vor Störungen durch destruktive Wettbewerbsaktivitäten sichern. Er kann es aus ruinösen Preiswettbewerben und anderen kollektiven Torheiten seiner Branche heraushalten. Er kann die Kräfte und Begabungen seines Unternehmens seiner eigenen Art gemäß entwickeln. Er befreit sich vom Joch eines materialistischen Wettbewerbs, der die Wettbewerber nivelliert und in blutigen Materialschlachten erschöpft.

Indem sich der Manager aus den Zwängen des materiellen Wettbewerbs löst und sich mit seiner Marke einer moderneren Form des Wettbewerbs – nämlich auf der höheren Ebene kultureller Werte – stellt, befreit er sich von einem weiteren Zwang. Er befreit sich aus der Umklammerung durch die Einflüsse einer launischen Öffentlichkeit, die ihm eine Autorität seines Marktes und wechselnde Marktdiktate vorgaukelt. Er befreit sich aus den Zwängen modischer

Trends und hysterischer Übertreibungen, wie sie eine jede kulturelle Entwicklungslinie mal als Ausschläge nach oben und mal nach unten begleiten und jeden verwirren, der den Tagesnachrichten ausgeliefert ist.

Der Aufstieg auf die Ebene des Wettbewerbs kultureller Wertsymbole befreit Sie von dem Zwang zur Unterwerfung unter die Nervosität von Märkten, unter angebliche Autoritäten, die in Wahrheit gar keine sind. Er erlaubt Ihnen eine Arbeitsweise mit Weitblick, Überblick, Ruhe und Festigkeit. Weil Sie nicht mehr auf jede Meinungsänderung der Öffentlichkeit mit Kurskorrekturen und defensiven Sondereinsätzen reagieren müssen, sparen Sie viel Kraft und Geld. Mit dem Ersparten können Sie die Effizienz der von Ihnen geplanten offensiven Wettbewerbseinsätze steigern. Immer Ihre Marke vor Augen, behalten Sie auch in Turbulenzen Ihren Kurs und damit die Effizienz Ihrer Operationen unter Kontrolle. Die Sicherung Ihrer Marke bedeutet die Rentabilitäts- und Existenzsicherung Ihres Unternehmens.

Auf der Ebene eines Wettbewerbs der kulturellen Markenwerte werden Sie von einer weiteren Zwangsjacke befreit, einer längst anachronistischen, materialistischen Ideologie. Das ist die Ideologie, die den Schuster zu lebenslänglichem Gefängnis im Schuh verurteilen will, die sich über seine menschlichen Wertvorstellungen und damit über seinen Menschenwert hinwegsetzt und ihn als Teil einer rigiden Produktionsmaschinerie sieht: *»Schuster, bleib bei deinem Leisten!«* – dieser Satz gilt nicht mehr. Ein Schuster, der sein Interesse auf den kulturellen Wert richtet, dem unter anderem auch sein Schuh dient, darf heute ruhig seinen Leisten in die Ecke stellen und Taschen, Gürtel, Jacken, Hosen und manches mehr machen, sofern es nur den gleichen Wert verkörpert.

Indem Sie sich auf Ihre Marke konzentrieren, werden Sie frei von vielen traditionellen berufständischen Restriktionen, von Branchen- und Produktbindungen, von Bindungen an Systeme, Techniken, Mittel und Methoden, die Ihre Entwicklung beschränken könnten. Durch die Orientierung Ihres Unternehmens an seiner Marke gewinnen Sie eine ungeahnte Entwicklungsfreiheit. Natürlich hat auch diese wie jede Freiheit ihren Preis. Der Preis für Ihre neue Unternehmerfreiheit ist die Bindung an Ihre Marke. Die ist zwar auch nicht immer ganz einfach, aber sie macht stark. Die alten materiellen Bindungen dagegen machen Sie schwach.

Die Unvermeidlichkeit des Markenwettbewerbs und die Chancen der markenzentrierten Unternehmensführung rechtfertigen sicher eine ernsthafte Prüfung Ihrer Bindungsfähigkeit. Vielleicht rechtfertigen sie auch Ihre Mühe, sich durch die Lektüre dieses Buches für ein professionelles Markenmanagement zu rüsten, wenigstens so weit, wie es mein Kenntnisstand heute erlaubt. Ich hoffe zuversichtlich, dass er Ihnen in ein paar Jahren nicht mehr ausreicht, aber im Augenblick geben Praxis und Forschung leider nicht mehr her. Immerhin hatte ich ja in meiner langen Praxis nicht nur reichlich Gelegenheit, Fehler zu machen und zu beobachten, sondern als Partner und Auftraggeber vieler Wissenschaftler auch die Befriedigung, aus vielen Fehlern systematisch lernen zu können. Wie jeder ernsthafte Berater kann auch ich Ihnen leider nur von Fall zu Fall konkret sagen, was Sie tun sollten. Was Sie jedoch in keinem Fall machen dürfen, das kann Ihnen mit Festigkeit sagen.

Abschied nehmen von der Markentechnokratie

Die Förderung einer Markenbildung ist eine sensible persönliche Regiearbeit, immer eine Maßarbeit und als Ideal eine Kunst. Also kann ich Ihnen nur empfehlen, sich vor allen markenstrategischen Rezepten zu hüten. Konfektion passt im Bildungswesen nie. Das ist eine Erkenntnis, die man eigentlich nicht erst durch Logik und Statistik belegen müsste, sondern allein schon durch einen Hinweis auf das wertvollste gemeinsame Wesensmerkmal von Mensch und Marke, auf ihre Einzigartigkeit. Wie sollte es denn wohl eine Standardtechnik, eine Erfolgsschablone geben können für den einmaligen, unvergleichlichen Bildungsweg eines einzigartigen Wesens? Immer wieder hört man Begriffe wie Markencharakter, Markenpersönlichkeit, Markenseele – sie werden ja selbst in Werkstätten gebraucht, in denen man versucht, Marken wie Maschinen zu konstruieren. Die beliebten Analogiebegriffe sind durchaus berechtigt. Marken sind einzigartig wie Menschen – oder es sind keine.

Markenrezepte sind Scharlatanerie, nicht besser als Persönlichkeitsrezepte, Erfolgsrezepte oder Glücksrezepte. Sie brauchen keine

Erfolgsrezepte, um mit Ihrer Marke erfolgreicher zu wirtschaften als Ihre Wettbewerber. Sie müssen nur Ihre Marke besser verstehen und sie besser behandeln als Ihre Wettbewerber. Sie brauchen nur weniger Fehler zu machen als diese – und das ist nicht schwer. Man macht im Markenmanagement fast überall noch unglaublich viel falsch. Man lernt einfach zu langsam. Man – das sind nicht die vielen kleinen Kommunikationshelfer, sondern diejenigen, die den Nutzen oder Schaden des Markenmanagements in letzter Instanz verantworten müssen. Die beteiligten Spezialisten lernen seit langem fleißig und haben auch in den letzten Jahrzehnten große Fortschritte erzielt. Man – das sind die Manager, von deren Verständnis, Integrations- und Koordinationsvermögen der Wert aller Einzelleistungen der Spezialisten abhängt. Die Macht habenden Generalisten sind daran schuld, wenn die professionellen Teilleistungen der vielen fleißigen, lernwilligen, oft begabten und manchmal hoch talentierten Spezialisten nur wenig Erfolg gebracht haben.

Es hilft eben nichts, wenn man etwas Falsches immer richtiger tut. Es wird dadurch nicht richtiger. Nur der Aufwand für das Tun steigt damit und der Wirkungsgrad des Falschen ebenfalls, seine Schädlichkeit. Der ökonomische und soziale Schaden aus der fortgesetzten Perfektionierung des Falschen ist im *Branding* gewaltig. Ich werde darauf zurückkommen müssen, um Ihnen die Vermeidung elementarer Fehler zu veranschaulichen. Zunächst dürfen Sie meine Feststellung des allgemeinen Defizits der Topmanager in Sachen *Branding* als eine Chance annehmen, mit relativ kleinem Aufwand einen relativ großen Wettbewerbsvorsprung zu erzielen. »*Man soll seine Wettbewerber nie unterschätzen*«, das ist grundsätzlich richtig. In diesem besonderen Falle dürfen Sie jedoch ruhig davon ausgehen, dass selbst Chefs sehr bedeutender Unternehmen von einer strategischen Markenführung bisher nur wenig mehr wissen als nichts.

Ich habe mich oft gefragt, wie es möglich ist, dass sich ein intelligenter, gebildeter und strebsamer Mensch auf dem Gebiet der Markenstrategie so ausgesprochen naiv verhalten kann. Wie es erklärbar ist, dass der gleiche Mann, der es nicht nur im Umgang mit Zahlen und Systemen zu schönen Erfolgen gebracht hat, sondern auch im Umgang mit schwierigen Menschen, dass dieser Mann markenstrategisch immer wieder geradezu kontraproduktiv entscheidet.

Natürlich habe ich auch viele behutsame und engagierte Gespräche geführt, um die Ursache herauszufinden, denn als Coach ist man ja immer auch menschlich betroffen. Heute bin ich davon überzeugt, dass die Ursache für das allgemeine Defizit der Manager in Sachen Markenstrategie nicht beim Einzelnen zu suchen ist, sondern im aktuellen Zustand unserer Gesellschaft.

Die seit zweihundert Jahren anhaltende öffentliche Begeisterung über immer neue technische Höchstleistungen hat ein gesellschaftliches Klima erzeugt, in dem jeglicher Fortschritt technisch erscheinen muss, um Beachtung zu finden. Die Menschen, die menschlichen Leistungen und die Maßstäbe dafür, so auch die Erfolgsbedingungen der Menschenführung, sind in diesem Klima unversehens unter die Maßstäbe der Technik geraten. Unversehens hat sich durch unsere gemeinschaftliche Hightech- und Engineering-Euphorie manch durchaus talentierter Menschenführer zum Technikfan und schließlich zum Technokraten verbiegen lassen. Dadurch hat sich die *Schere* zwischen technischem und menschlichem Fortschritt allgemein besorgniserregend weit geöffnet und am weitesten dort, wo sich das Menschliche urmenschlich äußert, in der Arbeit mit großen anonymen Gemeinschaften, wie es die Anhängerschaften von Marken sind.

Markentechnokratie kann nur Misserfolge produzieren. Technokraten können Markenbildungen noch weniger steuern als Menschenbildung, denn Markenbildung ist eine besonders diffizile Form der Menschenbildung. Bildungsaufgaben sind niemals wie technische Aufgaben lösbar, seelische und geistige Entwicklungen niemals mit technisch-ökonomischen Prozessen vergleichbar. Die Marke ist kein Produkt der Kommunikationstechnik, sondern der Evolution des Menschen, sie wurde nicht von Kommunikationstechnikern erfunden, sondern von Hominiden. Sie löst vitale Probleme, nicht rationale. Ich habe die psychotherapeutische Funktion der Marke schon kurz angesprochen mit meinem Hinweis auf ihre Bedeutung als Mittel zur Bewältigung von Ängsten. Glauben Sie, dass sich ein intelligenter Umgang mit Ängsten aus Erfahrungen mit technologischen Prozessen ableiten lässt? Viele Ihrer Wettbewerber scheinen das noch zu glauben und betreiben ihr *Branding* entsprechend technokratisch. Sie freuen sich noch über jeden Komfort, den ihnen technische Automatismen bieten.

Lassen Sie Ihren Branding-Wettbewerbern das Vergnügen am technischen Komfort. Lassen Sie ihnen den bequemen Weg. Wenn Sie ihnen den bequemen Weg lassen, machen sich Ihre Wettbewerber für Sie nützlich, machen Fehler, die Ihnen in Ihrem Branding nützen. Viele Erfolge und Siege waren seit jeher den Fehlern der Gegner zu verdanken. Das wird in der Markenstrategie nicht anders sein. Auch in einem kultivierten Markenwettbewerb wird uns Darwin nahe bleiben, auch die Zahl der Marken kann nicht unendlich wachsen.

Der produktions- und technikverliebte Manager ist für den Markenstrategen ein Wunschgegner. Der Techniker bastelt selbstgenügsam nur am eigenen Werk, während der Stratege alle Kräfte nutzt, die ihm sein Wettbewerbsfeld bietet. Der Genuss des Strategen ist von anderer Art als der des Technikers. Vielleicht entspricht er Ihnen. Am besten lehnen Sie sich jetzt einmal zurück und überprüfen in Ruhe, was Sie wissen, fühlen, glauben. Sie verfügen ja schon über etliche Informationen und über ein paar wirklich wichtige, unpopuläre Einsichten. Wenn Sie sich zutrauen, diese zu nutzen, können Sie sich schon ziemlich bald mit einem Sprung vor Ihre Wettbewerber setzen. Hier noch einmal das Wichtigste kurz und knapp zur Erinnerung:

Erstens: Marken werden unvermeidlich. Jeder Wettbewerb reift irgendwann zum Markenwettbewerb. Marken repräsentieren dann die Wettbewerber. Die Kommunikationsgesellschaft beschleunigt diese Entwicklung. Zweitens: Das Publikum macht die Marken. Das Publikum macht die Wettbewerber zu Marken. Die Wettbewerber selbst können das Publikum dabei nur unterstützen oder stören. Mehr nicht. Drittens: Marken sind nur an Werte gebunden. Marken sind nicht an Produkte, Leistungen oder Unternehmen gebunden. Marken stehen für kulturelle Werte, nicht für materielle. Viertens: Eine Marke verschafft dem Unternehmer Freiheit. Sie befreit ihn aus materiellen und berufsständischen Bindungen. Sein Preis dafür ist die Bindung an den kulturellen Wert seiner Marke. Fünftens: Die Markenverantwortung trägt der Chef. Kann er es nicht, so kann es auch kein anderer. Denn nur er hat die Macht über alle Ressorts und Mittel. Markenmanagement ist Chefsache. Sechstens: Jede Marke repräsentiert ein Unternehmen. Eine Firma mit mehreren Marken besteht aus mehreren Unternehmen. Jeder ihrer Markenmanager ist ein Unternehmenschef. Siebtens: Markenmanagement ist Bildungsmanagement. Bildungsmanagement ist Menschensache, nicht Sache von technokratischen Systemen. Jede Markenbildung fordert den vollen Einsatz einer Person. Achtens: Markenmanagement wird General Management. Wird die Unternehmensführung an der Marke orientiert, so ist ihr Erfolg sozial abgesichert. Der *Social Value* der Marke sichert den *Shareholder-Value* des Unternehmens.

Das für Sie persönlich Wichtigste kann ich leider nicht in ein sachliches Statement packen: Wer seine Unternehmensführung auf seine Marke ausrichtet, wächst und fühlt sich gut dabei, stärker, reicher und friedlicher.

Die pragmatische Perspektive:

Wie Sie mit den vielen Markenexperten am besten vorankommen

Markendienstleister

Die erste Etappe ist die schwerste – das große Aufräumen

Wer in diesen Jahren aufbricht, um seinem Glück mit der Marke nachzuhelfen oder es wenigstens davor zu bewahren, unbemerkt zu Bruch zu gehen, braucht vor allem einen kühlen Kopf. Ohne den begehrten kühlen Kopf, mit dem der Mensch nur für das volle Bewusstsein seiner Unsicherheit und für die ruhevolle, wachsame Betrachtung seiner Lebensumstände belohnt wird, haben Sie kaum die Chance, im Getümmel der Markengläubigen Ihren Weg zu finden. Sie werden heute ermutigt und morgen entmutigt, erst nach rechts gestoßen und dann nach links geschubst, gelockt von den einen und geplündert von den anderen, aus Ihrer Geborgenheit in der Mehrheit plötzlich ausgestoßen ins Abseits, so von einer Stimmungslage in die andere befördert, ohne ihre Ursachen zu verstehen. Sie werden zum Spielball von Kräften, die Sie weder erkennen noch vermeiden können.

Den meisten Menschen, die sich bisher auf die Marke und ihre Botschafter eingelassen haben, ist ein solches Mitläuferschicksal beschieden, nicht anders geht es ihnen als den meisten Spekulanten an der Börse. Hier wie dort taumelt die Mehrzahl zwischen Begeisterung und Enttäuschung, hier wie dort finden sich nur sehr wenige kühle Köpfe, die das turbulente Geschehen einigermaßen durchschauen und daraus ihren Nutzen ziehen.

Aufbruchzeiten fordern ihre Opfer. Evolutionswissenschaftler müssen eine berauschte Gefolgschaft vieler zum Vorteil einiger weniger sicher auch nicht immer beklagen. Für das Wohl der Börse mag das blinde Gefolge der vielen vielleicht sogar zu rechtfertigen sein. Ich verstehe von der Börse zu wenig, um den Evolutionswert ihrer rabiaten Auslese zu verstehen. Die Verwirrungen im Markenwesen kann ich jedoch einschätzen. Für sie finde ich beim besten Willen keine evolutionstheoretische Rechtfertigung. Die Enttäuschungen und Verluste der vielen markengläubigen Unternehmen und ihre unzähligen Pseudomarken gereichen auch ihrem Ganzen, den Volkswirtschaften, zweifellos nicht zum Vorteil.

So weit man sehen kann, brechen alle auf den populären Illusionen über die Marke begründeten Unternehmenskonstrukte zusammen, ohne irgendwo außerhalb der ramponierten Baustellen äquivalente Werte zu hinterlassen. Unzählige Markenattrappen führen regelmäßig zunächst zu Überkapazitäten, dann infolge ihres Versagens im Qualitätswettbewerb zu einem Preiswettbewerb, der zunächst als Auslesewettbewerb von öffentlichem Beifall, später aber dann als Vernichtungswettbewerb von öffentlicher Schmähung begleitet wird, derzeit speziell mit dem Vorwurf der Arbeitsplatzvernichtung. Die umfassendere Ressourcen- und Wertevernichtung durch den überhitzten Wettbewerb wird bisher noch kaum kritisiert, sicher aber schon in wenigen Jahren. Arbeitslosigkeit, Überforderung des Sozialstaates, Auseinanderdriften von Arm und Reich, Rezessionen, sozialer Unfriede bis hin zur Kriminalität bilden eine Kette von Reaktionen auf einen Mengen- und Preiswettbewerb, der infolge der Illusion einer Qualitätsdifferenzierung durch Markenattrappen geradezu ins Kraut schießen muss.

Die Natur lässt sich nicht durch Attrappen täuschen. Auch unter den Maßstäben eines Evolutionstheoretikers lässt sich an der eifrigen Attrappenbastelei unter dem Titel Branding nichts Gutes finden, weil sie gegen die Natur der Markenbildung gerichtet ist, gegen einen natürlichen Wesenszug des Menschen, der für seine Evolution unverzichtbar war und bleibt. Gegen die Natur verstoßen auch große Gemeinschaften nicht ungestraft; das sollten wir doch schon im letzten Jahrhundert gelernt haben. Vor Täuschungen über die Natur der Markenbildung darf also wohl nicht nur im Interesse der Unternehmen gewarnt werden, sondern auch im Interesse der Allgemeinheit.

Niemand, der heute an der Markenbildung professionell beteiligt ist, täuscht absichtsvoll. Jeder äußert sich nach bestem Vermögen und meistens wohl auch mit gutem Gewissen. Keinem ist der Vorwurf einer bösartigen Täuschung zu machen, allenfalls der einer leichtfertigen. Aber wer will schon Pionieren Leichtfertigkeit zum

Vorwurf machen; eine gewisse Leichtigkeit gehört nun einmal zu jeder Eroberung von Neuland. Schwerfällige machen keine Eroberungen. Wer sich anschickt, sein Glück mit der Marke zu machen, der sei hier also nicht vor gefährlichen Menschen gewarnt, sondern nur vor gefährlichen Äußerungen leichtgläubiger Menschen.

Die Äußerungen, vor denen ich Sie warnen möchte, sind Meinungsäußerungen, die in berufständisch abgegrenzten Gemeinschaften und in relativ kurzer Zeit gebildet wurden. Es sind Äußerungen gemeinschaftlich gebildeter, früher Meinungen über einen neuen, schwierigen Gegenstand. Dafür, dass diese Meinungsäußerungen irreführend sind, gibt es zunächst einen allgemein gültigen Grund, der alle Meinungsträger von dem Verdacht vorsätzlicher Irreführung entlastet: Ihre Meinungen sind perspektivisch gebunden.

Fachperspektiven liefern Ansichten, keine Einsichten

Jede Fachperspektive liefert eine dem Standort des Betrachters entsprechende Ansicht von einer Sache. Jede Ansicht von dieser Sache ist genauso wahr wie die von ihr aus der entgegengesetzten Perspektive gewonnene, gegensätzliche Ansicht. Jeder Spezialist hat seinen festen Standort und seine diesem Standort entsprechenden perspektivischen Ansichten. Jede seiner Aussagen über eine Sache ist folglich nicht mehr und nicht weniger als eine fachlich gerechtfertigte Ansichtssache. Deshalb sollten Sie jeden fachübergreifenden Disput begrüßen und den Vorwurf der Fachidiotie auch dann vermeiden, wenn er sich Ihnen unter dem Maßstab Ihres Universalistentums aufdrängt.

In unserer arbeitsteiligen Wirtschaft verpflichtet den Spezialisten nur sein Berufsstand zur Redlichkeit – und das auch nur unter den Maßstäben seiner berufsständischen Perspektive. Weil jede Perspektive nur eine begrenzte Ansicht von einer Sache bietet, ist jedem Berufstand auch nur eine Äußerung von begrenztem Wahrheitsgehalt über eine Sache möglich. Das bedeutet für jeden Spezialisten zugleich eine fachliche Verhaftung und eine universale Enthaftung. Eine homogene Spezialistengemeinschaft wie zum Beispiel eine Gruppe von Betriebswirten oder Marketingfachleuten kann mit ihren Aussagen zu einem universalen Objekt immer nur als eine *Gesellschaft mit beschränkter Haftung* auftreten. Die Marke ist ein universales Objekt.

Zu dieser fachlichen Entlastung kommt eine moralische. Jeder berufliche Standort begründet nicht nur eine ganz bestimmte perspektivische Ansicht, sondern auch ein Selbsterhaltungsinteresse. Jeder Berufstand ist ja nur so lange imstande, den ihm von der Gesellschaft zugewiesenen Dienst zu erfüllen, solange er existiert. Sein Fortbestand aber ist von seinem wirtschaftlichen Wohlstand abhängig, sein Wohlstand wiederum von seiner Kraft zur Selbstbehauptung. Folglich behauptet auch jeder Berufsstand sein Recht zur Alleinvertretung seiner Ansichtssache, sein Recht als Spezialist. Der Spezialist verkauft sich als Experte, diskriminiert den Universalisten als Laien oder Dilettanten und drängt ihn aus seinem Wettbewerbsfeld. Das war immer so.

Der stillschweigende Konsens in unserer Gesellschaft über dieses Spezialistenrecht trennt auch die Spezialisten im Dienst der Marke voneinander. Die Leistungen der Meinungsforschung dürfen nur von Meinungsforschern bewertet werden, die der Marktpsychologie nur von Marktpsychologen, die der Kommunikationstechniken nur von Kommunikationstechnikern, die der Mediastrategien nur von Mediastrategen, Werbekreationen nur von Kreativen und so fort, gerade so wie es auch bei Medizinern, Juristen, Chemikern, Ingenieuren, Architekten und Installateuren üblich ist. Jeder Berufsstand hütet sein Reich, bewacht ängstlich seine Grenzen und sichert sich so eine kleine mehr oder weniger heile Welt.

Jeder der vielen Berufsstände, die sich heute zur Arbeit an der Marke berufen fühlen, lebt in seiner eigenen abgegrenzten Welt und erlebt sie als heil. Um sie zu schützen, pflegt er die seiner Welt entsprechenden Ansichten von der Marke mit Hingabe und verwahrt sich energisch gegen die Erkenntnisansprüche der Vertreter aller anderer Welten, nicht nur solcher aus fachlichen Nachbarwelten. Zwischen den Fachnachbarn werden die Grenzstreitigkeiten nur am deutlichsten sichtbar.

Das Nebeneinander der Branchen, die an der Markenbildung professionell beteiligt sind, bietet dem neugierigen Besucher zunächst in seiner Buntscheckigkeit das reizvolle Bild einer Messe, ja fast einer Kirmes. Es entrückt ihn dem profanen Alltag seiner Geschäfte, es bewegt und bezaubert ihn. Jede Branche und jede Profession bietet ihm andere Reize. Jede tritt dem Besucher auf andere Art entgegen, jede in einem eigenen Stil, mit einer eigenen Philosophie und mit ihren eigenen Usancen. Die professionellen Eigenarten kontrastieren oft miteinander wie in einem Patchwork. Das ist kein Zufall.

Keiner der Berufsstände verdankt ursprünglich seine Existenz einer Berufung zum Dienst an der Marke, alle verdanken sie sie Berufungen, die weit voneinander entfernt liegen. Die künftig vielleicht einmal gemeinsame Berufungsgröße Marke ist für alle heute an der Marke arbeitenden Berufsstände viel jünger und fremder, als man es sich selbst und anderen gegenüber eingestehen mag. Noch vor wenigen Jahren war die Marke in keiner einzigen der heute mit ihr befassten Branchen das zentrale Thema; von den meisten wurde sie erst in den letzten zehn Jahren als wichtige Orientierungsgröße entdeckt. Das hindert natürlich keinen ihrer Vertreter daran, engagiert über die Marke zu sprechen, stets in der Attitüde des Markenexperten, sei sein Beitrag zur Markenbildung auch noch so winzig.

Ich musste kürzlich zusammen mit meinen Kollegen ein neues Büro beziehen. Unsere Praxis ist nicht sehr groß, aber doch ganz ansehnlich und wird immerhin von einer Reihe gestandener Praktiker und Wissenschaftler geleitet. Sie liefert Gutachten zu Fragen der Markenbewertung, Markenstrategie, Markenkontrolle und so weiter und trägt den Namen *Brandsboard*. Unser Name sollte, wie das so üblich ist, auf eine Tafel an der Tür eines Office Tower der Innenstadt. Der Schildermacher, durch Schilder in den herrlichsten Materialien, Edelstahl, Glas, Acryl, Marmor, Chrom bestens empfohlen, las unseren Namen und war begeistert: »Wir sind ja Kollegen! Auch ich mache Marken. Wir sollten zusammenarbeiten.« Was soll man da sagen? Brand heißt Marke und Board heißt Tafel, unter anderem.

Wenn es schon für einen erfahrenen Gutachter kaum möglich ist, die unterschiedlichen Ansichten und Äußerungen der vielen Markenspezialisten auf einen gemeinsamen Nenner zu bringen, so hat der gutgläubige Neuling dazu gar keine Chance. Er hat nur die Wahl, sich entweder willkürlich eine bestimmte Spezialistenmeinung zu leihen oder aber sich meinungslos von Fall zu Fall den unterschiedlichen Spezialisten zu unterwerfen. Beides sind unbefriedigende Alternativen für den, der weiß, dass er die Verantwortung für seine Marke nicht abgeben kann. Wer eingesehen hat, dass er über seine praktische Arbeit mit den Spezialisten nicht zu einem umfassenden Markenverständnis und erst recht nicht zu einer souveränen Markenregie kommen kann, fragt schließlich nach dem universal kompetenten Ratgeber, sei er auch nur Theoretiker.

Es muss doch wenigstens eine übergreifende Markentheorie geben, wenn alle Welt der Marke eine so große Bedeutung zuschreibt! Aber wo ist die universale Markenwissenschaft, wo sind die Markenwissenschaftler? Es gibt sie bisher leider nicht. Bei den Theoretikern sieht es nicht anders aus als bei den praktizierenden Dienstleistern. Die einen bieten dem Betrachter ein ebenso irritierendes Patchwork wie die anderen, sofern der Betrachter überhaupt einmal Gelegenheit hat, die Patches der markenrelevanten Wissenschaften ebenso nebeneinander zu sehen wie die Patches der Praxis. Welcher Mensch aus der Wirtschaft, welcher markenverantwortliche Manager hat dazu schon einmal Gelegenheit gehabt?

Die für das Markenverständnis in erster Instanz zuständigen Sozialwissenschaften verästeln sich immer mehr. Die tiefe Kluft, die sie alle seit jeher von den Naturwissenschaften trennt, wird nur selten von dem einen oder anderen ihrer Vertreter übersprungen. Die Ökonomie, hin und wieder als Königin der Sozialwissenschaften bezeichnet und durch die Wirtschaft dem praktischen Markenwesen am stärksten verpflichtet, hat ihre eigenen bescheidenen Erkenntnisse bisher kaum einmal irgendwo mit jenen anderer Sozialwissenschaften, wie zum Beispiel Soziologie, Politologie, Psychologie, Anthropologie oder Semiologie, verknüpft. Erst recht hat sie keinen ernsthaften Versuch unternommen, jüngere relevante Erkenntnisse der Naturwissenschaften aufzugreifen. Weil das bisher niemand von ihr fordert, hat sie es nicht nötig.

Dabei sollte eigentlich jedem halbwegs Gebildeten verständlich sein, dass eine Marke ein Gedächtnisprodukt ist und als solches auch ein Arbeitsgegenstand der Biologie, genauer der Hirnforschung. Sogar populärwissenschaftliche Zeitschriften berichten, dass die Hirnforschung in den letzten Jahren bedeutende Fortschritte zum Verständnis des Gedächtnisses gemacht hat. Was könnte den an der Marke ernsthaft interessierten Ökonomen daran hindern, sich auch ein wenig mit seiner Natur und den Leistungen seines Gehirns zu befassen?

Soweit längst populäre Erkenntnisse über das Gehirn, zum Beispiel über markenrelevante hemisphärische Gehirnkapazitäten von Betriebs- und Volkswirten zur Kenntnis genommen wurden, blieb ihr Verständnis laienhaft und ihre Verwertung fahrlässig. Schon ihre Verknüpfung mit nahe liegenden Erkenntnissen anderer Humanwissenschaften, wie zum Beispiel solcher der Psychologie, Morphologie, Phänomenologie, Mythologie oder Semiologie, hätte manchen leichtfertigen Kurzschluss verhindern können. Stattdessen bastelt die Ökonomie immer noch selbstgenügsam an rationalistischen Modellen, die mit der anthropologischen Realität der Markenbildung wenig zu tun haben. Das Ankoppeln unverarbeiteter fremder Erkenntnisse an die begrenzten eigenen macht solche Modelle allerdings noch gefährlicher.

So war zum Beispiel ein leider früh verstorbener, ungewöhnlich fleißiger Professor der Betriebswirtschaft auf die Erkenntnis gestoßen, dass die rechte Gehirnhälfte des Menschen seiner ganzheitlichen, bildhaften Orientierung dient, die linke hingegen seiner analytischen und sprachlichen. Sofort war er davon überzeugt, dass die rechte Gehirnhälfte für ganzheitlich wirkende Phänomene wie Marken zuständig sei und deshalb grundsätzlich in der Markenkommunikation dem Bild der Vorrang gegenüber dem Wort zu geben sei. »Markenbilder entstehen durch Werbebilder« – das war's. Ich erinnere mich an ein Frühstück bei einem gemeinsamen Auftraggeber.

Unser Gastgeber war ein sehr ernsthafter Vertreter des klassischen Markenartikels, seinem Erbe und allen etablierten Erkenntnissen über den Markenartikel in Treue verpflichtet. Er war in dritter Generation Träger eines berühmten Markennamens, also ein Unternehmer, dem ein Berater auch für seine private Sensibilität besonderen Respekt schuldet. Private und geschäftliche Interessen waren bei ihm nicht zu unterscheiden. So saßen wir in einer Halle seines hochherrschaftlichen Familiensitzes und aßen Frühstückseier, deren Unbedenklichkeit uns durch den Hausherrn glaubwürdig versichert wurde, umgeben von einem Tross beflissener Jungmanager. Man diskutierte ernsthaft über einen Markenrelaunch.

Der Herr Professor und ich waren uns prinzipiell scheinbar einig. Ein prägnantes Bild, eine Werbefigur, könnte der Revitalisierung der Marke dienen. Uneinig waren wir uns aber über die Art der Werbefigur. Das wurde schnell offensichtlich. Er empfahl eine weibliche, ich eine männliche Figur, er eine sanfte, zarte, ich eine harte, raue. Er argumentierte für seine Figur mit dem weiblichem Zeitgeist und der Notwendigkeit einer Veredelung der ruppigen Marke. Ich argumentierte mit dem ruppigen Charakter von Produkt und Marke und der Notwendigkeit, ihr morphologisch und mythologisch zu entsprechen. Wäre ein Psychologie- oder Semiotikprofessor zur Stelle gewesen und hätte er in gepflegter akademischer Manier über Prägungen und Archetypen referieren dürfen, dann wäre meine Argumentation vielleicht auf fruchtbaren Boden gefallen. Sie fiel jedoch auf Beton.

Also versucht seither eine sanfte Werbejungfrau vergeblich, einer knorrigen Marke wieder auf die Beine zu helfen. Die Erkenntnis, dass eine ganzheitliche Wirkung aus zwei wesensfremden Bildern, der Jungfrau und der Marke, niemals zu erreichen ist, blieb dem Botschafter der ganzheitlichen bildhaften Markenkommunikation verborgen. Die Paradoxie seiner Empfehlung, der Widerspruch zwischen seiner wissenschaftlichen Empfehlungsgrundlage und seiner praktischen Empfehlung, wurde von ihm nicht erkannt. So geht es Theoretikern oft.

Die akademischen Spezialisten unter den Theoretikern, insbesondere die Hochschulprofessoren, haben es mit der interfakultativen Verständigung noch schwerer als die Praktiker. Ihre Angst vor dem Vorwurf der Unwissenschaftlichkeit lässt sie immer wieder in terminologischer Verkrampfung erstarren. Die sprachlichen Verständigungsschwierigkeiten zwischen den Vertretern der verschiedenen Wissenschaften sind infolgedessen noch größer als jene zwischen den Praktikern. Ein und dasselbe Wort wird mit unterschiedlichen Bedeutungen besetzt und ausgetauscht, ohne dass die inhaltlichen Divergenzen immer bemerkt werden. Die Verantwortung für das Missverständnis daraus trägt niemand.

Jeder Gesprächspartner hält gern an einer Wortbedeutung fest, der er sich verpflichtet fühlt, und schiebt die Schuld für das unvermeidliche Missverständnis daraus eher dem unkundigen Gesprächspartner in die Schuhe als sich selbst. Die eigene Starrheit stilisiert er lieber zur wissenschaftlichen Redlichkeit als dass er das Risiko auf sich nähme, seinem Gesprächspartner locker und tastend entgegenzukommen – unwissenschaftlich, aber neugierig. Die grenzüberschreitende Kommunikation ist infolgedessen gerade dort am meisten behindert, wo sie am notwendigsten ist und am fruchtbarsten wirken könnte: bei der Lösung der vitalsten menschlichen Probleme. Die Problematik der Markenbildung ist unter diesen sicher nicht die bedeutendste, aber doch auch keine ganz unbedeutende.

Das Verständnis der Marke kostet einige Knüpfkunst

Die Fülle wissenschaftlich anmutender Veröffentlichungen zur Marke, mit denen im letzten Jahrzehnt das interessierte Publikum beglückt und verwirrt wird, täuscht nicht nur die Laien. Sie täuscht auch die Mehrzahl der hoffnungsvollen Studenten, in deren Studienprogrammen dem Wort Marke ein bedeutungsvoller Platz eingeräumt wurde. Tatsächlich ist der wissenschaftliche Kenntnisstand in Sachen Marke an allen Hochschulen ausgesprochen kümmerlich. Seit den lichtvollen Einsichten des genialen Autodidakten Hans Domizlaff vor mehr als fünfzig Jahren ist nicht viel dazugekommen. Ein wissenschaftlich fundiertes Markenverständnis, das dem universalen Charakter der Marke auch nur einigermaßen gerecht werden könnte, wird nirgendwo vermittelt, in Deutschland ebenso wenig wie in anderen Ländern. Selbst in den USA nicht.

Der Grund für die Trägheit des wissenschaftlichen Fortschritts in Sachen Marke ist nicht etwa die endgültige Tiefe und Reife der Erkenntnisse Domizlaffs. Der Grund dafür ist, dass die mit der Marke befassten und in Richtung auf die Marke hin arbeitenden wissenschaftlichen Spezialisten bisher nicht zur Vernetzung ihrer Erkenntnisse zusammenfinden konnten. Die für eine Erforschung des Markenwesens notwendige Kommunikation unter den Wissenschaftlern und eine interdisziplinäre Vernetzung ihrer Erkenntnisse werden sicher irgendwann einmal stattfinden. Bis das aber geschehen ist und über die Ergebnisse einer solchen universalen Forschung auch praxistaugliche Veröffentlichungen existieren, muss der Praktiker wohl oder übel sein eigener Netzwerker sein. So lange bleibt ihm nichts anderes übrig, als die Äußerungen aller Spezialisten immer wieder mit dem Abstand und der Freiheit des Universalisten zu prüfen und unter dem Maßstab seines eigenen universalen

Verständnisses miteinander zu verknüpfen. Das bringt ihm zwar nicht von heute auf morgen die Sicherheit eines universell gebildeten Markenspezialisten, bewahrt ihn aber vor den gefährlichsten Zerrbildern und Kurzschlüssen der Spezialisten aus anderen Berufen.

Um mit Ihrer Knüpfkunst Erfolg zu haben, empfehle ich Ihnen, systematisch vorzugehen. Erst einmal sollten Sie versuchen, die Spezialisten aus ihrer jeweiligen Praxis heraus zu verstehen, die Ursprungs- und Standort bedingten Perspektiven, die zu ihren Ansichten und Meinungen geführt haben. Ohne Verständnis für ihre berufständischen Motive, Zwänge und Limits werden Sie nicht unterscheiden können, welche Meinungsäußerungen Sie auf die Sache in ihrer Ansichtssache, die Marke, beziehen müssen und welche nur auf ihren Ansichtsstandort gegenüber der Sache, ihren jeweiligen Berufsstand. Erst dann können Sie auch ihre berufständischen Ziele als Neben- oder Subziele im Verhältnis zu Ihrem eigenen Ziel, Ihrem Markenziel erkennen, anerkennen und nutzen. Anschließend können Sie jene Meinungen und Meinungsaspekte, die wirklich auf die Marke bezogen sind, miteinander vergleichen, von Berufsstand zu Berufstand.

Wenn Sie nun mit den verschiedenen Spezialisten, zunächst im Geiste vom einen zum anderen wandernd die gemeinsame Sache umkreisen, werden Sie nach und nach ein Ansichtsspektrum erwerben, das die Marke sicher nicht vollständig umfasst, das aber jedenfalls plastischer und realitätsnäher ist als das Spektrum jedes einzelnen Berufstandes. Weil Sie die Einsicht in die Sache mehr interessiert als die vielen Ansichten über sie, erwächst Ihnen aus umkreisender Betrachtung allmählich ein Sinn für das Ganze, ein Verständnis für das Wesen der Marke und für ihre innere Ordnung.

Ein wirklich nur an der Marke interessierte Betrachter gewinnt schließlich eine wahrhaft persönliche Beziehung zu seinem Betrachtungsgegenstand. Er befreit sich von allen fremden, speziell gefärbten Brillen, sieht seine Marke mit eigenen Augen und versteht sie mit eigenem Verstand. Das ist Ihr erstes Etappenziel. Gelingt es Ihnen, sich von irreführendem Informationsballast zu befreien, aufzuräumen mit Vorurteilen und sich vor Fehlschlüssen und Fehlentscheidungen aus den populären Zerrbildern von der Marke und dem Markenmanagement zu sichern, so haben Sie viel erreicht. Es ist kein leichtes Etappenziel, sondern eine harte Charakterprüfung. Die meisten Vorurteile und Zerrbilder, denen ein Markenmanager in seiner beruflichen Praxis begegnet, sind nämlich sehr reizvoll.

Besonders hohe Anziehungskraft haben seit jeher die Reize der Werbeagenturen. Deshalb ist es auch kein Zufall, dass sie den Löwenanteil aller Ausgaben kassieren, die im Namen der Marke gemacht werden. Zwar kassieren sie den größeren Teil davon wiederum nur für die Medienwirtschaft, die Verlage, Funk- und Fernsehanstalten, Kino- und Plakatanschlagpächter, aber es bleibt ihnen doch genug, um damit eine faszinierende Glitzerwelt zu kultivieren. Bis gestern konnten sie diese auch immer weiter ausbauen und ausdehnen. Die Werbeagenturen, ursprünglich einmal *Spacejobber* und *Annoncenexpeditionen*, haben sich im Laufe von rund hundert Jahren von erklärten Vertretern der Medienwirtschaft zu Repräsentanten der kommunikativen Kreativität gemausert. Die Leiter der Marketingkommunikation, meistens Marketingleiter genannt, schreiben ihnen heute gern auch die größte Kompetenz als Berater in Fragen der Markenführung zu, insbesondere den großen Werbeagenturen. Alle anderen Dienstleister rangieren ihrer Meinung nach weit dahinter.

Was die Werbeagenturen in Fragen der Markenführung qualifiziert

Den Werbeagenturen gelang es, die brillantesten Talente im Umgang mit Wort und Bild zu gewinnen und an sich zu binden. Neben den höchsten Löhnen konnten sie diesen auch die größte Öffentlichkeitswirkung bieten. Beifall stimuliert ja seit jeher die Träume der kreativen Talente noch mehr als Geld. Bleiben die *Kreativen* im Dienst der Marke zwar außerhalb der engsten Fachöffentlichkeit auch anonym, so erstrahlen ihre Werke doch viel weiter sichtbar als in den Märkten der etablierten Künste. Der Ruhm ihrer Werke befriedigt die Unberühmten wenigstens so lange, wie sie noch im Aufbruch sind, also jung.

Das Durchschnittsalter der Mitarbeiter von Werbeagenturen ist das niedrigste von allen verwandten Branchen. Die Agenturchefs nennen es gern mit Stolz, sofern es nur unter dreißig liegt. So ist es kein Wunder, dass die Welt der Werbeagenturen dem Betrachter aus der Welt der nüchternen kaufmännischen Geschäfte jugendliche Lebenslust bieten kann wie keine andere, Optimismus und Eigenwilligkeit, Jauchzen und Lustschreie, wie man sie auf der Kirmes nur von der Achterbahn her zu hören bekommt. Wie in der Achterbahn, so wirken auch im Umgang mit den Werbeagenturen das innovative Auf und Ab und die kreativen Steilkurven immer wieder geradezu euphorisierend. In kaum einer anderen Branche gibt es so viele attraktive und freundliche Mädchen, nirgendwo so viele smarte junge Männer. Nur in der traditionellen Unterhaltungsindustrie, beim Film, im Showbusiness und in der Mode sind es noch mehr.

In den Werbeagenturen sind sehr unterschiedliche Berufstypen am Werk. Außer den so genannten Kreativen, die nach allgemeiner Auffassung das Leistungsprofil der Agentur prägen sollten, findet man dort Techniker, Statistiker, Psychologen, Strategen, Administrative, Publizisten, Verkäufer und Manager, in jüngster Zeit sogar Consultants. Ihr Zusammenleben ist entsprechend spannungsgeladen. Die Organisation einer fruchtbaren Zusammenarbeit stellt an den Agenturmanager ganz besondere Anforderungen, sowohl an seine Toleranz als auch an seine Durchsetzungskraft. Ohne stramme Einbindung der unterschiedlichen Typen in ein gemeinsames Interesse wäre keine Agentur erfolgreich zu führen. Das gilt im Prinzip sicher für jedes Unternehmen, für die Werbeagentur jedoch in einem ganz besonderen Maße.

Eine gemeinsame wirtschaftliche Zielvorstellung reicht für einen Agenturchef nicht aus, um seine buntscheckige Versammlung zu motivieren. Er muss schon eine elitäre Ideologie bieten, um alle egoistischen Individual- und Gruppeninteressen zu überwinden, einen geradezu absoluten Anspruch. Jede Werbeagentur muss für ihre Mitarbeiter die unbezweifelbar beste sein, um sie zu binden. Und so ist es. Jede Werbeagentur kann grundsätzlich alles besser als alle anderen Agenturen. Davon sind nicht nur ihre Verkäufer zutiefst durchdrungen, sondern auch ihre eigensinnigsten Kreativen. Jedenfalls scheint es dem Besucher so.

Ein beachtlicher Teil wandernder Saisonarbeiter, die im Laufe ihrer Berufstätigkeit von Agentur zu Agentur ziehen, lässt die Insider allerdings immer wieder erkennen, dass auch das brillanteste Agenturimage immer nur eine begrenzte Zahl von Menschen binden kann. Die Phasen kreativer Hochblüte sind entsprechend kurz. Der Notwendigkeit einer elitären Alleinstellung und der Entschlossenheit der Agenturmanager, ihren Images auch zu entsprechen, tut diese Einschränkung keinen Abbruch. Ihr Selbstbewusstsein erlebt der potenzielle Auftraggeber schon bei seinem ersten Besuch imponierend. Seltsamerweise macht es kaum einen Besucher nachdenklich oder gar misstrauisch.

Der Besucher einer Werbeagentur begegnet zunächst immer einem Verkäufer, gleichgültig, mit welchem Titel dieser ihm auch gegenübertritt. Darüber dürfte sich wohl auch kein Besucher hinwegtäuschen, denn er muss ja schließlich selbst auch als Verkäufer auftreten, um erfolgreich einzukaufen. Aber wer ist der bessere Verkäufer? Werbeagenturen beschäftigen hervorragende Verkäufer, die deshalb meistens hoch bezahlt und oft am Agentureigentum beteiligt werden müssen. Je besser sie sind, desto weniger entsprechen sie dem landläufigen Verkäuferklischee. Man muss sie respektieren. Aber das erklärt noch nicht, warum sie ihre Besucher mit ihrem unbegrenzten Alleinstellungsanspruch nicht misstrauisch machen. Die Erklärung dafür ist in einer Gemeinsamkeit der beiden Manager zu suchen, die sich da begegnen.

Die unternehmerische Vitalität verbindet den bisherigen Prototyp eines tüchtigen Markenmanagers mit dem des tüchtigen Agenturmanagers, eine optimistische Grundhaltung, die beiden unverzichtbar scheint, um im Wettbewerb zu überleben. So bestätigt man sich wechselseitig sehr schnell in einem Optimismus, der im Prinzip grenzenlos ist und leicht in einem Omnipotenzrausch mündet. »Wir können alles, was wir nur wollen. Denn eigentlich sind wir ja die besten.« Unbewusst und nur selten durch einen Anflug von Skepsis überschattet begegnen sich so der Markenverantwortliche und sein Helfer gern auf den sonnigen Höhen vitaler Vollkommenheit. Ihrer Vitalität entspringt eine weitere verfassungsgemäße Gemeinsamkeit, ihr Vorwärtsdrang. Neben ihrem Selbstbewusstsein eint sie auch ihre Ungeduld. Ihr Streben drängt mächtig auf das Erfolgserlebnis, auf Beschleunigung, auf Tempo. Zweifeln und Zaudern sind ihnen Zeichen von Schwäche. Also ran ans Werk!

Die Werbeagentur steht zwischen dem Markenmanager und den Medien. Dies es ist nicht nur ihr wirtschaftlicher Standort, sondern auch ihr historischer und ihr mentaler. Die beiden Kontrahenten der

Werbeagentur, die Medienwirtschaft auf der einen Seite und die Werbung treibende Wirtschaft auf der anderen Seite, haben gemeinsam die Haltung der Werbeagentur geprägt; mit beiden teilt sie bestimmte Charakterzüge, wie könnte es anders sein. Andernfalls könnte sie ihre Agentenfunktion nicht schon so lange erfüllt haben. Sie hat sie aber gut erfüllt und wird sie auch weiterhin gut erfüllen, wenn sie für die Entwicklungsbedingungen ihrer beiden Kontrahenten gleichermaßen sensibel ist und sich nicht von einem der beiden korrumpieren lässt.

Medienwirtschaft und Werbeagenturen verbindet das Spektakel

Der Charakter der Medienwirtschaft ist ebenso wie jener der Unternehmer von einer vitalen Überzeugung geprägt. Ihre Überzeugung ist die von dem unübertrefflich hohen Wert spektakulärer Informationen und ihrer maximalen Verbreitung. *News* und *Awareness* sind die Erfolgselemente aller *Newsmaker*. Je spektakulärer die Neuigkeit, umso größer ihre Reichweite. Je größer die Reichweite ihrer Veröffentlichung, desto erfolgreicher das Medium, desto glücklicher seine Produzenten. Auflagen und Einschaltquoten sind die Messlatten für den Wert aller Informationen der Medienwirtschaft.

Das auffällige Spektakel gilt in der Medienwirtschaft als Schlüssel zum Erfolg. Es treibt die Auflagen und Quoten in die Höhe. Der seriöse Dokumentarbericht drückt sie herab bis in die roten Zahlen. Im Interesse des Spektakels ist jede Eskapade aus der Realität gestattet, Realitätssinn dagegen nur, solange er auf das wirtschaftliche Eigeninteresse begrenzt bleibt. Kommunikativer Realsinn gilt als Zeichen von Zaghaftigkeit. Die Zaghaften, Nüchternen sind die Looser. So sehen es die Quotenjäger der Medienwirtschaft, so sehen es auch die Menschen in der Werbeagentur, nur noch etwas dramatischer.

Der Glaube an das große Spektakulum verbindet die Agentur mit der Medienwirtschaft. Wenn schon das Spektakel und seine Reichweite als Erfolgsmaßstäbe für die von den Verbrauchern erwünschten und bezahlten Informationen der Medien eine unbestrittene

Gültigkeit haben, wie viel wichtiger müssen sie dann erst für die unerwünschten, dem Publikum untergeschmuggelten Werbeinformationen sein! Das gilt weithin als plausibel. Unerwünschte, eigentlich lästige Informationen müssen noch spektakulärer sein als erwünschte, um die Aufmerksamkeit und das Interesse des Publikums zu gewinnen. Unter dieser Prämisse trat einst die Reklamewirtschaft an, unter ihr plagt sich die Kommunikationswirtschaft noch heute. *Power Branding* und hoher *Werbedruck* gelten der Mehrzahl ihrer Vertreter als unerlässliche Bedingungen einer erfolgreichen Markenkommunikation.

So dient die Werbeagentur in bester Harmonie mit dem ungeduldigen Unternehmer auf der einen Seite und dem auflagehungrigen Publizisten auf der anderen Seite dem großen Spektakulum. Der Glaube aller Beteiligten an die unwiderstehliche Energie von Hochspannung und Nervenkitzel, wie sie den Kirmesbesucher in der Achterbahn bis an die Grenzen seiner Fassung erschüttern und entzücken, ist die Grundlage des Agenturgeschäftes. Je größer das Spektakel, desto größer die Zahlen, jedenfalls die der Werbeagenturen und der Medien.

Alle Kreativität der Werbekreativen dient zunächst dem Spektakel. Weil infolge des zunehmenden Gesamtspektakels die *Reizschwelle*, das heißt die Immunität des Publikums, stetig erhöht wurde, ist heute alles erlaubt, was eine spektakuläre Wirkung hat: die Parodie bis hin zur Groteske, die Schamlosigkeit bis zur Obszönität, die Frivolität bis zur Beleidigung, die Aggressivität bis zur Brutalität, der Witz bis zum Schwachsinn. Wo es noch eine Möglichkeit gibt, die Übertreibungen von Talkshow und Yellow Press zu übertreffen, ist der Werbekreative herausgefordert. Mindestens der Beifall seiner Kollegen ist ihm sicher, und das ist in aller Regel ja der einzige Beifall, den er unmittelbar zu hören bekommt. Die Auftraggeber sind mutig, die öffentliche Kritik ist ängstlich. Eine Zensur meldet sich nicht.

Was Anfang des vorigen Jahrhunderts von den Urgroßvätern der Kreativen noch naiv und unbeholfen produziert wurde, um Verbrauchernerven zu reizen, wird heute nur etwas routinierter und raffinierter verfertigt. Mit dem *HINGERICHTET* in großen Buchstaben und dann in kleinen *sind alle Augen auf das neue Zahnpflegemittel von xyz* griffen die Ahnen den Verbraucher an. Die Urenkel zeigen ihm gleich den Leichnam des Hingerichteten. Das ist der einzige Unterschied. »Tam-Tam-Werbung« nannte das in den fünfziger Jahren Hans Domizlaff, der erste nachdenkliche Praktiker im Dienste der Marke. Sein Spott, so überzeugend er von ihm schon damals begründet wurde, hat bis heute nicht viel bewirkt. Der Glaube an das Tam-Tam feiert unter dem Etikett der Kreativität immer wieder neue Triumphe.

Warum sollten auch die tonangebenden Experten einen Glauben erschüttern, der sie, die Werbeagenturen und Medien, so gut ernährt? Warum sollten die Spezialisten, die das Tam-Tam produzieren, verkaufen und verbreiten, es infrage stellen, wenn es doch nicht einmal die Geschädigten tun, die Vertreter der Unternehmen, die das ganze Spektakel bezahlen? Wenn die Käufer der Tam-Tam-Produktion sie als kreative Leistung so gut honorieren?

Die Kreativität der Werbeagenturen ist eine Ansichtssache, von der es auch innerhalb der Werbeagenturen sehr unterschiedliche Ansichten gibt. Die Gestalter visueller Kommunikationsmittel, die Artdirektoren, vertreten schon gegenüber ihren kreativen Kollegen mit der Kompetenz des Wortes, den Copywritern, deutlich abweichende Ansichten. Die Ersteren, insbesondere die talentierteren unter diesen, vertreten seit jeher recht vehement auch ästhetische Forderungen an das gemeinsame kreative Werk. Visuelle Kreationen werden von ihnen nur dann als solche gewürdigt, wenn sie zugleich einer zeitgeistigen Ästhetik entsprechen. Über die aktuelle visuelle Ästhetik haben sie meistens sehr klare Vorstellungen, die sie in einem so genannten *Artdirectors' Club* mit vielen Ritualen pflegen.

Der so genannte ADC ist für Artdirektoren sehr wichtig. Er dient ihnen nicht nur dazu, gültige Kreativitätsmaßstäbe festzustellen und zu publizieren, sondern auch ihr Selbstbewusstsein zu stärken. Er verteilt jährlich goldene, silberne und bronzene Medaillen, denen eine hohe Aufmerksamkeit und die Begehrlichkeit aller Nachwuchskünstler sicher sind. Die Arbeiten der Ausgezeichneten werden jährlich in einem noblen Bildband veröffentlicht. Nicht zuletzt deshalb wird der Gewinn von ADC-Medaillen auch von den Agenturmanagern gern gesehen und gesponsert. Eine gute Medaillenausbeute sichert der Werbeagentur immerhin eine unbestreitbare Aktualität im jährlichen Kreativitätsranking der Agenturen, einer

Rennliste, die auch von vielen Mitarbeitern auf Kundenseite mit Hochachtung verfolgt wird.

Unter allen Leistungsmerkmalen hält das der sichtbaren Kreativität seit Jahrzehnten unbestritten den ersten Rangplatz auf der Messlatte der Kundschaft. Die verbale Kreativität hat sich in der Wertschätzung der Kunden zwar während der letzten Jahre ein gutes Stück nach vorn schieben können, rangiert aber immer noch deutlich hinter der visuellen Kreativität. Die Mehrzahl der *Copywriter* steht folglich dem *Artdirector's Club* zwar eher kühl gegenüber, macht aber doch von seinen Segnungen gern Gebrauch. Das ist nicht ganz einfach, denn dieser Club repräsentiert geradezu beispielhaft das in unserer Gesellschaft herrschende Spezialistenrecht. Kandidaten und Juroren sind, wenn schon nicht immer dieselben, so doch die Gleichen, jedenfalls eingeschworene Gesinnungsgenossen. Juryplätze werden zäh und listig umworben, verteidigt und genutzt. Die Auffälligkeit ihres Missbrauchs stört deshalb nicht, weil jeder Kreative, den es dorthin drängt, die Spielregeln vorher kennt. Nur die Auftraggeber der Kreativen wissen wenig von ihnen.

Als potenzieller Auftraggeber sollen Sie hiermit nicht etwa auf eine Wertlosigkeit von ADC -Medaillen aufmerksam gemacht werden, sondern nur auf den relativen Wert solcher Testate. Der kultivierende Einfluss der Ästheten auf das kreative Produkt der Werbeagenturen ist zweifellos von hohem Wert für die Marke. Selbst wenn die zeitgeistige Ästhetik einer originären Vielgestaltigkeit der visuellen Ausdrucksformen und damit einer differenzierenden Stilbildung, einem Markenstil also, entgegenwirkt, verhindert er doch das Schlimmste. Das Schlimmste ist eine Werbung, die durch den Verzicht auf Ästhetik von vornherein vertrauensunwürdig wirkt.

Das Schlimmste lässt sich dort beobachten, wo Marktschreierei und Komödiantentum durch keinerlei ästhetische Zwänge gehemmt ihre Kapriolen schlagen. Das passiert nicht nur regelmäßig den jüngsten, vom Wachstumsfieber geschüttelten Branchen, sondern immer wieder auch solchen, die noch auf sehr traditionelle Weise mit traditionellen Bedarfsgütern handeln wie zum Beispiel dem Lebensmittelhandel. Seine so genannten *Schweinebauchanzeigen* sind unter Agenturdesignern zu Recht gefürchtet. Einer Vertrauensbildung wird dort von vornherein jede Möglichkeit entzogen, weil die Ästhetik einer Erscheinung immer eine unverzichtbare

Grundlage für ihre Vertrauenswürdigkeit ist. Wir werden auf das ästhetische Problem in der Markenbildung an anderer Stelle zurückkommen müssen. Hier würde es den Rahmen der Erkundung einer Werbeagentur sprengen.

Die Frage, wer für eine Werbekreation der Wichtigere sei, der Copywriter oder der Artdirektor, ist so alt wie die Frage nach der Hierarchie von Wort oder Bild. Auch genauso müßig. Für die Kreation und den Auftraggeber genügt es, wenn wenigstens einer der beiden kreativ ist, also schöpferisch denken kann. Wenn der Texter nicht ein seichter Sprücheklopfer oder sophistischer Argumentierer ist, kann man im Allgemeinen eher von ihm die Führung erwarten. Allerdings sind solche Texter außerordentlich selten und werden deshalb in den meisten Werbeagenturen auch rasch in Führungs- und Managementfunktionen befördert. Dort haben sie dann nur noch wenig Gelegenheit, für auserwählte Auftraggeber kreativ zu arbeiten.

Kreativdirektoren müssen ihre Zeit und Kraft zwischen schöpferischen Initialleistungen, Konzepten, Ausbildungs- und Koordinationsaufgaben und nicht zuletzt auch Beratungs- und Verkaufsaufgaben aufteilen. Unversehens sind sie Mitglieder der Geschäftsleitung oder sogar Miteigentümer einer Werbeagentur. Unter solchen Kreativen sind immer wieder ausgesprochen brillante Köpfe zu finden, sowohl unter den tätigen als auch unter den ausgebrannten. Wenn auf hundert Mitarbeiter einer Werbeagentur ein solcher Kopf kommt, reicht das im Allgemeinen, um Ansehen und Wachstum der Agentur zu sichern. Die Rarität solcher Talente findet in ihren Gagen Ausdruck, ihre Sensibilität darin, dass sie der Branche selten über lange Zeit erhalten bleiben. Irgendwann fangen sie an, kritisch über ihren Job nachzudenken, und suchen dann eine kreative Lösung für ihr persönliches Problem.

Kritisches Denken findet sich natürlich nicht nur unter den so genannten Kreativen einer Werbeagentur. Auch in den Bereichen von Forschung und Planung findet man begabte Analytiker, ebenso im Agenturmanagement. Allerdings genießen die im Produktionsprozess der Agentur tätigen Analytiker eine relativ geringe Wertschätzung, sowohl bei ihren kreativen Kollegen als auch beim Management. Das ist verständlich, denn unerwartete, kritische Einsichten gefährden die Produktivität und die Freude daran. Sie hemmen die kreative Spontaneität der Kollegen und sind eine Bedrohung für den effizienten Arbeitsfluss.

Nur in ganz seltenen Fällen und dann auch nur zeitweilig wird den Forschern, Planern und Strategen eine Steuerungs- und Kontrollfunktion im Arbeitsprozess einer Werbeagentur zugestanden. Das ist sicher für alle Beteiligten auch gut so, denn die hauptberuflichen Analytiker sind fast niemals wirklich kreativ, selbst wenn sie im Habitus der Kreativen auftreten. Sie haben sich ihren Ruf als Bedenkenträger mit Fleiß verdient und bestätigen ihn immer wieder. Als so genannte Marketingfachleute der Agentur stellt man sie gern den Marketingfachleuten der Auftraggeber gegenüber, um auch formal den kommunikativen Schulterschluss mit dem Kunden herzustellen. Hält die Loyalität der Marketingkollegen zu ihren kreativen Kollegen ihrer persönlichen Eitelkeit stand, können sie beim Verkauf der kreativen Leistungen wertvolle Schützenhilfe bieten und ihr Geld verdienen. In solcher Funktion tragen sie dann meist schon Titel wie *Account Executive, Research Manager, Research & Marketing Director* oder sogar *Strategy Consultant*. Der *Branding Consultant* kommt sicher bald.

Wie wird eine Werbeagentur zur Markenagentur?

Unter den Managern der Werbeagenturen, insbesondere unter jenen der großen Agenturgruppen, Konzerne und Holdings, findet man wirklich brillante Köpfe, annähernd ebenso kreativ wie analytisch und diszipliniert. Als Bauherren zumeist verschachtelter und vielgliedriger internationaler Agenturkonzerne können sie es durchaus mit der ersten Managergarnitur ihrer Auftraggeber aufnehmen. Sie können klar denken, sind erstklassige Kaufleute und kein bisschen berauscht von dem kreativen Theater um sie herum. Sie pflegen die kreative Show im Interesse ihres Shareholder-Value, nicht aus Passion. Dank ihrer distanzierten Betrachtung des eigenen Produktes haben sie auch keine Schwierigkeiten, das kreative Gewimmel im Hause zu beherrschen und effektiv zu steuern. Sie sind souverän, haben einen Überblick über die Branche, über die Beziehungen ihres Unternehmens zu Kunden, Lieferanten, Arbeits- und Kapitalmärkten und erkennen früh, was die Zeit fordert.

Der effektivste Einsatz von Werbekreativität wurde bisher sicher im Dienste der Entwicklung des Agenturgeschäftes geleistet, jedenfalls unter den Maßstäben der Zeithorizonte von Vorstandsverträgen. So ist es kein Wunder, dass heute jede Werbeagentur nach eigenem Bekunden ohne Einschränkung selbstverständlich im Dienst der Marke arbeitet. Wenn sich inzwischen auch noch nicht alle Werbeagenturen schon *Markenagentur, Agentur für Marken und Marketing, Agentur für Markenkommunikation* oder ähnlich nennen, so akquirieren sie doch alle mit dem Angebot einer integrierten Kommunikation für das Markenmanagement, meistens auch für ein globales. Das hört doch jeder Auftraggeber gern. Das ist genau das, was er braucht.

Fast alle Auftraggeber, alle Werbeagenturen und selbstverständlich längst alle Fachjournalisten der Branche wissen es: Kommunikation im Dienste der Marke muss integriert sein. Aber was ist integrierte Kommunikation, in welches größere Ganze sollen denn die kommunikativen Einzelleistungen integriert werden? Wie stellt man sich das Kommunikationsgesamt vor, zu dem sich die einzelnen Kommunikationsmittel integrativ fügen sollen? Antworten auf diese Frage erschöpfen sich im Allgemeinen in Tautologien.

So hören wir oft: »Integrierte Kommunikation ist koordinierte Kommunikation.« Dann folgt eine Beschreibung der Koordination von Kommunikationsmitteln. Dann sagt man noch gern: »Wir integrieren alle Kommunikationsmittel in ein umfassendes Konzept.« Das lässt die Definition des Konzeptinhaltes als des gesuchten größeren Ganzen offen. Ein Konzept wovon bitte? Oder es wird gleich gesagt: »Wir integrieren die Kommunikationsmittel in die Marke.« Das hieße in das Wirkungsziel, sofern man die Marke nicht für eine Ursache hielte. Wahrscheinlich tut man das aber. Sonst müsste man ja stutzig werden und sich nach jenem anderen Ganzen fragen, das der Kommunikationswirkung der Marke als Ursache gegenübersteht. Man wird aber nicht stutzig, und so bleibt die Antwort auf die Frage nach dem Ganzen in Wahrheit offen. Sehr bedauerlich, aber lassen wir es im Augenblick dabei. Wir werden unter dem Stichwort *Stil* darauf zurückkommen müssen; es ist wichtig.

Die Koordination der Herstellung aller Kommunikationsmittel ist für die Effizienz aller Arbeit ja auch schon sehr wichtig. Sie rechtfertigt auch durchaus schon ein Dienstleister-Network. Die Werbeagenturen haben einen großen Schritt nach vorn getan, als sie außer den klassischen provisionsfähigen Werbemitteln, Anzeigen, Spots, Plakaten und so weiter auch die nichtprovisionsfähigen Kommunikationsmittel in ihr Arbeitsprogramm aufnahmen. Das ist vor allem dort als Fortschritt zu preisen, wo die nichtprovisionsfähigen Mittel und Maßnahmen, die man in der Branche allgemein immer noch mit dem Etikett *Below the Line* diskriminiert, mit gleichem Einsatz erarbeitet werden wie die klassischen, wo die innovativen Werbemittel nicht mehr den Underdogs der Werbekreation zugeschoben werden.

Markenkommunikation

Die ökonomische Schattenseite der sonnigen Agenturwelt

Wenn Agenturen zu teuer sind, dann nicht wegen überzogener Honoraransprüche. Die Honoraransprüche der Consultants aus vielen anderen Managementbereichen sind eher höher, die der Strategy Consultants durchwegs. Agenturdienste sind meistens deshalb zu teuer, weil die Folgen ihrer Ratschläge zu teuer sind. Agenturempfehlungen führen fast immer zu so genannter klassischer Werbung und damit zu deutlichen Erhöhungen der Kommunikationsbudgets. Kommunikation *Below the Line* bedeutet für den Agenturmanager immer noch *Below the Profit Line.* Eine strategische Ausschöpfung der Möglichkeiten ökonomisch überlegener Kommunikationsmittel *Below the Line* ist dem Agenturmanager deshalb bis heute nicht ernsthaft zuzumuten. Sie wird für ihn kaufmännisch erst dann vertretbar sein, wenn das Provisionssystem, das die Agenturen und Medien miteinander verbindet, tatsächlich gefallen ist. Bis dahin muss das Agenturmanagement dem überlieferten ökonomischen Gesetz seiner Existenz folgen.

Das Gesetz der Agenturen ist das Gesetz der *Billings.* Als erfolgreichste Agentur gilt die mit den größten *Billings,* das ist die, der die größten Werbeetats übertragen wurden. *Billings, Spendings* sind die Bemessungsgrundlagen für Agenturhonorare, ob man sie als *Commissions* oder als *Fees* bezeichnet. Kritik an der korrumpierenden Wirkung der fünfzehn Prozent gab es schon vor Jahrzehnten. Angriffe auf das Provisionssystem wurden vonseiten der Auftraggeber auch in den letzten Jahren immer wieder einmal gefahren. Sie wurden jedoch von seinen Verbündeten stets elegant abgeschmettert. Auch der Umstand, dass sich inzwischen für die Planung und Platzierung der provisionierbaren Kommunikationsmittel spezielle Mediaagenturen in die Wertschöpfungskette eingeschaltet haben, konnte das Provisionssystem nicht wirklich erschüttern. Vermutlich ist es durch die spezialisierten Mediaagenturen realiter noch gefestigt worden.

Die großen Werbungstreibenden scheinen sich mit dem Provisionssystem abgefunden zu haben. Sie beschränken sich darauf, ihre Einkaufsmacht in Rabattverhandlungen mit den Agenturen einzusetzen. Für einen bedeutenden Teil der Mediaprovisionen gilt es folglich heute als sicher, dass er von den Werbeagenturen wie ein Mengenrabatt an ihre Auftraggeber weitergereicht wird. Die Vertreter der Medien können an der Verwandlung von Provisionen zu Rabatten kaum Anstoß nehmen, solange damit de facto für ihr Werbegeschäft geworben wird. Solange die Werbeagenturen ihre Auftraggeber davon überzeugen können, dass die klassische Mediawerbung als Stimulanz der Markenbildung unentbehrlich ist, wird die Provision der klassischen Medien bestehen bleiben – und damit auch die unheilige Allianz von Agenturen und Medien.

Die Allianz der Werbeagenturen und Medien hat bis heute den Segen des gemeinsamen wirtschaftlichen Erfolges. Beide Branchen haben ein schier unglaubliches Wachstum hinter sich. Die Umsätze der GWA-Werbeagenturen stiegen in den letzten vierzig Jahren in Deutschland um 4545 Prozent, die Werbeaufwendungen in den Medien bis in die gegenwärtige Krise hinein immerhin um 1760 Prozent. Internationale Werbeholdings gab es damals auch schon, gemessen an den heutigen waren es aber Zwerge. Während eine der größten Holdings vor circa dreißig Jahren gerade einmal ein Gesamtumsatz von national 129 Millionen Euro nennen konnte, publiziert dieselbe Werbeholding in 2000 ein Gesamtumsatz von national 608 Millionen Euro, nahezu das Fünffache. Der Umsatz der zehn größten Werbeholdings addierte sich im Jahr 2000 international auf 36 Milliarden US-Dollar, jener der zehn größten Consulting-Holdings im Vergleich dazu allerdings auf 53 Milliarden US-Dollar. Er lag also noch um 68 Prozent höher als jener der Werbeholdings.

Ein Vergleich der Zahlen sollte beiden Branchen Anlass zum Nachdenken geben, besonders aber der Werbebranche und speziell über das Provisionssystem. Ich habe in den siebziger Jahren darüber nachgedacht. Damals war ich Teilhaber an einer Werbeagentur, etwa zwanzig Jahre lang. Die Agentur war Mitglied der *GWA, Gesellschaft Werbeagenturen,* seinerzeit die berufständische Heimat für etwa 30 deutsche Werbeagenturen und in ihrem Auftritt sehr honorig. Die Messlatte für die Aufnahme von Mitgliedern wurde ernst genommen und immer wieder diskutiert. Anfänglich waren es mehr fachliche, später dann mehr kaufmännische Maßstäbe, die diskutiert werden mussten.

In der Diskussion über die Zukunft der Werbeagentur bildeten sich zwei Parteien heraus, eine kleine und eine deutlich größere. Die kleinere vertrat Maßstäbe, die auf eine Förderung der Beratungsleistungen zielten, die größere solche, die auf die Förderung des Handelsgeschäftes zielten. Die kleinere Partei, die ich vertrat, plädierte für die Abschaffung der fünfzehn Prozent und der kostenlosen Präsentationen. Den Begriff der *Pitches* kannte man in Deutschland damals noch nicht, das Präsentationskarussell begann sich gerade erst sachte zu drehen. Die Teilnahme an unbezahlten Präsentationswettbewerben war aber auch zu dieser Zeit schon ziemlich teuer und ich, 30 Jahre jünger als heute, empfand sie als ebenso ehrenrührig wie die fünfzehn Prozent. Folglich verabschiedete ich mich von dem honorigen Klub ohne Hemmungen, als meine beiden Anträge abgelehnt wurden.

Mit meinem Austritt aus der GWA hatte ich kein Problem, und zwar auch deshalb, weil ich schon zehn Jahre vorher in einem anderen europäischen Land ein Unternehmen gegründet hatte, das von Anfang an nichts mit Billings und Commissions im Sinn hatte, ein *Institut für Marken- und Produktentwicklung.* Es forschte, beriet und entwickelte fast alles, was da wirbt. Aber es handelte nicht mit Werbung. Weil es nicht mit Werbemitteln irgendwelcher Art Handel trieb, also weder durch Provisionen noch durch Handelsspannen zu motivieren war, war seine Beratung konfliktfrei. Weil es nicht durch wachsende Werbeetats wachsende Einnahmen und Gewinne erzielen konnte, musste es auch nicht auf wachsende Etats hinarbeiten. Dank dieser Unabhängigkeit konnte unser feines Institut seinen Auftraggebern helfen, Werbekosten zu senken, ohne sich damit selbst zu schädigen. Das lohnte sich für beide Seiten. Denn welcher Auftraggeber belohnt seinen Berater nicht lieber dafür, dass er ihm hilft, seine Kosten zu senken, als dafür, dass er die Kosten in die Höhe treibt?

Es ist wahrlich keine großartige Erkenntnis, die ich damals hatte und vertrat. Doch unser Institut wurde dafür gut belohnt. Gemessen an seinen Billings blieb es zwar unansehnlich, aber seine Honorare, seine Verträge und vor allem die Erträge daraus wurden immer wieder neidvoll von den ehemaligen Agenturkollegen diskutiert. Viel erstaunlicher aber als die Entdeckung, dass ein Kommunikationsinstitut auch ohne Handelsgeschäft ertragreich zu führen ist, waren jedoch fachliche Erkenntnisse, die sich nach unserer radikalen Befreiung von allen Handelsinteressen unerwartet rasch einstellten. Unser von den Bindungen an die klassische Mediawerbung befreites Institut konnte schon bald die Erfahrung machen, dass Mediawerbung, die so genannte klassische, durchaus nicht immer eine unerlässliche Voraussetzung für eine erfolgreiche Markenbildung ist, dass es viele andere Werbemöglichkeiten gibt, die effektiver sein können, und dass es sogar in manchen Fällen auch ohne jede klassische Mediawerbung sehr gut geht.

Befreit von allen Handelsinteressen eröffnete sich damals unseren Werbestrategen beinahe mühelos ein völlig neues Medienverständnis. Sie verstanden plötzlich die Realität des Mediums schlechthin, also jene aller Medien. Sie hatten keine Schwierigkeit mehr zu sehen, dass absolut jede Information, die ein Mensch einem anderen, ihm nicht leibhaftig gegenüberstehenden Menschen geben will, eines Mediums bedarf und dass es infolgedessen unendlich viele Medien gibt, die seit jeher Informationen vermitteln, und zwar meistens werbende.

Eine kleine Geschichte von den heimlichen, den inoffiziellen Medien

Ich erinnere gut, wie sich einer unserer Mediastrategen seiner eigenen Situation als *Medienopfer* geradezu schlagartig bewusst wurde. Wie er erkannte, dass auch er selbst ständig umringt und umworben ist von Medien mannigfaltigster Art, wo er auch geht und steht; wie er erstmals bemerkte, dass er von Medien geradezu unentrinnbar umstellt ist, von unübersehbar vielen Informationsvermittlern. Und wie es ihm dann fast peinlich bewusst wurde, dass alle diese von ihm als Mediafachmann nicht bemerkten Medien ihn gemeinschaftlich davon überzeugt hatten, dass er genau das richtige Modell der richtigen Automobilmarke gekauft hatte. Wie betroffen er darüber war, dass ihm seine vermeintlich freie, kritische Entscheidung in Wahrheit durch so viele Medien nahe gelegt worden war. Vor allem aber, wie es ihn als Werbeprofi beunruhigte, dass es neben den offiziellen Medien, gegen deren Einfluss er sich als Profi selbstverständlich gefeit wusste, so viele inoffizielle Medien gibt.

Provoziere ich heute einen Mediaexperten einer Werbeagentur zu einem ähnlichen Ausbruch aus seiner Expertenrolle, so geht es ihm nicht anders. Natürlich muss er sich gleich an den TV-Spot für sein Auto erinnern, auch an einige Anzeigen. Aber dann wird es mit einer seriösen Geschichtsforschung bald schwierig. Die Spots und Anzeigen bekam unser Mediaexperte ja eigentlich erst zu sehen, nachdem er schon den IAA-Bericht im Automobilteil der Tageszeitung gelesen hatte. Ja, so war es. Und davor hatte auch schon sein Kollege davon gesprochen, dass das neue Modell den Sechszylinder-Diesel bekommen sollte, in 7,8 Sekunden auf hundert, gerade so wie der Wagen des Chefs. Und was war dann? Hatte ihm nicht dann sein Händler versichert, er würde seinen alten Wagen, das Vorgängermodell, ohne Preisabschlag in Zahlung nehmen, obwohl man für den neuen schon jetzt mit mindestens neun Monaten Lieferzeit rechnen müsste? Plötzlich erinnert er sich deutlich an die Schwackeliste und wie er sich den Angebotspreis damals notierte.

Zu Hause hatte er gleich seinen alten Wagen daraufhin durchgecheckt, ob er vielleicht mit Wert mindernden Mängeln zu rechnen hätte. Seine Frau war eigentlich gar nicht dafür, ihn abzugeben. Sie hatte sich richtig an ihn gewöhnt und fand, er passe zu ihnen beiden besser als jedes andere Auto. Kein anderes sei so sportlich und dabei so zuverlässig. Der Kofferraum könnte vielleicht etwas größer sein, im Hinblick auf die Urlaubsreise. Aber das sei kein Grund, ihn abzugeben. Eher würde sie sich von den Aktien trennen, obwohl das im Augenblick dumm wäre. Das meinte sie, bis sie den neuen Wagen zum ersten Mal sah, im Klub. Angeblich war dieser ein Vorführwagen. Sein Besitzer war zwar kein besonders angenehmer Mensch, aber gut betucht und ein guter Spieler. Sie durfte sich hineinsetzen, fahren war nicht drin. Aber das genügte. Sie war begeistert.

»Setz dich hinein, Du musst es fühlen, Du glaubst es nicht: Du sitzt ganz anders als in unserem. Nimm mal das Lenkrad, fass mal das Leder an. Der Eindruck aus unserem Probesitzen wurde tatsächlich durch eine Probefahrt bestätigt, die wir dann etwas später gemacht haben. Der Händler hatte uns den Vorführwagen über das Wochenende gelassen. Er war wieder anthrazitgrau wie der alte. Aber nicht ganz genau so, ein bisschen blauer, eleganter, schwer zu beschreiben, metallic. Wir fuhren ihn beide, meine Frau und ich, und sie fuhr noch frecher als sonst schon. Er war auch wirklich viel schneller im Anfahren als sein Vorgänger, wir haben es systematisch getestet. Der Benzinverbrauch war zudem geringer. Abends kam dann noch die Schwägerin. Sie ist als Fahrerin fast noch verrückter, fährt jeden Freitagabend in einem Rutsch nach München zu ihrem Freund, der da einen tollen Job als Entwicklungsingenieur hat. Natürlich bestätigt der sie, nicht erst seit Hockenheim. Wir ließen sie Probe sitzen und gaben ihr den Prospekt mit nach Hause. Weil sie ihn nicht zurückbrachte, holte sich meine Frau kurz darauf einen zweiten. Der Prospekt hatte wirklich tolle Fotos, zeigte den Wagen von allen Seiten, zum Ausklappen im Breitwandformat.

Wir haben dann auch bald bestellt, mussten ziemlich lange warten, der alte kam uns schließlich schon recht alt vor. Aber der Händler war korrekt, hat sich exakt an sein Preisangebot gehalten, über ein paar kleine Kratzer an der Wagentür kein Wort verloren. Wir holten den neuen ab und ließen den alten gleich da. Es klappte wie am Schnürchen. Leider regnete es auch wie am Schnürchen, aber der Händler schenkte uns zum Trost den großen Familienschirm mit Logo, seither unser Gästeschirm. Als wir damit anschließend beim Italiener ankamen, meinte der, wie Italiener so sind: ›Buona Sera, die Dame von gegenüber.‹ Tatsächlich trug meine Frau zufällig das gleiche Twinset wie die Frau auf dem Plakat auf der anderen Straßenseite, auch eine blonde.«

Solche oder ähnliche Geschichten kommen zutage, wenn ein Kommunikationsprofi tatsächlich einmal seine eigenen Wahrnehmungen reflektiert und professionell prüft. Da sieht er auch, was ihm alles entgeht, wenn er sein Werbemittelrepertoire entsprechend den Mediaplänen der Werbeagenturen und den Lehrbüchern über professionelle Kommunikation begrenzt. Solches Reflektieren ist natürlich anstrengend und kritisches Reflektieren meistens schmerzhaft. Man stößt immer wieder an ärgerliche Grenzen. Es drückt zunächst auf das Selbstbewusstsein eines Kommunikationsprofis, wenn er feststellen muss, dass die bisher von ihm genutzten Mittel nur einen äußerst bescheidenen Anteil am Gesamteinfluss aller Medien auf den Käufer haben. Schon von der Zahl der Werbeanstöße her ist das dem Profi ja bald klar. Versucht er, die Anstöße ihrer Wirkung entsprechend mit geschulter Intuition zu gewichten, so kommt er zu einem noch traurigeren Ergebnis.

Aber zählen wir zunächst einmal die Werbeanstöße aus der Geschichte des Autokäufers nach: Der erste Anstoß zu seiner Entscheidung war offensichtlich eine mündliche Äußerung. Das Medium war der Berufskollege, der von dem neuen Modell wusste und mit Respekt erzählte. Eine Äußerung, die umso wirksamer war, weil sie ohne eigennütziges Empfehlerinteresse gegeben wurde. Der zweite Anstoß war ein besonderer Informationsinhalt der Neuigkeit, das Upgrading des Modells. Das Upgrading-Merkmal Sechszylinder-Diesel traf offensichtlich genau in das konflikthafte Selbstbewusstsein des sportlichen Fahrers und seiner noch sportlicheren, aber sparsamen Frau. Deshalb wurde es von ihm aufgenommen und gespeichert. Der dritte Anstoß, die Information über den Verzicht des Herstellers auf einen Aufpreis für das Upgrading, traf den Ökonomiesinn des potenziellen Käufers noch einmal.

Der vierte Anstoß war dann ein redaktioneller Bericht in der Tageszeitung, ebenfalls eine Empfehlung ohne verdächtiges Empfehlerinteresse. Der fünfte war der Anlass des Berichtes, eine sehr reputierliche Empfehlung, nämlich eine große internationale Automobilausstellung. Das neue Modell hatte dort unter den kritischen Augen einer kompetenten Fachöffentlichkeit bestanden. Der sechste Empfehler war – ohne sein Wissen und seine Absicht – der Chef mit seinem höherklassigen, prestigehaltigeren Wagen. Der siebte Anstoß war eine doppelte Bestätigung. Zunächst war er eine Bestätigung für das Vorgängermodell und damit die vertraute Marke, nämlich der vom Händler gebotene Preis für den alten Wagen, der Wiederverkaufswert der Marke. Die Information über den ökonomischen Vorteil war gleichzeitig ein unbezweifelbarer Beweis für die Solidität des Fahrzeugs und der Marke und ein Beweis für ihr Sozialprestige und die darauf begründete Begehrlichkeit der Gebrauchtwagenkäufer. Also ein wuchtiger Werbeanstoß, scheinbar so simpel und dabei doch so prall geladen mit Qualitätsbeweisen.

Vielleicht war der Gebrauchtwagenpreis der stärkste Werbeanstoß von allen, nicht zuletzt deshalb, weil als Medium nicht der Händler erlebt wurde, sondern *die Leute*, der Markt. Für die meisten Entscheidungen in unserem Leben gibt es ja keine bessere Berufungsgrundlage als die Empfehlung der Leute, die ungreifbare und unangreifbare Autorität der Öffentlichkeit. Dazu noch die Begründung für das Preisangebot. Sie konnte unserem Autokäufer tatsächlich schon den letzten Zweifel an der von ihm schon gewünschten Wahl nehmen: die Lieferzeit für das neue Modell. Das war der achte Werbeanstoß. Wahrscheinlich hatte der Automobilhersteller mit ihm schon gewonnen, aber sehen wir genauer hin. War das Medium für die Lieferzeit-Information der Händler, die Gebrauchtwagenpresse, eine organisierte Gerüchteküche oder alle zusammen?

Der achte Anstoß konnte ebenso gut ein pures Gerücht sein wie eine gezielte Fehlinformation des Herstellers. Ob lang genug oder schon zu lang bemessen: Es gibt im Prinzip kein wirkungsvolleres Argument für ein Kaufobjekt als ein Lieferproblem infolge unerwartet hoher Nachfrage. Eine restriktive Produktions- und Vertriebsplanung ist eine fabelhafte Werbekreation, fast immer wirksamer als alle gefeierten Agenturkreationen. Warum? Weil der Nutznießer, das Unternehmen, sich damit den Markt zum Medium macht. Ein stärkeres Medium als den Markt gibt es nicht.

Der neunte Werbeanstoß war die Partnermeinung, die Anhänglichkeit der Ehefrau an das alte Modell, der Appell an die gemeinschaftliche Vertrautheit der Eheleute mit der Marke und der Modellreihe. Innige Vertrautheit ist der emotional umfassendste Beziehungsanspruch, den man für eine Marke kommunizieren kann. Der Appell wurde von der Dame mit einem zehnten Anstoß auf jeden Fall ausreichend gerechtfertigt: Das Sportlichkeitsimage der Marke wurde von ihr als Rechtfertigung für die gemeinsam vorgefasste Meinung in Erinnerung gebracht. Die soziale Anerkennung ihrer Freude am sportlichen Fahren erfuhr in der Geschichte dann einen elften prestigehaltigen Anstoß durch ein Klubmitglied, dem anscheinend neidvolle Anerkennung gezollt werden musste. Neid hat schon so manches Produkt erfolgreich verkauft.

Die zwölfte Werbeinformation war ausgesprochen nonverbal, ihr Medium der Fahrersitz. Seine Ergonomie war kaum erklärbar, aber spontan fühlbar. Und gleichzeitig mit dem Erlebnis der Anerkennung ihrer Anatomie durch das Design der Sitze wurde der Fahrerin eine dreizehnte Information zuteil, ebenfalls nonverbal. Die Haptik des belederten Lenkrades; sein Griff begeisterte sie spontan. Indem die Fahrerin ihr sensuelles Erleben ansprach, erlebte sie auch schon eine vierzehnte Information, das Materialprestige der Lederausstattung schlechthin.

Der fünfzehnte Werbeanstoß war das Vorführwagen-Wochenende. Dieses war eine verbindliche Information über das menschliche Verständnis und die Verbundenheit des Herstellers mit seinem Kunden durch seinen Vertreter. Das mit diesem Anstoß, dem ersten Fahrerlebnis gebotene Drumherum, das Anschauen, Anfassen, Ausprobieren, Diskutieren, Abschätzen und Berechnen fassen wir hier einmal der Einfachheit halber als einen einzigen gewaltigen sechzehnten Werbeanstoß zusammen. Er wurde ja auch nicht detailliert berichtet.

Der siebzehnte Anstoß hingegen wurde zwar auch nur kurz angedeutet, scheint jedoch dem Käufer besonders tief ins Langzeitgedächtnis eingedrungen zu sein, denn er wurde auffällig unbeholfen wiedergegeben: der Lackeffekt. Ist es denkbar, dass ein derart unvernünftiger, oberflächlicher und unaussprechlicher Werbeanstoß nennenswerten Einfluss auf eine Kaufentscheidung haben kann? Wer sich mit der Wirkung von Farbnuancen, mit den kleinen, feinen Zeichen von Eleganz und modischer Aktualität beruflich befasst hat, weiß, es ist denkbar, und zwar nicht nur bei Frauen.

Die achtzehnte Information, die Beschleunigung, mit aggressiver Lust ertestet, traf sicher ins Zentrum der beiden sportlichen Fahrerherzen. Das Diesel-Argument entlastete sie von einer Ökonomieschuld, die auch dem aggressivsten Fahrer die Freude am Fahren schmälern kann. Mit der Erfahrung der verstärkten Beschleunigung erlebten die beiden sportlichen Probefahrer die Erfüllung des zentralen Versprechens ihrer Automarke sicher am deutlichsten.

Die neunzehnte Information, jene über das Einverständnis mit ihresgleichen durch die fahrverrückte Schwägerin, dürfte die Käufer schließlich von ihrem letzten Skrupel befreit haben, dass sportliches Fahren vielleicht doch unsozial sein könnte. Diese Information war ja schließlich von drei weiteren starken Informationen begleitet und gestützt, die in dem Erinnerungsreport zwar nur durch Stichworte vertreten waren, im Fundus der Image bildenden Erlebnisse aber sicher tragende Bedeutung hatten: Der Freund der Schwägerin war ein kompetenter Empfehler, der Automobilhersteller ein sympathischer Arbeitgeber und außerdem noch ein neuer Formel-1-Sieger. Habe ich richtig gezählt, so waren unserem Käufer bis hierher schon zweiundzwanzig Stimuli in Erinnerung.

Der dreiundzwanzigste Anstoß wie auch der vierundzwanzigste wurde den beiden Kaufinteressenten dann durch ein etabliertes Werbemedium geliefert, den Modellprospekt nämlich. Der Stil des Prospektes, ein Werk von Designern, Textern und Fotografen, bestätigte offenbar alle Erwartungen. Seine ästhetische Finesse und Großzügigkeit bestätigte das soziale Niveau der Marke und bot zugleich die Möglichkeit, das Styling des Automobils übersteigert zur Geltung zu bringen. Die Augen eines begabten Fotokünstlers und einer hochsensiblen Kamera sind ja bekanntlich imstande, die Ästhetik eines Automobils eindrucksvoller zu vermitteln als jede reale Betrachtung. Das Traumbild ist schöner als die Wirklichkeit. So haben hier zwei nonverbale Stimuli imagevertiefend zusammengewirkt, das Fahrzeugdesign und das Prospektdesign.

Der Händler lieferte dann drei weitere, die Kaufbereitschaft bestätigende Anstöße. Der erste Anstoß distanzierte den Händler vom vorherrschenden Image eines Automobilverkäufers, nämlich die Äußerung seiner Korrektheit. Der zweite Anstoß, menschlich noch bewegender, lag in seiner überraschenden Großzügigkeit, mit der er über die Kratzer hinwegsah. Ein dritter Anstoß wurde durch ihn über die Organisation des Unternehmens vermittelt, nämlich über ihre logistische Zuverlässigkeit. Wenn wir richtig gezählt haben, kommt dann noch als achtundzwanzigster Werbeanstoß der Schirm in die kleine Geschichte. Er war mehr als ein Werbegeschenk, ein Besitzerausweis, der Stolz macht und signalisiert. Gerade so wie der neunundzwanzigste Stimulus am Schluss der Geschichte beiläufig erwähnt, vielleicht aber schon viel früher wahrgenommen, das Fotomodell auf dem Automobilplakat. Möglicherweise hatte es als Leitbild längst die blonde Ehefrau des Käufers gefesselt.

Die Realität der medialen Kommunikation übertrifft alle Mediapläne

Für einen routinierten Agenturstrategen, dem bei einem Auftrag zur Mediaplanung selten mehr als ein halbes Dutzend provisionsfähiger Werbemittel einfallen, ist ein solcher Selbsterfahrungsversuch eine sehr beachtliche Leistung. Er ist auf dem besten Wege, die Realität der medialen Kommunikation zu erfassen, auch wenn sein Bericht über den Autokauf nicht annähernd alle Werbeanstöße enthält, die er in Wirklichkeit empfangen hat. Eine weit größere Zahl als die von ihm berichtete hat ihn nämlich nur unbewusst erreicht, *unterschwellig,* und diese waren nicht weniger wirksam, sondern sicher noch wirksamer. Er hat diese *nicht bewusstseinsfähigen* Eindrücke, wie der Kommunikationswissenschaftler sagt, bei seinem Rekonstruktionsversuch nur eben nicht mit seiner Kaufentscheidung in Verbindung bringen können.

Die meisten unterschwelligen Stimuli bleiben im Hintergrund von Ereignissen, die die Aufmerksamkeit ihrer Empfänger binden. Hier zum Beispiel galt einmal die ganze Aufmerksamkeit des Autokäufers einem dicken amerikanischen Longhitter am Abschlag. Der stand direkt vor dem großen Sponsorplakat des Automobilherstellers. Das Plakat zeigte den Wagen. Die Abschläge des Dicken waren phänomenal. Unfasslich, wie es ihm möglich war, seine Leibesfülle derartig im Schwung zu verdrehen, keiner seiner schlanken Wettbewerber schaffte eine so machtvolle Torsion. Dabei waren die Schlanken auch nicht gerade schwach. Kein Wunder, dass das Plakat mit dem attraktiven Sonderpreis des Sponsors und mit seinem Logo durch die bewusste Wahrnehmung der Golfheroes überdeckt wurde. Selbst als ein Franzose später mit seinem Hole-in-One den Sonderpreis aus dem Plakat gewann, blieb das automobilistische Ereignis hinter der Wahrnehmung des Sportlertriumphes verborgen.

Die Pupille unseres Mediastrategen hatte das ihm so wohl vertraute Markenlogo und das begehrenswerte Fahrzeug auf dem Sponsorplakat wenigstens an die fünfzig, sechzig Mal erfasst. Kann er da glauben, er sei von Logo und Fahrzeugbild unberührt geblieben? Will er behaupten, der gloriose Auftritt seiner Marke auf dem Golfturnier sei an seiner Entscheidungsbildung unbeteiligt geblieben? Wer auch nur das Wichtigste über seine menschliche Natur gelernt hat, muss gegenüber seinem Erinnerungsvermögen misstrauisch sein. Der weiß, dass so mancher starke Reiz, der eine Zuneigung mit begründet hat, tief in seinem Gedächtnis versunken ist, unerreichbar selbst für angestrengtestes Erinnernwollen. Der ahnt die engen Grenzen seines verfügbaren Erinnerungsvermögens und dahinter die unermessliche Speicherkapazität seines Gedächtnisses.

Wenn sich sogar belegbare Werbeanstöße aus jüngster Zeit der Erinnerung unseres PKW-Käufers völlig entziehen können, wie tief werden dann erst solche aus weit zurück liegenden Jahren in das Dunkel seines Speichers abgesunken sein? Was erinnert er heute als Autokäufer beispielsweise noch von den begeisterten Worten seines Vaters über das Motorrad, dessen Rücksitz er als kleiner Junge einnehmen durfte, vertrauensvoll hinter dem mächtigen Rücken des Vaters an dessen schwarze, glatte Lederjacke geklammert? Was weiß er noch von seinen Empfindungen damals? Von dem plötzlichen Angehobenwerden, dem Schweben, dem Sausen, dem Summen, der kühlen Zärtlichkeit der Luft und der tiefen, warmen Ruhe drinnen; was weiß er noch von seinem Flug mit dem Vater auf der Zaubermaschine? Kann es sein, dass alle seine Empfindungen und Eindrücke verloren sind, dass ihm nichts von seinem frühen Erlebnis geblieben ist? Oder verwahrt er es noch heute irgendwo in einem der geheimen Winkel seiner Zuneigung zu dem runden, sanft gewölbten, großen, blau-weißen Knopf, den seine Kinderfinger am Bauch der Maschine betastet haben?

Um die Realität medialer Kommunikation verstehen zu lernen, fragten wir nach den medialen Stimuli, die an der Entscheidung einer ganz bestimmten Person für ein ganz bestimmtes Modell einer ganz bestimmten PKW-Marke beteiligt gewesen sein könnten. Wir fragten einen Mediaprofi sowohl nach käuflichen, unmittelbar bezahlbaren Medien als auch nach solchen, die ein Markenmanager nur über Umwege erwerben und einsetzen kann. Wir fragten nach Medien, an die sich die umworbene Person erinnert, und nach solchen, die ganz unbemerkt auf sie eingewirkt haben. Wir unterschieden diese danach, ob ihre Wirkungen prinzipiell erinnerbar oder aber dem Bewusstsein der Person vollkommen unerreichbar sind. Wir unterschieden Medien, deren Wirkungen kurzfristig, in jüngster Zeit also, erzielt wurden von solchen, deren Wirkungen langfristig erzielt wurden, sehr langfristig, über Generationen hinweg, über längst vergessene Erlebnisse und Medien. Wir erfragten so etliche Markenstimuli, doch längst nicht alle.

Wir klammerten alle jene Stimuli aus, die von den Wettbewerbern unseres Automobilherstellers bezahlt wurden. Wir taten so, als ob die Werbung für andere PKW-Marken und deren Modelle nicht zur Profilierung der gewählten Marke beigetragen hätte, wohl wissend, dass diese in ihrer Gesamtheit möglicherweise mehr für die Bildung der gewählten Marke geleistet hat, als ihr Hersteller es selber konnte. Wir machten es uns einfach. Wir verzichteten auch darauf, uns alle jene Einflüsse vor Augen zu führen, deren Urheber außerhalb der Automobilwirtschaft zu finden sind. Das sind gar nicht wenige. Die Kommunikationsfachleute erfassen diese gern, aber niemals vollständig als Zielgruppen der so genannten Public Relations. Das Wort Zielgruppen ist dabei hoch gegriffen, denn die unter dem weiten Oberbegriff *Öffentlichkeit* erfassten Interessengruppen können von den Public-Relations-Experten nur in seltenen Ausnahmefällen auch gezielt angesprochen werden.

Das Wort Public ist schon eher ernst zu nehmen als das Wort Zielgruppe. Tatsächlich verspricht es oft mehr Erfolg, die vielen kulturellen, wirtschaftlichen, sozialen und politischen Gruppen und Grüppchen, die dem PKW auf die eine oder andere Weise verbunden sind, in der Obergruppe Öffentlichkeit zusammenzufassen und zu dieser Gesamtheit dann gute Beziehungen, eben Public Relations, herzustellen. Über die Tauglichkeit solcher verallgemeinernder Kommunikation muss von Fall zu Fall nachgedacht werden. Doch die Zahl der von all den genannten Vertretern der Öffentlichkeit eingesetzten Medien ist sehr groß und ihre markenrelevanten Wirkungen bedeutend. Ein verantwortungsbewusster Mediastratege hat wirklich keinen leichten Job.

Wir haben es uns leicht gemacht. Wir haben uns bei der Analyse der kleinen Geschichte genau wie der gutwillige Geschichtenerzähler einfach auf die Stimuli beschränkt, deren Initiative beim PKW-Hersteller zu suchen war. Die Initiativen der Wettwerber haben wir schlicht ausgeklammert, die der weiteren Öffentlichkeit einfach aus dem Verantwortungsbereich der Werbeagentur in die Verantwortung der Public-Relations-Agentur hinüber geschoben. Unser erstes Ziel war ja, die Werbeagentur zu verstehen, um sie bestmöglich einzusetzen. Unsere Hoffnung ist jetzt, die Mediastrategen der Agenturen aus den engen Zellen ihres merkantilen Mediagefängnisses zu befreien und für das Abenteuer der professionellen Mythenbildung zu gewinnen.

Der Mediaexperte einer Markenagentur wird sich mit Mythenbildung befassen müssen

Der Mediaexperte einer Markenagentur, die diesen Titel auch wirklich verdient, wird die Prinzipien der Mythenbildung verstehen und nutzen lernen müssen, denn Markenbildung ist Mythenbildung. Das ist für den Markenmanager und die Effektivität seiner Arbeit mit der Agentur von großer Bedeutung, aber erst recht für die Entwicklung des Mediaexperten, der bisher noch auf dem Standpunkt eines medienwirtschaftlichen Funktionärs verharrt. Für den Medienfunktionär sieht die Zukunft ziemlich düster aus – und die seiner Werbeagentur auch.

Der gegenwärtige Einbruch der *Mediaspendings* ist nur eines von anderen Warnsignalen. Die Medienwirtschaftler sollten ihn aber ernst nehmen, nicht als Begleiterscheinung einer allgemeinen wirtschaftlichen Konjunkturschwäche und emotionalen Reaktion darauf, sondern als Hinweis auf eine Wende im Bewusstsein ihrer Auftraggeber. Wenn sich unter den Werbungtreibenden bisher auch nur wenige zu diesem Thema öffentlich geäußert haben, so taten es diese doch mit meinungsbildender Kompetenz. Der Chef des weltgrößten Nahrungsmittelkonzerns hat sehr schlicht festgestellt: »Werbung ist out.« Und dann: »Wir müssen die gesamte Breite der Kommunikation abdecken.« So stand es immerhin in einem großen deutschen Managermagazin.

Hinter solchen Feststellungen könnte ziemlich schnell ein Kommunikationsverständnis heranwachsen, das kontinuierlich zu einer realitätsnäheren Bewertung der Medien führt. Der Anfang dazu ist jedenfalls gemacht und der Erkenntnisfortschritt wird sich kaum aufhalten lassen. In Anbetracht der über viele Jahre hin oft unmäßig erhöhten Mediakosten einerseits und des sich stetig verschärfenden Kostendrucks innerhalb der Werbung treibenden Wirtschaft andererseits ist die Wende fällig. Ein Markenmanager, der seine Werbeagentur und damit auch die von ihr vertretenen Medienwirtschaftler herausfordert, ihre Leistungen realistischer zu definieren, braucht keine Hemmungen zu haben. Er leistet einen wertvollen Beitrag zur Entwicklung seiner Lieferanten.

Die klassische Mediawerbung hat ihre Hochblüte hinter sich

Der Krug geht so lange zum Brunnen, bis er bricht. So sagt es der Volksmund. Hegel sagte es anders: Die Ursache für den Zerfall gesellschaftlicher Systeme liegt in der Übersteigerung ihres jeweiligen Hauptprinzips. Sollte das Werbegeschäft für die Medienwirtschaft zum Hauptprinzip ihrer Existenz geworden sein – in vielen Unternehmen scheint das der Fall zu sein –, so wäre höchste Vorsicht geboten. Das ökonomische System der Medienwirtschaft drohte dann zu kippen, es wäre *übersättigt*. Wir wissen ja aus vielen Bereichen der Natur- und Sozialwissenschaften, dass übersättigte Systeme mit naturgesetzlicher Zwangsläufigkeit kippen. »Zu viel des Guten ist immer schlecht«, schon wieder der Volksmund.

Der Präsident des Zentralverbandes der deutschen Werbewirtschaft bezifferte jüngst die vom Wohl und Wehe seiner Branche betroffenen Menschen auf rund 580 000. Das wären mehr Menschen, als von der Ernährungsindustrie, und nur knapp weniger, als von der Automobilindustrie abhängig sind. Die Werbewirtschaft wäre demzufolge eine *Schlüsselindustrie*. Mit dieser volkswirtschaftlichen Legitimation fordert er von der Branche, »den Wert der Werbung für alle deutlicher herauszustellen«. Der Herr Präsident sollte seine Aufforderung korrigieren, mit dem *Herausstellen* wird er nichts erreichen. Er sollte dazu auffordern, den Wert der bezahlten Mediawerbung zu steigern, also die Leistungen und Wirkungsversprechen der Branche mutiger der Mediarealität anzupassen. Würde die Mediawerbung realiter für die Werbung treibende Wirtschaft an Wert gewinnen, so dürfte er im Vertrauen auf die Gesetze der Marktwirtschaft getrost darauf hoffen, als Gegenwert entsprechend wachsende Werbeeinnahmen zu verzeichnen. Aufrufe zu Spendenaktionen für die Sicherung bedrohter Arbeitsplätze haben noch nie Erfolg gehabt.

Nach diesem kleinen Abstecher in die bisher nur leicht verdüsterte Welt unserer hauptberuflichen Medialieferanten zurück zur Mediastrategie im Dienst der Marke. Die Welt unserer professionellen Medialieferanten und ihre glückliche Entwicklung liegt uns zwar auch am Herzen, aber sie ist wahrlich nicht unsere ganze Mediawelt. Die Gesamtheit unserer Medialieferanten ist viel größer. Es ist eine unübersichtliche, immer wieder verwirrende, aber üppig blühende Welt für jeden Mediastrategen, der Fantasie hat und Freude an Entdeckungen und überraschenden Erfolgen. Es ist keine Welt für Mediabeamte. Es ist der gesamte kulturelle Raum, in dem unsere Aktivitäten wahrgenommen und bewertet werden, ein weiter, wunderbarer Arbeitsplatz.

Ein Markenmanager, der begriffen hat, dass die mediale Realität, der er die Bildung seiner Marke verdankt, nicht von dem Mediaplan einer konventionellen Werbeagentur erfasst wird, kommt unvermeidlich in einen Konflikt. Der Mediaplan seiner Werbeagentur sieht bisher so schön ordentlich aus, so übersichtlich, klar, logisch gegliedert und zum Nachrechnen vorgerechnet. Seine mediale Realität dagegen ist in ihrer Vielgestaltigkeit kaum erahnbar. Sie steht ihm vergleichsweise wie ein Urwald vor Augen, unberührt von menschlichem Ordnungssinn, wild, unbezähmbar und scheinbar undurchdringlich. Worauf soll er sich einlassen? Auf der einen Seite die zwar trügerische, aber doch komfortable Ordnung, auf der anderen Seite die strapaziöse, aber verheißungsvolle Eroberung seines medialen Universums.

Der Pionier wird sich wohl kurz entschlossen in das Abenteuer stürzen, der besonnene Pragmatiker eher stirnrunzelnd die vertrauten Instrumente seiner Mediaplanung überprüfen. Dem verantwortungsbewussten Markenmanager ist beides zu wünschen: der Mut des Pioniers und die Umsicht des Pragmatikers. Der Pragmatiker mit Pioniergeist bewältigt seinen Konflikt, indem er sich mit den bewährten Instrumenten der Mediazivilisation ausgerüstet in die Mediawildnis aufmacht. Er überstürzt nichts, aber er macht sich auf den Weg. Einen solchen Aufbruch kann er auch seinen Helfern, den Mediaexperten, zumuten. Jene, die wie er selbst Pioniergeist mit pragmatischem Managerverstand verbinden, werden ihm folgen. Auf die Sesshaften kann er gut verzichten.

Was man an Kreationskosten einspart, gibt man vervielfacht an Mediakosten aus

Der nächste Konflikt ist schon leichter zu bewältigen, der Konflikt zwischen Kreationsaufwand und Mediaaufwand. Seine Bewältigung erfordert nur eine durchschnittliche Begabung für kaufmännisches Rechnen und die Bereitschaft, diese auch konsequent zu nutzen. Die neue, kreative Mediaplanung ist natürlich teurer als die konventionelle, routinemäßige. Obendrein können ihre Kosten von der Agentur nur noch zu kleinen Teilen aus Provisionen gedeckt werden. Und was für die Planungskosten gilt, gilt auch für die Kosten, die die Organisation der Mediaeinsätze verursacht. Welcher Typ von Agentur dem Markenmanager auch immer dient: Die klassische Werbeagentur, die Mediaagentur, die PR-Agentur, die Event-Agentur oder die Sales-Promotion-Agentur, eine jede muss deutlich mehr leisten als früher und hat entsprechend höhere Kosten.

Die Mehrkosten muss der Auftraggeber bezahlen. Ist er aber ein guter Rechner, dann kann er trotz höherer Agenturhonorare deutlich günstiger einkaufen. Er kann aus Einsparungen an den Kosten für konventionelle Werbeeinsätze die Mehrkosten für eine kreative Mediaplanung leicht decken. Obendrein kann er höhere Wirkungswerte erzielen, realiter jedenfalls, wenn auch nicht mediastatistisch belegt. Die Zahlen aus der konventionellen Mediaforschung wie auch die über sie errechneten *Shares of Voice* sind für eine Förderung der Markenbildung ohnehin von äußerst zweifelhaftem Wert. Der Kurzschluss von einem *Share of Voice* auf einen *Share of Mind* ist verwegen, besonders dann, wenn die *Voice* unter dem Ziel eines hohen Werbedrucks schreit statt zu schmeicheln. *Druck erzeugt Gegendruck.* Unter diesem Maßstab ist ein hoher *Share of Voice* für den Markenstrategen eher als *Share of Noise* ein Anlass zur Besorgnis als zur Begeisterung.

Wem weniger an einem mediastatistischen Beleg für einen hohen Share of Voice gelegen ist als an einem fantasievollen, subtil wirksamen Mediamix, weniger an einem starken Werbedruck als an einem starken Werbesog, der darf mutig rechnen. Der kann die Effizienz seiner Werbung unter Umständen schon allein über die Kostenseite seines Mediaplanes bedeutend verbessern. Zahlte er bisher zum Beispiel bei einem Mediabudget von zehn Millionen vielleicht eine Million für die betreffenden Agenturleistungen und neun für die Leistungen der Medien, so erreicht er möglicherweise bei verdoppeltem Agenturhonorar ein Zahlenverhältnis von zwei zu drei Millionen, also die Halbierung seines Mediabudgets. Solche Ergebnisse liegen im Bereich des Möglichen, das wurde mir bewiesen.

Wahrscheinlich gilt meine Erfahrung für viele Investitionen: Wenn ich mehr Geld für die geistigen Vorleistungen ausgebe, brauche ich weniger Geld für die materielle Realisierung zu bezahlen. Schließlich sind ja auch alle industriellen Rationalisierungserfolge Ergebnisse geistiger Vorleistungen. Also zahle ich gern einem kreativen Menschen, der mir hilft, Mediakosten zu senken, ein höheres Honorar, erst recht natürlich dann, wenn er dabei auch noch einen höheren Wirkungsgrad der Medien erreicht. Ein kreativer Sprung ist fast immer erst die Folge eines erhöhten Leistungsdrucks, darum setze ich ihn ein. Und um kreative Mediastrategien zu entwickeln, muss künftig deutlich mehr Druck gemacht werden.

Außer den so genannten klassischen Werbeagenturen gibt es heute viele Spezialagenturen; ich habe einige bei ihren selbst gewählten Namen genannt: Mediaagenturen, Promotionsagenturen, Designagenturen, PR-Agenturen, Eventagenturen zum Beispiel. Die Spezialagenturen waren eine Erscheinung, die der Markenmanager zunächst nur begrüßen konnte. Sie haben einen doppelten Beitrag zum Fortschritt der Medienentwicklung geleistet: Zuerst einmal haben sie deutlich gemacht, dass die so genannten klassischen Medien, jene, die von Verlags- und Sendeanstalten verkauft werden wie TV- und Hörspots, Werbefilme, Affichen und Anzeigen, nicht die einzigen Medien sind, mit denen man auf die Markenbildung einwirken kann. Sie haben redaktionelle Veröffentlichungen, Mittel der Warenpräsentation, des Sponsorings und des Product Placement, die Warenverpackungen und das Design der Waren selbst als mediale Stimuli ins Bewusstsein gerückt. Damit haben sie den bis dahin fast monopolistischen Anspruch der klassischen Medien relativiert.

Ihr zweites Verdienst ist, dass sie die Nutzung der nichtklassischen Medien erheblich kultiviert haben. Sie haben diese Medien auf ein Niveau gebracht, das unabhängig von allen speziellen Wirkungsumständen heute durchaus dem der klassischen Medien entspricht. Wenngleich die Nichtklassischen auch im Jargon der Kommunikationsbranche noch heute als Medien *Below the Line* diskriminiert werden, überlässt man sie nicht mehr, wie das vorher der Fall war, grundsätzlich den Anfängern und Schwachbegabten der Kommunikationszunft. Man findet in den Spezialagenturen heute nicht nur Spezialisten, sondern auch Talente.

Das ist die positive Seite der Entwicklung von Spezialagenturen. Die negative Seite der Entwicklung tritt in diesen Jahren jedoch immer deutlicher in Erscheinung und sie wiegt schwerer. So wünschenswert der durch die jungen Agenturtypen ausgelöste Wettbewerb der Medien ist, so schädlich wirkt er sich dann aus, wenn es an koordinierenden Universalstrategen für die Mediaplanung fehlt. An diesen fehlt es in fast allen Werbung treibenden Unternehmen jedoch ebenso wie an den finanziellen Mitteln, um von allen Spezialagenturen vergleichbar hohe Leistungen einzukaufen. Es fehlt an universell ausgebildeten Mediastrategen und an Geld. Deshalb ist der Zusammenschluss von Spezialagenturen zu universal ausgerichteten Kommunikationsagenturen wünschenswert geworden.

Die *integrierte Kommunikation* ist dringend gefragt, ich erwähnte es bereits. Entsprechende Angebote werden auch von fast allen großen Agenturkonzernen gemacht. Der Haken dabei ist, dass der schöne Schein der Angebote trügt. Tatsächlich arbeiten die verschiedenen Spezialagenturen innerhalb der größeren Unternehmenseinheiten wie bisher weitgehend unabhängig voneinander und unkoordiniert nebeneinander. Sie setzen ihr traditionelles Spezialistentum im Schoße und Schutze ihrer Mütter fröhlich fort und sind auch stolz darauf. Ein interdisziplinärer Erfahrungsaustausch unter den unterschiedlich ausgebildeten Mediaspezialisten der verschiedenen Agenturtypen findet praktisch nicht statt. Das ist menschlich und fachlich verständlich.

Die integrierte Kommunikation kann erst dann erfolgreich organisiert werden, wenn in allen Spezialbereichen das gleiche, gemeinsame Mediaverständnis erreicht worden ist, ein solches eben, das unserer kleinen Geschichte und der großen, realen Mediawelt entspricht. Erst dann, wenn sich die vielen Agenturexperten nicht mehr nur rhetorisch und spekulativ der Marke verpflichten, sondern in einem gemeinsamen Interesse an der Marke und den Umständen ihrer Entstehung arbeiten, wird einem umfassend verantwortlichen Agenturstrategen die Koordination der Medien gelingen.

Den Traum von der integrierten Kommunikation muss man sich selbst erfüllen

Kaufen kann man sie nicht, die integrierte Kommunikation, nicht einmal in größeren Teilen. Damit sie mit Unterstützung der Agenturen Wirklichkeit wird, müssen die markenverantwortlichen Manager noch viel fachliche Überzeugungsarbeit leisten und als Auftraggeber auch wirtschaftlichen Druck ausüben. Wahrscheinlich wird kein einzelner Auftraggeber in absehbarer Zeit genügend Wirkung erzielen; wahrscheinlich bedarf es einer Einflussnahme durch viele bedeutende Auftraggeber, um die Integration der Kommunikation in der gebotenen Eile zu erreichen. Dem Markenverband könnte in diesem Bemühen eine wichtige Rolle zufallen.

Ein Markenmanager braucht mindestens drei Typen von Dienstleistern, um sein Branding auf hohem professionellem Niveau betreiben zu können. Er braucht Dienstleister, die ihm Informationen liefern, Dienstleister, die seine Informationen gestalten, und Dienstleister, die für ihn Informationen senden. Informationsempfang, Informationsgestaltung und Informationssendung sind die drei Funktionen, für die er Expertenhilfe braucht und denen er alle Expertenangebote zuordnen kann. Die Unterscheidung und Zuordnung der Expertenangebote ist allerdings nicht immer ganz einfach; die Anbieter machen es dem Entscheider nicht gern leicht. Fast alle Dienstleister greifen leider gern über den eigenen Kompetenzbereich hinaus in fremde Kompetenzbereiche hinein.

Werbeagenturen, vor allem die klassischen, haben für ihre Übergriffe ein starkes Argument gefunden, das Grundprinzip der Kommunikation. Kommunikation ist schließlich keine Einweginformation, sondern prinzipiell als Dialog zu verstehen. Wer erfolgreich senden will, muss die Reaktionen auf seine Sendungen kennen; wer gehört werden will, muss zuhören können. Zweifellos ist unter diesem Maßstab auch der Wechsel der Titel von Werbeagentur zu Kommunikationsagentur berechtigt. Ebenso zweifellos war es auch richtig, dass sich die Sendungsbeauftragten bereit gefunden haben, die Ohren zu spitzen und mithilfe der Forscher in die Märkte hineinzulauschen, die sie mit ihren Sendungen bewegen wollen.

Theoretisch war also die Integration der Marktforschung in das Angebot der Werbeagenturen durchaus richtig. Ebenso wenig wird man daran zweifeln können, dass es theoretisch richtig war, den sendungsbeauftragten Agenturen auch die Gestaltung ihrer Sendungen zu übertragen. Schließlich ist die Gestaltung der Sendungen doch auch auf die unterschiedlichen Medien abzustimmen. Weil sie andererseits auch durch die Informationen aus der Forschung zu bestimmen ist, kann man die Informationsgestaltung sehr wohl als das Bindeglied zwischen dem Informationsempfang und der Informationssendung betrachten. Theoretisch sollte also die Kommunikationsagentur der ideale Lieferant für alle drei genannten Dienstleistungsarten sein und weitere Lieferanten überflüssig machen. Warum sieht die Praxis anders aus?

Theoretisch verkörpert die Kommunikationsagentur das Kommunikationsprinzip. Praktisch konnte sie jedoch bis heute weder die Marktforschungsinstitute noch die Designagenturen verdrängen. Was ist der Grund dafür, warum gibt es bis heute noch keine Kommunikationsagentur, die die Leistungen der Experten aus den anderen beiden Funktionsbereichen auf gleich hohem Niveau bieten kann? Wir leben doch in einer Zeit der *Business Migrations,* und es wäre ja eigentlich nicht nur theoretisch schlüssig sondern auch praktisch viel einfacher, als Markenmanager mit nur einem Kommunikationsdienstleister zu arbeiten. Woran hapert es?

Ich habe viele vernünftige Erklärungen dafür gehört, warum es bis heute keiner Kommunikationsagentur gelungen ist, Forschung und Design auf dem gleichen hohen Niveau zu liefern, wie das die Forschungs- und die Designinstitute können. Ebenso vernünftige Argumente hat man mir dafür geliefert, dass man schon in kürzester Zeit in der Lage sein werde, in allen drei Funktionsbereichen auf gleich hohem, also wettbewerbsfähigem Niveau zu arbeiten und damit endlich die erwünschte integrierte Kommunikation ohne Abstriche zu liefern. Die Argumentation für die Teilung der Funktionsbereiche hat mich ebenso wenig überzeugt wie die Argumentation für ihre Verbindung.

Die Argumentation für eine Verbindung der drei Funktionsbereiche innerhalb einer Agentur habe ich für mein eigenes Unternehmen schon vor mehr als dreißig Jahren benutzt – und sie hat mich getäuscht. Zehn, fünfzehn Jahre später habe ich sie von mehreren Chefs bedeutender Werbeagenturen gehört, verbunden mit imponierenden Unternehmensplanungen. Das waren wiederum Täuschungen. Bis heute konnte niemand die Vision eines Dienstleistungsunternehmens verwirklichen, das tatsächlich alle drei Funktionen aus einem Guss liefert. Die Ursache dafür?

Die Ursache für das Auseinanderfallen einer hochklassigen Kommunikationsleistung in die drei Funktionsbereiche Forschen, Gestalten, Senden liegt meines Erachtens nicht im Rationalen, sondern tief in der menschlichen Natur. Sie liegt im Wesen des Menschen begründet wie in dem der Marke. Die Marke entspricht ja der menschlichen Natur. Wie die Energie eines Menschen in seinem Wesen begründet ist, so ist auch die Energie einer Marke an ihr Wesen gebunden. Ihr innerstes Wesen ist als ihre Energiequelle anzusehen. Und genauso wie bei Menschen und Marken verhält es sich bei dichten menschlichen Gemeinschaften, bei Unternehmen. Die Energiequellen solcher Gemeinschaften sind in der Wesensart zu suchen, die ihren Ursprung begründet haben. Die Begabungen der Unternehmen sind jeweils an die Wesensart gebunden, der sie ihren Ursprung verdanken.

Jeder der drei Typen von Dienstleistungsunternehmen hat seinen Ursprung in einer anderen menschlichen Wesensart. Jeder Typus verlangt für eine glückliche Entwicklung seiner Begabung bis hin auf ihr höchstes Niveau die uneingeschränkte Verfügung über seine wesensbestimmende Energiequelle. Die Energiequellen für Forscher, Designer und Werber unterscheiden sich wesentlich. Insgeheim weiß das auch jeder Vertreter der drei Berufsgruppen. Der Forscher will wissen, ihn drängt die Neugier. Der Designer will sehen, ihn drängt es zur Schönheit. Der Werber will senden, ihn drängt es auf die Bühne. Ruhm, Geld und Macht wollen sie zwar alle, aber doch auf sehr unterschiedliche Art und Weise. Still, fast einsam arbeiten die Forscher, lärmend und geschäftig die anderen, die Werber, kapriziös abgehoben die dritten, die Designer.

Der kluge Auftraggeber tut gut daran, alle drei Mitarbeitertypen so zu nehmen, wie sie sind. Ändern kann er sie nicht, bestenfalls kann er ihnen helfen, sich als Markenfachleute weiterzubilden.

Markenführung

Erfolgreiche Markenführung führt über den Einkauf

Markenführung ist nicht nur mittelbare, mediale Menschenführung sondern auch ganz unmittelbare, persönliche Menschenführung, Mitarbeiterführung. Klappt die Mitarbeiterführung nicht, dann wird aus der medialen Markenkommunikation auch nichts Gescheites. Nicht zuletzt deshalb, weil begabte und einigermaßen erfahrene Kommunikationsfachleute verhältnismäßig knapp und nicht immer ganz so leicht zu behandeln sind wie Untergebene. Ob man sie ständig oder nur fallweise entlohnen muss, ist dabei nicht ganz unwichtig, aber doch von untergeordneter Bedeutung. Der Erfolg des Markenmanagers wird in jedem Fall dadurch bestimmt, ob er ein kluger Auftraggeber ist und letztlich ein kluger Einkäufer.

Die wenigsten Markenmanager handeln als kluge Einkäufer. Unter anderem auch deshalb ist die Zahl der erfolgreichen Markenmanager so klein. Wer auf beiden Seiten des Schreibtisches gesessen hat und sowohl als Auftragnehmer als auch als Auftraggeber genügend Erfahrungen sammeln konnte weiß, dass es so ist. Es gibt in der Welt des Markengeschäftes schrecklich viele ungeschickte, naive, törichte und unglückliche Auftraggeber. Das hat mehrere Ursachen. Die erste Ursache ist Ihnen nach der Lektüre der Seiten über das Geschäft der Werbeagenturen sicher schon klar. Das bunt schillernde Treiben der jungen Branche der Markendienstleister ist in seiner Struktur, seiner Fähigkeiten, seinen Spielregeln und seinen Motivationen nicht so leicht zu durchschauen wie die Arbeit älterer, gefestigter Branchen. Der Beschaffungsmarkt des Markenmanagers ist logischerweise nun einmal gerade so jung wie das Markenmanagement und noch ebenso schwammig wie dieses.

Im Sinne des Markenmanagements strukturierte Branchen, um eindeutige Kompetenzschwerpunkte gebildet und durch klare Grenzverläufe gekennzeichnet, existieren noch nicht. Eine Markenbranche existiert weder auf der Ebene der Unternehmungen noch auf jener ihrer Mitarbeiter beziehungsweise der verschiedenen Berufsgruppen. Alle wollen alles, alle können fast alles, alle versprechen alles. Das gibt es in keiner etablierten Branche. Man muss sich wundern, dass nicht infolgedessen alle Markenmanager als Einkäufer eine traurige Figur machen. Ich bewundere wirklich jeden, der es schon heute schafft, seinen Dienstleistungsbedarf erfolgreich zu decken. Er beweist Ausnahmeformat.

Das alte Kaufmannswort gilt auch für den Markenmanager: Im Einkauf liegt der Gewinn. Der kluge Einkauf ist die praktische Erfolgsgrundlage des Markenmanagers. Wahrscheinlich gehört zum erfolgreichen Einkauf von Dienstleistungen, also weitgehend immateriellen Produkten, immer mehr menschliches Format als zum Einkauf materieller Güter. Handelsware, Rohstoffe, Halbfertigprodukte, Betriebshilfsmittel – alles was messbar und infolgedessen auch objektiv bewertbar und vergleichbar ist, fordert vom Einkäufer doch nicht viel mehr als Fleiß, Sorgfalt und Unbestechlichkeit. Seine Unbestechlichkeit ist dabei von einer Art, die man wiederum kategorisch fordern, prüfen und im Notfall auch durch Sanktionen erzwingen kann. Dagegen ist man beim Einkauf etablierter Dienstleistungen trotz Konditionsregeln, Kalkulationsprinzipien, Preislisten und Gebührenordnungen, wie bei Anwälten, Ärzten, Wirtschaftprüfern und Steuerberatern, schon deutlich mehr gefordert, fachlich und auch menschlich.

Beim Einkauf von Dienstleistungen kommt immer besonders viel Image ins Spiel, schöner und weniger schöner Schein. Eine Anwaltssozietät mit mehr als hundert assoziierten Anwälten und einem Dutzend wohlklingender, internationaler Städtenamen auf dem Briefbogen hat es leicht, mehr zu versprechen, als sie halten kann. Viele Namen titelgeschmückt auf einem prächtigen Türschild aneinander gereiht, ein Empfang so großzügig wie in einem Grandhotel, würdige Damen darin, unendlich gepflegt bis in den Tonfall ihrer gnädigen Begrüßungsworte können schon einer großen Zahl schmaler Talente Deckung bieten. Dagegen kommt so leicht kein einzelner Anwalt an, mag er fachlich auch qualifizierter sein als die vielen anderen und außerdem noch mutiger und engagierter als jene. Seine Unscheinbarkeit bringt auch jenen Mandanten ins Zweifeln, dem voll bewusst ist, dass er für seinen Fall eigentlich nur einen einzigen Fachmann braucht und nicht 120. Er zweifelt, ob der eine Alleinstehende auf kollegiale Helfer und ansehnliche Damen verzichten würde, wenn er sich diese leisten könnte. Augenscheinlich kann er sie sich doch wohl nicht leisten. Wahrscheinlich deshalb, weil er wohl doch nicht ganz so qualifiziert ist.

Der Einzelkämpfer hat im Zeitalter der Industrialisierung aller Dienste etwas Tragisches bekommen. Der *Lonely Wolf* ist selbst in einer Branche, aus der man sich die Hilfe von Kämpfernaturen mit Biss erhofft, nicht mehr gefragt. Ich habe mich selbst mehrfach für große, glanzvolle Anwaltskanzleien entschieden und bin in solchen Superkanzleien auch schon lausig bedient worden. Aber werde ich sie deshalb künftig meiden? Kaum. Werde ich dann wenigstens einen kühlen Kopf behalten und unbestechlich prüfen, wer mir als Vertreter meiner Rechte aus der großen Schar seiner Kollegen verkauft werden soll? Ich hoffe es. Nach all meinen Erfahrungen sollte ich mich längst sicher fühlen, tue es aber leider nicht.

Wenn es nun schon einiger Erfahrung und Charakterfestigkeit bedarf, um in den geordneten Verhältnissen der Anwaltsbranche erfolgreich einzukaufen, wie viel schwieriger muss dann der erfolgreiche Einkauf in den noch völlig ungeordneten Verhältnissen der Branche der Markendienstleister sein? Wie viel mehr ist jeder zu bewundern, dem es gelingt, dort richtig zu wählen und zu entscheiden? Ich erinnere mich in diesem Zusammenhang an einen Mann, der scheinbar mit einer besonders glücklichen Begabung, auf jeden Fall aber mit Glück gesegnet war. Er war nicht der Eigentümer des Unternehmens, das er führte, aber er führte es wie ein Eigentümer. Er war durch große Distanzen zu den Eigentümern seines Unternehmens vor Einmischungen geschützt und die Eigentümer waren zwei, zu denen er sich als lachender Dritter positionieren konnte. Er hatte seine soziale Position glücklich gewählt, von Anfang an, schon vor Abschluss seines Geschäftsführervertrages.

Der Glückspilz war ein Manager mit mehr Unternehmerfreiheit, als viele Unternehmer und die meisten seiner Kollegen behaupten könnten. Der Preis, den er für seine Unternehmerfreiheit bezahlen musste, war nach meinen Maßstäben bezahlbar. Er lebte bescheiden als er anfing. Sein Unternehmen war klein und hatte wenig Geld, jedenfalls als er es übernahm. Als er es seiner Eigentümerschaft zwanzig Jahre später zurückgab, war es rund zwanzig Mal so groß und recht ertragreich. Natürlich musste der Mann über sein Einkäufertalent hinaus eine Reihe weiterer Fähigkeiten unter Beweis stellen, um seinen Weg zu machen. Ich habe auch diese bewundert, soweit ich sie abschätzen konnte. Weil sie hier jedoch nicht der Veranschaulichung eines vorbildlichen Dienstleistungseinkäufers dienen, spare ich sie aus. Ich bin auch davon überzeugt, dass sie ohne sein Einkaufstalent kaum auffällig geworden wären. Mit seiner Fähigkeit zum *Outsourcen*, zur Delegation wettbewerbsentscheidender Leistungen an Lieferanten, war er jedoch seiner Zeit deutlich voraus.

Der Mann, den ich hier als Vorbild eines klugen Auftraggebers für Dienstleister aus dem Markengeschäft vorstelle und dessen Name ich wie immer aus prinzipiellen Vorbehalten und aus persönlicher Verpflichtung verschweige, war und ist ein hochbegabter und versierter Ratnehmer. Da er außerdem ein Herr ist und in mancher Beziehung etwas altmodisch, stelle ich Ihnen hier förmlich Herrn Phil Ratnehmer vor. Ratnehmer gehört einer seltenen Spezies an. Aus meiner Berufserfahrung als Ratgeber weiß ich, dass es sehr wenige Menschen gibt, die einen Rat annehmen können. Unter Rat verstehe ich nicht eine Information, die zu nichts verpflichtet, sondern eine Erkenntnis, die logische Handlungskonsequenzen zur Folge hat. Ein solcher Rat ist furchtbar lästig. Das Sprichwort »Guter Rat ist teuer« sagt nur die halbe Wahrheit. Den guten Rat zu hören ist nicht teuer. Ihn zu bezahlen auch nicht, wenn er wirklich gut ist. Ihn anzunehmen und zu befolgen – das ist teuer. Das kostet große Überwindung.

Die meisten Menschen sind eher bereit, auf Reichtum und Ruhm, Gesundheit und Harmonie zu verzichten, nehmen eher Entbehrungen, Verzögerungen, Umständlichkeiten, Kriege und Selbstverstümmelungen aller Art in Kauf als einen Rat. Die große Zahl der Ratsucher und Ratfrager kann den erfahrenen Ratgeber über diese Tatsache nicht hinwegtäuschen. Die Zahl der Ratfrager ist viele Male größer als die der Ratnehmer. Unter den mehr als hundert Auftraggebern, die ich in meiner Praxis bedienen durfte und die mich dafür auch anständig bezahlt haben, finde ich trotz angestrengter und wohlwollender Erinnerung kein Dutzend Ratnehmer. Ich vermute, dass es anderen Beratern bei kritischer Prüfung ihrer Wirkungsbilanzen nicht besser geht, ja dass sie eher zu noch traurigeren Zahlenverhältnissen kommen. Denn immerhin habe ich schon früh auf manchen Ratfrager als Auftraggeber verzichtet, weil er mir als Ratnehmer untalentiert schien. Unter den nach meiner Verdächtigung Untalentierten waren viele Chefs bedeutender Unternehmen. Mein Verdacht, es mit einem Untalentierten zu tun gehabt zu haben, wurde fast immer irgendwann bestätigt.

Ich habe oft über die Ursache der Schwierigkeit, einen Rat anzunehmen, nachgedacht. Salopp gefasst möchte ich meine Einsicht so formulieren: Die Ursache ist dummer Stolz. Wer es nicht schafft, an die Stelle seines Stolzes darauf, viel zu wissen, den Stolz setzen zu können, schnell zu lernen, wird kein Ratnehmer. Wer nicht die Kraft aufbringt zur Verwandlung von dummem Stolz in klugen Stolz, hat keine Chance, in den Genuss einer erfolgreichen Ratnehmerschaft zu kommen. Der, dessen Eigenliebe so unlösbar mit der Vorstellung seiner Omnipotenz verbunden ist, dass er die schmerzliche Erfahrung seiner Grenzen nicht ertragen kann, bleibt auf die bescheidene Mitgift seiner naturbegrenzten Möglichkeiten beschränkt.

Von Natur aus sind wir alle beschränkt und zunächst auch Solipsisten. »Ich, ich, ich!«, nur ich – *solo ipso,* sagt das Kind. Jedes Kind ist Solipsist, viele bleiben es lebenslänglich. In Wirtschaft und Politik, aber auch in Wissenschaft und Schulwesen erscheinen sie häufig im Glanze bewundernswerter Stärke und sind beliebte Objekte der Medien, Idole. Die Ratnehmer genießen niemals so viel Beifall wie die Solipsisten. Dafür werden sie aber auch nicht so schamlos betrogen, getäuscht und geplündert von den zahllosen Schmeichlern und Heuchlern. Sehr viele Dienstleister leisten dem Solipsisten de facto nur den Dienst der Schmeichelei.

Die Erfolgsgeheimnisse des sagenhaften Phil Ratnehmer

Ratnehmer war und ist sicher auch heute noch ein Ausnahmemensch, ein totaler Menschen-Mensch. Er produzierte seine Schokolade zwar mit Ernst und Hingabe, aber eigentlich interessiert er sich nur für Menschen. Sein persönlicher Schokoladekonsum war beachtlich, aber sein Appetit auf Menschen sehr viel größer. Ich weiß nicht, ob Ratnehmer heute noch, nach Beendigung seiner glorreichen Berufslaufbahn, das Kilo pro Woche schafft, aber ich wette darauf, dass er noch heute jede Woche wenigsten einen Menschen zu sich nehmen muss, um gesund zu bleiben. Ratnehmers Neugier auf Menschen ist unersättlich.

Ratnehmer kann zuhören. Er kann lauschen. Er hört und lauscht und spürt, was mit den Worten seiner Gesprächspartner gemeint ist. Er hört und lauscht und spürt beinahe vorurteilslos, ohne Ansehen des beruflichen und gesellschaftlichen Standes seines Opfers. Ob Putzfrau, Lehrling, Arbeiter, Unternehmer, Künstler, Bundeskanzler, Kunde oder Lieferant: Jeder Gesprächspartner wird von Phil Ratnehmer als Mensch angenommen, ausgelotet und ausgeschöpft. Ämter, Firmengehäuse, Institutionen treten hinter den von Ratnehmer vereinnahmten Menschen für ihn bis zur Bedeutungslosigkeit zurück. Jedenfalls während der Zeit, in der die Menschen Ratnehmers Interesse haben, während der Viertelstunden oder Stunden, in denen sie ihm zu Diensten sind.

Alle Menschen, die mit Phil Ratnehmer ins Gespräch kommen, dienen ihm. Alle leisten ihm kleinere oder größere Dienste, ob sie es wissen oder nicht, ob sie von ihm bezahlt werden oder nicht. Alle Menschen in seiner Umgebung sind Ratnehmers Ratgeber, gern und willig. Man sieht ihm an, dass er es ernst meint, und man gibt ihm, was man geben kann. Man sieht, dass er sich freut, und man freut sich darüber, ihm eine Freude machen zu können. Man freut sich darüber, dass man es kann, ja dass man sogar mehr zu geben hat, als man bisher gewusst hat. Ratnehmer holt aus seinen Gesprächspartnern fast immer mehr heraus, als diese selbst für möglich gehalten haben. So macht er sie stolz und glücklich.

Ratnehmer fragt und lauscht mit großer Geduld. Die Auskünfte seiner Gesprächspartner schreibt er sehr sorgfältig auf die Blätter eines kleinen Notizblöckchens, das er zu jedem Gespräch bei sich führt und vor sich auf den Tisch legt. Unter seinen großen, gepflegten Händen, die den Kugelschreiber immer ruhevoll und diszipliniert führen, geht keine der wertvollen Äußerungen des Befragten verloren. Es ist ein erhebendes Gefühl zu erleben, wie Äußerungen, die man selbst kaum jemals notiert hätte, von einem großen Herrn mit Sorgfalt und Respekt zu Papier gebracht werden. Ich habe es oft genossen.

Nun habe ich schon vier der Erfolgsgeheimnisse von Phil Ratnehmer aufgedeckt. Das erste Geheimnis seines Erfolges ist und bleibt ein angeborenes Talent. Er ist ein talentierter Manager, ein Menschen-Mensch, ein Mensch mit angeborener Sozialkompetenz, wie man heute gern sagt. Für sein Talent kann er zwar nichts; ein Verdienst bleibt jedoch, dass er sich dessen bewusst geworden ist und es als Grundlage seiner Erfolge pflegt. Sein zweites Geheimnis nannte ich einleitend. Es ist das Ergebnis einer bedeutenden charakterlichen Leistung. Er hat gelernt, dass es wichtiger ist zu lernen als zu wissen. Er hat die primitive Form seiner Eitelkeit bezwungen. Er hat gelernt, von anderen zu lernen.

Sein drittes Erfolgsgeheimnis ist ein Ergebnis seiner humanistischen Bildung, seiner Humanität, seiner Achtung des Menschen. Er kann von jedem Menschen lernen, ist als Ratsucher und als Ratnehmer unabhängig von schmeichelhaftem dekorativem Beiwerk, von Titeln und vom Glanz der Institutionen. Ratnehmer ist souverän. Er bedarf keiner Bestätigung seiner eigenen Würde durch andere, offizielle Würdenträger. Sein viertes Erfolgsgeheimnis ist nicht nur ein Produkt seines natürlichen Talentes, sondern ebenso sehr einer durch viel Übung und Disziplin erworbenen Kultur, der Kultur eines Zuhörers. Ratnehmer hört nicht so zu, wie das allgemein üblich ist unter gebildeten Leuten, aus Höflichkeit und so lange, bis der andere endlich ausgeredet hat, sondern in hochgespannter Aufmerksamkeit. Sein Zuhören ist Arbeit. Er ist ein Hochleistungszuhörer. Aber das ist noch nicht alles.

Phil Ratnehmer wäre trotz all seiner ihn freudig bedienenden Dienstleister schlecht bedient gewesen, wenn er nicht eine weitere Begabung zu hoher Reife entwickelt hätte. Wenn er nicht die Fähigkeit entwickelt hätte, Ordnung zu machen und Kurs zu halten, wäre er jämmerlich zugrunde gegangen. Nicht nur die Fülle der Ratschläge, sondern auch die mit ihrer Verwertung verbundenen Kosten hätten ihn ruiniert. Weil Ratnehmer jedoch diszipliniert ist, jeden Ratschlag erst einmal zu Protokoll nimmt und dann in aller Ruhe bedenkt und einordnet, braucht er nur einen Bruchteil der empfangenen Informationen zu verwerten. Weil er obendrein sparsam ist, braucht er auch nur das zu bezahlen, was er dann schließlich nach sorgfältiger Überlegung ausdrücklich in Auftrag gibt und als Auftragsergebnis annimmt. Ratnehmer hat unglaublich günstig eingekauft. Ich war darüber nicht immer besonders glücklich, aber ich habe ihn bewundert.

»Wie schafft der Mann das nur, nicht in der Fülle seiner Interviewnotizen zu ersaufen? Wie schafft er es, seine vielen Notizen zu verarbeiten, zu ordnen, das Wichtige vom Unwichtigen zu trennen, festen Boden unter den Füssen zu behalten auf seinen Wanderungen durch die sumpfigen Landschaften seiner Meinungsbefragungen? Was gibt ihm die Kraft, den vielen lockenden Irrlichtern zu widerstehen?« Das haben wir uns oft gefragt, meine Kollegen und ich. Fleißige Informationssammler gibt es ja viele und die meisten von ihnen bieten ein bedauernswertes Bild. Je mehr sie sammeln, desto unsicherer werden sie. Unser Mann aber, Ratnehmer, geht festen Schrittes seinen Weg, ohne auf irgendeine Information zu verzichten, ein Phänomen unter den Sammlern. Was schützt ihn vor der großen Verwirrung?

Die Antwort auf diese Frage wird für alle Menschen in der stetig steigenden Informationsflut unserer Kommunikationsgesellschaft immer wichtiger. Was müssen wir tun – so offen, wie wir heute alle gern sein wollen –, um nicht die Orientierung zu verlieren? Es gibt eine Antwort, eine einzige.

Ratnehmer ist keinen Augenblick in Gefahr, die Orientierung zu verlieren, locken ihn auch noch so viele Attraktionen. Hat er seine Interviews beendet, seine Notizen gesichtet, die vielen reizvollen Bilder mit Abstand an sich vorüberziehen lassen, dann wendet er den Blick ab von all seinen Funden und aufwärts zu seinem Stern. Ratnehmer verliert die Orientierung nicht, weil er einen Fixstern hat, seine Idee. Er lebt mit seiner Idee, sie erfüllt und leitet ihn. Das klingt metaphysisch, ich gebe es zu. Aber es ist eine Realität. Die vielen zentrifugalen Kräfte, denen sich der Sammler aussetzt, können ihn nicht gefährden, weil sein Sammlerstreben fest verankert ist in einer Idee.

Über die Kraft der Idee ist viel geschrieben worden, von größeren und kleineren Denkern. Die meisten Untersuchungen scheinen von der Furcht vor ihr geleitet worden zu sein, denn sie münden in negative Bewertungen. Sie prophezeien dem, der sich einer Idee verschreibt, einen ähnlichen Verlust wie jenem, der seine Seele dem Teufel verschreibt. Ich teile diese Furcht nicht, Ratnehmer auch nicht. Wir sind aber wohl auch beide nicht in Teufelsfurcht erzogen worden. Wir glauben, dass man sich ohne eine verpflichtende Idee, die Idee von einem zentralen Wert, dem man sich persönlich verpflichtet, nicht mit Sicherheit vorwärts bewegen kann. Also empfehle ich guten Gewissens, sich an Ratnehmers Orientierungssicherung zu orientieren.

Ratnehmers Idee ist die Idee von einem bestimmten menschlichen Wert, dem seine Arbeit zu dienen hat. Es ist an dieser Stelle nicht hilfreich, seine Wertidee zu beschreiben; Ratnehmer selbst würde es auch an anderer Stelle kaum tun. Nur so viel ist hier zu ihr zu sagen: Seine Wertidee ist seine Markenidee. Sie dient ihm als Maßstab für alle Entscheidungen, die er als Einkäufer von Dienstleistungen zu treffen hat. Was seiner Markenidee entspricht, das ist eine nützliche Dienstleistung, was ihr nicht entspricht, eine schädliche. Ohne sie käme er nie zur Ruhe. Weil Ratnehmer seine Markenidee verinnerlicht hat, liefert sie ihm Maßstäbe, deren Empfindlichkeit seine Fähigkeiten zur intellektuellen Kontrolle weit übertreffen, Gefühlsmaßstäbe. Weil er seine Gefühlsmaßstäbe sein Leben lang gepflegt hat, kann er sich auf sie verlassen. Das muss er auch können, denn keines der ihm zu Gebot stehenden technischen Prüfungsverfahren reicht weit genug in die Tiefen seines Wertempfindens hinab, um ihm die Sicherheit zu geben, die er für seinen Seelenfrieden braucht.

Im dritten Teil gehe ich näher auf das ein, was ich inhaltlich unter Markenidee verstehe. An dieser Stelle schulde ich Ihnen zunächst eine andere Information, und zwar die Information über eine erfolgreiche Technik der Orientierung seiner Mitarbeiter an einer Markenidee. Es ist eine Harmonisierungstechnik. Ratnehmer praktiziert sie ständig. Sie fällt ihm nicht schwer, weil er Menschen mag und ein unerschütterliches Selbstbewusstsein hat. Sie ist simpel, doch sie wird meistens nur zufällig und selten konsequent angewendet: die Technik der multilateralen Kommunikation.

Die meisten Manager verfahren nicht nur im Umgang mit den ihnen unmittelbar unterstellten Mitarbeitern, sondern auch im Umgang mit ihren Lieferanten nach dem Motto *divide et impera*. Sie halten ihre Dienstleister auseinander, vermeiden, dass sie miteinander in Berührung kommen. Sie kommunizieren mit jedem einzelnen von ihnen getrennt. Kaum jemand, der so verfährt, ist sich dessen bewusst, dass er weniger von einem taktischen Talent geleitet ist als von der Furcht um seine Macht. Das Bestreben der Einkäufer, ihre Lieferanten zu beherrschen, behindert ihr Streben nach optimalen Beschaffungserfolgen. Ihre Beschaffungserfolge bleiben deshalb suboptimal, weil die optimale Beschaffungsleistung nur als das Gesamt aller Einzellieferungen erreichbar ist. Wie jeder weiß, ist das Ganze mehr als die Summe seiner Teile. Wer also Teilleistungen voneinander isoliert bewerten und beschaffen muss, kann logischerweise nicht das optimale Ganze erreichen.

Phil Ratnehmer versammelt gern alle seine Markendienstleister, furchtlos und ohne sich um ihre Berührungsängste zu kümmern. Er kommuniziert häufiger multilateral als bilateral. Seine Meetings sind nicht bei allen Teilnehmern beliebt, aber sie sind effektiv. Manche Teilnehmer beklagen, dass ihre kostbare Zeit dadurch verschwendet würde, anderen Spezialisten in ihren speziellen Ausführungen zuhören zu müssen. Das kann man verstehen. Größere Meetings mit vielen Spezialisten ziehen sich ja häufig über einen langen Arbeitstag hin und sind auch oft ganz schön anstrengend. Da muss der Marktforscher mit anhören, was der Wettbewerbsrechtler zu sagen hat, der Packungstechniker das, was der Controller zu Bedenken gibt, der Psychologe einem Entwicklungstechniker zuhören, der Mediafachmann dem Designer und so weiter, und so fort, reihum ein jeder Spezialist allen anderen Spezialisten folgen. Und am Kopfende der langen Tafel wacht ein unermüdlicher Patron darüber, dass keiner schläft.

Natürlich ist Ratnehmer ein Despot, aber ein guter, ein kluger. Mit gnadenloser Freundlichkeit wird jeder, der sich längst weit über die Grenzen seiner Spezialistenpflicht hinaus gefordert fühlt, von ihm darin bestätigt, wie wertvoll es für ihn ist, dazuzulernen. Er schult seine Dienstleister, sanft, zäh und gemeinschaftlich. Und das immer wieder, über Wochenabstände hin unregelmäßig, über die Monate hin regelmäßig und so Jahr für Jahr durch interdisziplinäre Meetings. Keiner darf fehlen; wer ausbrechen will, riskiert das traurige Unverständnis seines Herrn. Das will niemand.

So macht ein Markenmanager aus eigensinnigen, detailverliebten Spezialisten ein am Ganzen, an seiner Marke orientiertes Expertenteam. So hat Phil Ratnehmer zwanzig Jahre lang seine Dienstleister geführt, die freien untermischt mit den festangestellten, ohne Ansehen von Titel, Einkommen, Alter und Schönheit. Wer liefern will, muss mitmachen. Wer nicht mitmachen will oder kann, ist kein Verlust für das Ganze. Auch prominente, finanziell unabhängige und ausgesprochen selbstbewusste Experten lassen sich von einem Mann mit einer Idee jahrelang einbinden. Von einer starken Frau übrigens auch. Ob Mann oder Frau: Man bezahlt ja nicht nur mit Geld, man belohnt mit einer Aufgabe, mit Anerkennung und mit der Freude am Wettkampf.

Ratnehmers Meetingboard ist sein Fußballfeld, er am Kopfende der Tafel der Trainer seines Teams. Seine Spieler, auch die Stars, müssen zusammen spielen, ob sie wollen oder nicht. Absonderung ist unmöglich, Ratnehmer selbst braucht sie nicht zu verhindern. Die Mitspieler würden sie sofort bemerken und mit Protest verhindern. Alle wollen letztlich ja das Tor, die starke Marke, mit ihrem *Imageabstand* zu den Wettbewerbsmarken, genau so, wie es Ratnehmer unermüdlich zur Einleitung eines jeden Meetings predigt. Seine Mission schwebt als der heilige, einigende Geist über den Köpfen aller Teilnehmer: – »Imageabstand«. Ratnehmer selbst ist nur ihr demütiger Vertreter, der erste Diener seiner Marke.

Ein guter Markenmanager muss ein Missionar sein. Er muss für seine Markenidee Worte finden, mit denen er seine Mission in seiner Dienstleistergemeinde fest verankern kann. Die Worte müssen dicht und schlicht sein, und er darf sich nicht genieren, sie ständig zu wiederholen. Ratnehmer geniert sich nicht. Obgleich seine Predigt zum Imageabstand manchmal mit spöttischem Lächeln und seltener auch demonstrativ gelangweilt aufgenommen wird, sieht er keinen Grund, sich zu genieren. Er ist ja von dem Wert seiner Mission überzeugt. Ich erinnere, dass ihn einer seiner Bewunderer manchmal einen heiligen Narren nannte. Eigentlich sollte das jeder sein, der eine »mischn penetrieren« will, wie der anglophone Brandingexperte heute ohne Scheu vor einem Sakrileg sagt. Er hat auch mit seiner Wortwahl Recht, selbst wenn er es nicht weiß. Die Marke ist ein Objekt von numinoser Art, jener Art, die zugleich unerklärliches Vertrauen und Schauer auslöst. Ich komme darauf zurück, im vierten Teil dieses Buches.

Über die Technik der *multilateralen Kommunikation* hinaus beherrscht Ratnehmer also auch die Liturgik der *missionarischen Penetration.* Dadurch macht er seine Dienstleister zu Fans, zur elitären

Gemeinschaft, zu einer Gemeinde, wie sie jeder Missionar anstrebt. Ratnehmer hat seine Mission einmal gewählt und bleibt ihr treu. Seine Treue zu seiner Mission ist die Voraussetzung für die Treue seiner Dienstleister zu ihm. »Treue um Treue.« Würde er seiner Mission untreu werden, würde seine Dienstleistergemeinde von ihm abfallen. Das muss er aber gar nicht fürchten, denn er zieht ja nicht in Betracht, seiner Mission untreu zu werden.

Eine weitere Technik hilft dem Markenmanager, seine Lieferantengemeinde immer wieder neu zu motivieren. Es ist eine Technik, die triebhafter Neugier entspringt. Ratnehmer informiert seine Dienstleister immer wieder über markenrelevante Neuigkeiten, die er entdeckt hat, gleichgültig wie wertvoll sie ihm erscheinen. Er hält nichts zurück. Er gibt jede Information weiter. Er gibt sie an alle seine Dienstleister gleichzeitig weiter, meistens schriftlich, oft in Rundschreiben. Er beherrscht das Instrument der *provozierenden Rundschreiben*. Er gibt selbst intime persönliche Daten preis, seinen Reisekalender, die Hotels, in denen er wohnt und von wann bis wann, die Menschen, die er dort trifft, die Gesprächsthemen, die er dort behandeln will.

»Vertrauen verpflichtet«, also äußert sich Ratnehmer seinem Dienstleisterkreis gegenüber uneingeschränkt vertrauensvoll. In einer Gesellschaft, deren Spielregeln weitgehend von Misstrauen bestimmt sind und auch misstrauisch machen, wirkt ein solches Kommunikationsinstrument unwiderstehlich. Eigentlich ist es auch nicht richtig, von einem Instrument, einem *Tool* im Sinne heutiger Managementtechnokratie, zu sprechen. Es ist ein Stil.

Im Vorgriff auf meine spätere Behandlung des zentralen und wichtigen Themas Stil im vierten Teil des Buches und als Abschluss meiner Beschreibung eines vorbildlichen Dienstleistungseinkäufer im Markengeschäft noch eine abschließende Information über Ratnehmer: Weil er den Mut hat, sich zu zeigen, wie er ist, auszusprechen, woran er glaubt, zu fordern, was er braucht, und sich über berufständische Verhaltensnormen, modische Managementattitüden, zeitgenössische Vorurteile, Spekulationen, Duckmäuserei, Zynismus und Spöttelei einfach hinwegsetzt, ist er originell. Weil er Mut hat, darum wirkt er als ein Original, als echt, als Charakter, als vertrauenswürdig. Darum hat er Stil. Sein Mut ist die Grundlage seines Stils, jener dichten, bruchlosen und blasenfreien Originalität, die der

Italiener meint, wenn er sagt »lo stile e l'uomo«, der Stil macht den Menschen. Ratnehmers Stil umfasst die Wirkungen all seiner Talente, Fähigkeiten, Techniken und Tools als Dienstleistungseinkäufer.

Mit dieser letzten Information kann ich die Beschreibung eines vorbildlichen Dienstleistungseinkäufers abschließen und zugleich den Kreis schließen, der den Markenmanager mit seiner Marke verbindet. Das Talent des Markenmanagers, das sich in seiner Begabung als Dienstleistungseinkäufer zeigt, ist der Nährboden seiner Marke. Sein Selbstvertrauen, dem er seine Vertrauen stiftende Wirkung auf seine Dienstleister verdankt, sein vertrauenswürdiger Stil ist die Grundlage für den Erfolg aller seiner weiteren Bemühungen. Ein Mann mit Stil hat die beste Chance, eine Marke in die Welt zu setzen. Weil er selbst eine Marke ist, wie man früher scherzhaft von einem Menschen sagte, der sich nicht verstellen kann, ist er ihr idealer Repräsentant.

»Lo stile e l'uomo« habe ich zitiert, »lo stile e la marca« hätte ich zitieren können. Die großen Designermarken beweisen das faktisch. Tatsächlich ist aber auch Ratnehmers Erfolgsgeschichte ein Beweis für die Richtigkeit dieses Zirkelschlusses. Der Stil seiner Marke entspricht auch heute noch, Jahre nachdem er das Zepter aus der Hand gelegt hat, weitgehend dem seiner Person. Seine Handschrift wird niemals ganz verloren gehen, auch wenn sich seine Nachfolger alle Mühe geben, sie zu verwischen, wie das in der Wirtschaft so üblich ist. Die Erbschaft ist willkommen, die Spuren des Erblassers sind es nicht. Vielleicht wird man dann einmal damit aufhören, sie zu tilgen, wenn man sie als tragenden Bestandteil der Erbschaft zu schätzen gelernt hat. Bis dahin muss jeder Eigentümer einer Marke höllisch aufpassen, dass sein Eigentum nicht der Eitelkeit eines Nachfolgers in der Generationenkette seiner Manager zum Opfer fällt oder gar der Eitelkeit eines Lieferanten mit Markenmacherambition.

Der gute Regisseur ist unbeirrbar

Viele Manager, Agenturen, Institute und Berater unterschiedlichster Herkunft umkreisen neuerdings die Marke. Ihre Bewunderung wird von der Lust, sich ihrer zu bemächtigen, deutlich übertroffen.

Die Bewunderer gleichen beutehungrigen Raubtieren. Ein jedes von ihnen ist seiner eigenen Art und Arterhaltung durch seine Natur verpflichtet. Eine Dienstleisterart, deren Natur in Markenverständnis und Markenpflege wurzelt, gibt es noch nicht. Vereinzelte Mutanten haben sich noch nicht als neue Art durchgesetzt. So verhindert niemand, dass sich jeder der beutehungrigen Dienstleister gern zum Vertreter der Marke erklärt, um sie genüsslich zu verspeisen – es sei denn ein wachsamer Markenmanager.

Wer mit Anteilnahme beobachten musste, welche Unsummen schon von Eigentümern und Managern gutgläubig der unersättlichen Dienstleistermeute geopfert wurden, wird meine Allegorie kaum für übertrieben halten. Er wird die Leistung jener Markenmanager umso höher einschätzen, die es verstanden haben, sich auf den unbesetzten Stuhl eines *Markenregisseurs* zu setzen, um sich von dort aus ruhevoll wie im Auge eines Wirbelsturmes die Energien der ihn umtosenden »Dienstleisterschaften« zunutze zu machen.

Sollten Sie einmal Gelegenheit haben, einen Regisseur vom Film, Fernsehen oder Theater bei seiner Arbeit zu beobachten, so könnten Sie durchaus einige Parallelen zwischen dessen Arbeit und der Ihren als Markenmanager ziehen. Ich wollte als junger Mann mehrere Jahre lang Filmregisseur werden, deshalb habe ich immer wieder einmal einen Blick in die Welt dieses Berufsstandes getan. Ein paar unverzichtbare Erfolgsbedingungen der Markenregie lassen sich durch die so viel populäreren Erfolgsbedingungen der Filmregie gut veranschaulichen.

Ein Regisseur arbeitet mit Menschen, nicht mit Institutionen. Sind diese Menschen in den Händen von Agenturen, so holt er sie sich dort. Er sucht sich immer und überall die Menschen aus, die er braucht. Um die zu bekommen, die er braucht, ist ihm fast jedes Mittel recht. Sein Respekt vor den Mittlern und Menschenhaltern ist gering. Er benutzt sie, lässt sich aber von ihnen weder steuern noch antreiben oder bremsen. Nur er selbst steuert, treibt und bremst seine Engagements. So sollte es auch der Markenmanager halten. Ob er sich ein halbes Dutzend, ein ganzes Dutzend oder zwei Dutzend Menschen leisten will und kann, ist dabei nebensächlich. Nur er selbst darf sie auswählen, denn er muss sie ja auch selbst in sein Werk integrieren, selbst für seine Markenvision begeistern, mit seinen eigenen menschlichen Fähigkeiten. Die Chemie zwischen ihm und allen seinen Dienst leistenden Mitmenschen muss stimmen. Niemand außer ihm selbst kann feststellen, ob sie stimmt.

Ein Regisseur, der einen guten Film machen will, kauft grundsätzlich die besten Fachleute, die er bekommen kann, für jede Funktion. Das beginnt schon beim Drehbuch. Ist sein Drehbuchautor schwach und das Buch witzlos, muss er gar nicht erst anfangen. Sein Drehbuch, das Kommunikationskonzept, ist das Suchprogramm für sein Ensemble. Seine persönliche Wirkungsvision ist sein Qualitätsmaßstab für die Suche. Er kauft nicht unter Preismaßstäben, sondern unter Qualitätsmaßstäben, schreckt auch nicht vor Stargagen zurück. Er weiß, welche Rolle ihm eine Stargage wert ist. Er hat einen Sinn für Proportionen, kann den jeweiligen Wirkungsaufwand zu seinem Wirkungsertrag ins richtige Verhältnis setzen. Weil er nicht unter Preismaßstäben kauft, kann ihn auch kein Hochstapler mit einer Stargage blenden. Deshalb ist er unbestechlich.

Ein guter Regisseur unterwirft sich auch keinem Star. Kein bedeutender Regisseur hat das jemals getan. Der Regisseur macht den Film, nicht der Star und schon gar nicht eine Versammlung von Stars. Ein Star, der sich nicht dem Regisseur und dessen Vorstellungen fügen kann, ist unbrauchbar. Ein brauchbarer Star fügt sich der Vision des Regisseurs intuitiv. Er übernimmt sie, nicht immer sofort und widerspruchslos, aber schließlich immer im Verständnis und Einverständnis mit der Vision. Die Komposition des Ganzen ist das Ziel des Regisseurs, der Beitrag jedes Stars immer nur eine Komponente, niemals wichtig genug, um vor die Wirkung der Komposition gestellt werden zu dürfen. Es gibt viele weitere Übereinstimmungsmerkmale zwischen Film- und Markenregie, den Kompositionsprozess, seine Dramaturgie, seine Wirkung und seine Nachwirkungen betreffend. Aber die hier aufgeführten Erfolgsbedingungen sind in beiden Fällen die wichtigsten für den Regisseur als Einkäufer: Menschen suchen, die bestgeeigneten, auch wenn sie teuer sind, sie mit Haut und Haar vereinnahmen und sie dann gnadenlos durch Dick und Dünn treiben.

Das Ensemble des Filmregisseurs ist groß, das Ensemble des Markenregisseurs eher noch größer. Es ist deshalb eher noch größer, weil es außer den fest besoldeten und den fallweise hinzugekauften freien Mitgliedern auch gänzlich freie Mitspieler umfasst, solche, die man nicht kaufen kann. Das sind jene, die bei der Markenbildung ungeladen mitspielen; ich habe sie schon als Stimmungsmacher erwähnt. Selbst wenn der Markenregisseur sie nicht kaufen kann, muss er sie doch im Blick behalten und indirekt, nämlich durch das von ihm bestimmte Spielgeschehen, steuern. Das gelingt ihm umso besser, je sicherer er das Spiel seiner festen und bezahlten freien Dienstleister im Griff hat.

Die festen Freien geben dem Markenmanager für den Erfolg seiner Inszenierung die größte Sicherheit. Sie geben ihm deshalb mehr Erfolgssicherheit als seine Festangestellten, weil sie spezialisierte Vollprofis sind und weil sie erfolgsabhängig honoriert werden, weil sie mehr Risiko tragen können und auch tragen. Jedenfalls sollte das so sein. Sehr große Unternehmen haben immer wieder einmal versucht, die freien Spezialisten durch Festangestellte zu ersetzen, und es schließlich immer wieder aufgegeben. Selbst die brillantesten Freien werden in der Geborgenheit eines sozialistisch gesicherten Arbeitssystems immer bald stumpf. Ein kluger Markenregisseur prüft deshalb sehr genau, bei welcher Arbeitsmenge und bei welchem Routinegrad es sich für ihn wirklich lohnt, aus einem freien Spezialisten einen Angestellten zu machen. Der Anteil von Festangestellten innerhalb seines Ensembles bleibt sicher auch nach diesbezüglich kritischen Prüfungen infolge der vielen administrativen Aufgaben immer noch groß.

Ich behaupte, dass der Anteil, die Qualität und die Zusammensetzung der freien Dienstleisterschaft für den Erfolg eines Markenmanagers besonders wichtig sind und dass deshalb seine Fähigkeit als Dienstleistungseinkäufer von entscheidender Bedeutung ist. Zu dieser Meinung bin ich schon zu einer Zeit gekommen, in der die Unternehmen noch nicht unter einem so hohen Kostendruck und unter so schlimmen steuer- und arbeitsrechtlichen Strangulationen gestöhnt haben wie heute. Weil ich nicht nur annehme, dass der Kostendruck weiter steigt, sondern weil ich auch und nicht zuletzt infolgedessen mit einer Auflockerung unseres deutschen Arbeitsmarktgefüges rechne, bleibe ich bei meiner Einschätzung. Die Bedeutung der zeit- und projektbegrenzten Arbeitsverträge wird stetig zunehmen. Der Markenmanager wird immer mehr zum Manager von *Human Resources*. Weil die Human Resources zwar nicht quantitativ, wohl aber qualitativ knapp sind, wird der am erfolgreichsten wirtschaften, der sich am besten auf die *Talente* versteht.

Ein Markenregisseur muss wenigstens drei Talente engagieren

Der Markenregisseur braucht in seinem Ensemble drei Dienstleistertypen auf hohem Niveau. Diese Typisierung folgt den Bedingungen gängiger Kommunikationstechnik. Jede Kommunikation lässt sich als ein Prozess von Informationsempfang, Informationsgestaltung und Informationssendung organisieren. Folglich braucht der Markenregisseur besonders begabte Informationsempfänger, Informationsgestalter und Informationssender. Alle drei Typen treten zwar in einer großen, fachlich differenzierten Variationsbreite auf, lassen sich aber doch über ihre spezifischen Begabungsmerkmale zuverlässig kategorisieren. Das muss der Markenmanager lernen.

Der Typus des Informationsempfängers ist in besonderem Maße verständnisbegabt. Er lebt als Kundschafter, Lauscher, Beobachter, Denker und Stratege. Er ist nicht besonders begabt als Darsteller und auch nicht als Kontakter. Seine Intellektualität behindert ihn. Der zweite Typ, der des Informationsgestalters, ist dagegen durch eine hohe Begabung als Darsteller, Ausstatter, Stylist geprägt und durch Sensualität und Ästhetik motiviert. Sein analytisches und intellektuelles Talent nimmt sich neben dem von Typ 1 eher bescheiden aus. Der dritte Typ, jener des Informationssenders ist zwar analytisch nicht so talentiert wie Typ 1 und sensuell auch nicht so wie Typ 2, aber dafür durch besondere Beweglichkeit ausgezeichnet. Er ist ein intuitiver Logistiker, ein geschickter Netzeknüpfer und ein Partisan im Kommunikationsdschungel, der ideale Mediamann. In ihrer Kreativität sollten sich die Vertreter der drei Typen möglichst wenig unterscheiden, denn die macht ja ihr hohes, gemeinsames Qualitätsniveau aus. Nur wer nicht weiß, was Kreativität ist, reserviert den Kreativitätsanspruch für die Vertreter von Typ 2, für Designer, Artdirektoren, Copywriter, Fotografen und andere mundartlich so genannte Kreative.

Die drei Typen zu unterscheiden, sie intuitiv zu erkennen, zu verstehen und ihren Begabungen entsprechend einzusetzen, ist für den Markenmager wichtiger als die Beachtung ihrer Titel, Ausbildungsgänge und Arbeitsplätze. Theoretisch findet er alle drei Typen in einer großen Werbeagentur, aber leider nur theoretisch. In der Praxis macht man es ihm schwer, sie dort zu entdecken. Theoretisch hätte die Werbeagentur mit ihrem breit angelegten Mitarbeiter- und Erfahrungsspektrum die allerbesten Voraussetzungen, um sich zur universalen Quelle für Kommunikationsdienstleister, zur Markenagentur zu mausern. Leider nur theoretisch, die realen herkunfts- und finanzierungsbedingten Hindernisse, die einer solchen Entwicklung entgegenstehen, habe ich Ihnen ja geschildert. Aber wer weiß. Erst vor wenigen Tagen las ich die folgenden einsichtsvollen Worte des Chefs einer großen, aber noch nicht riesigen Agentur: «Die Branche hat zu lange zu leicht zu viel Geld verdient: Jetzt steht sie vor dem Zwang zur inhaltlichen, substanziellen, organischen Veränderung.« Vielleicht darf man hoffen.

Bis die guten Vorsätze der Agenturreformer verwirklicht sind, bleibt dem Markenmanager der Weg durch die Spezialagenturen und -institute nicht erspart. Er braucht nicht nur Artdirektoren, kreative Wilde, sondern auch behutsame Stylisten und Ästheten. Die findet er mit Sicherheit eher in den Designstudios und -agenturen. Ob diese Designer aber auch kreativ sind oder nur ästhetisierende Formalisten, das muss er erst von Fall zu Fall herausfinden. Die meisten Designer sind ästhetische Schmalspurdogmatiker und vom Zeitgeist gefesselte Routiniers. Originale mit Saft und Kraft sind selten. Auch bei allen anderen Dienstleistungslieferanten dominieren die Routiniers, schmale Talente, die durch Kollegen und Auftraggeber in ihrer Spurtreue meistens nur bestätigt werden, sei es aus Bequemlichkeit oder aus ökonomischen Zwängen. Manche mögen talentierter und kreativer sein, als es ihre Arbeiten erkennen lassen. Der Aufwand, sie aus den tiefen Furchen ihrer Routine herauszuheben, ist jedoch immer erheblich. Er kostet viel Kraft, Zeit und Geld und lohnt sich testweise kaum. Außerdem gehört Glück dazu.

Hat man einmal mit viel Glück ein Designtalent aus der Enge seiner selbstsüchtigen Gewohnheiten befreit und für die Hingabe an ein neues Ziel gewonnen, so sollte man es binden und sehr pfleglich behandeln. In keinem anderen Leistungsbereich ist der Markenmanager so sehr auf Dienstleistungskontinuität angewiesen wie in der sensuellen Stilgebung seiner Kommunikation. Wenn die Design- und CI-Agenturen wüssten, welch hohe Bedeutung ihre Arbeit für die Markenbildung gewinnen könnte, würden sie ihre Selbstgefälligkeit sicher leichter überwinden und die notwendige Hingabefähigkeit entwickeln. Vielleicht würden sie dann sogar von den Werbeagenturen lernen und anerkennen, dass das Wort für die Entwicklung eines Markenstils neben Bild und Form auch nicht ganz unwichtig ist. Vielleicht würden sie dann sogar nach begabten *Copywritern* Ausschau halten und sich zusammen mit diesen langsam von Designagenturen zu Stylingagenturen mausern.

Von der designlastigen, formalistisch routinierten CI-Agentur bis zur universell stilkundigen Markenagentur ist noch ein langer Weg. Bis heute tut man sich schon schwer, in den Werbeagenturen einigermaßen stilkundige Schreiber aufzuspüren. So mancher anspruchsvolle und zahlungswillige Auftraggeber muss sich deshalb bisher Schreibhilfe in PR-Agenturen und Redaktionen suchen. Dort findet man schon eher einmal einen Menschen, der nicht nur eine Headline, sondern auch einen längeren Text schreiben kann, ohne zu langweilen. Aber die Routine bestimmt auch dort das Arbeitsklima und Leistungsniveau, gängiges Mittelmaß dominiert dort wie überall.

Auf der Suche nach analytischen und strategischen Talenten hat es der Markenregisseur auch nicht leichter. Um solche Talente zu finden, muss er seine Scouts fleißig recherchieren lassen und viele Gespräche führen. Er muss selbst mit jedem halbwegs attraktiven Kandidaten sprechen, wachsam und kritisch. Aber Gespräche genügen nicht, Eloquenz kann täuschen. Man lernt die Leistungsqualität sprachgewandter Menschen nur durch ihre Schreibarbeit kennen und auch nur durch eine Arbeit, die man selbst beurteilen kann. Arbeitsergebnisse, die ein Bewerber für andere Auftraggeber erzielt hat, kann man niemals beurteilen. Kein Außenstehender erfährt wirklich, unter welchen Zielsetzungen, Maßstäben und Umständen die eindrucksvollen Arbeitsbelege entstanden sind. Der Schwindel mit Referenzen und Belegen blüht aller Orten und treibt oft geradezu fantastische Blüten. Ich habe erlebt, dass mir Bewerber Arbeitsproben vorgelegt haben, deren Entstehung ich deshalb gut beurteilen konnte, weil sie unter meiner Regie entstanden waren. Nur eben nicht durch den betreffenden Bewerber.

Jeder Pitch ist ein Armutszeugnis

In den meisten Arbeitsverhältnissen sind Täuschungen und Enttäuschungen an der Tagesordnung. Die Unsicherheit der Beziehungen kostet viel Kraft, Zeit und Geld, den Auftraggeber immer mehr als den Auftragnehmer. Er sucht und rätselt und hofft immer aufs Neue, von Bewerber zu Bewerber, im schlimmsten Fall von *Pitch* zu *Pitch*. Pitch nennt man seit einigen Jahren, was man früher Wettbewerbspräsentation nannte, eine unbezahlte Leistungsschau mehrerer Dienstleister für einen einzigen Auftraggeber, angeblich maßgefertigt. Die Unsitte der Pitches blamiert sowohl ihre Veranstalter als auch ihre Gäste. Die Tatsache, dass der Pitch zum Beispiel für die Suche nach der richtigen Werbeagentur allgemein üblich geworden ist, ändert daran nichts. Vor allem für die Veranstalter, die Markenmanager, ist der Pitch ein Armutszeugnis, denn sie könnten ihn vermeiden. Für die von ihnen geladenen Dienstleister ist die Teilnahme an solchen kostspieligen Veranstaltungen zwar auch nicht gerade ein Beweis für fachliche Souveränität und moralische Standfestigkeit, aber immerhin haben sich diese darauf ökonomisch eingerichtet. Die Geschädigten sind die Veranstalter und potenziellen Auftraggeber; letztendlich bezahlen sie alles.

Als Fachmann ist der Veranstalter eines Pitches gleich zweimal blamiert. Einmal ist er dadurch blamiert, dass er die Regie der präsentierten Kommunikationsleistungen den geladenen Lieferanten überlässt, also seine Führungsfunktion als Markenmanager abgibt. Sodann ist er dadurch blamiert, dass er seine Entscheidung über die Leistungen Maßstäben unterwirft, die ihm seine Lieferanten erst geliefert haben. Das sind niemals die seiner Marke, sondern die von Spezialisten. Er führt nicht souverän und er entscheidet nicht souverän. Er kann es nicht, das System des Pitchings lässt es nicht zu. Warum das so ist?

Jeder Dienstleister, der an einem Pitch teilnimmt, will siegen. Jeder weiß, dass sich sein Arbeitsergebnis von denen seiner Wettbewerber deutlich unterscheiden und gefallen muss, um ihm zum Sieg zu verhelfen. Jeder muss also nach einer ebenso überraschenden wie gefälligen Präsentation streben. Folglich tut das auch jeder. Wer auf beiden Seiten der Veranstaltungsbeteiligten genügend Erfahrung sammeln konnte, weiß, dass das so ist. Eine Überraschung, die gefällt, das ist das Arbeitsziel jeder Agenturpräsentation. Gefällige Überraschungen sind demnach die Grundlagen für die Wahl einer Agentur oder eines Institutes aus einem Pitch heraus, in neunundneunzig von hundert Fällen.

Und was ereignet sich im hundertsten Fall, der berühmten Ausnahme zur Regel? Im hundertsten Fall ist die gewählte Präsentationsleistung überhaupt keine Überraschung, weil sie genau den Erwartungen entspricht. Weil sie einem markenstrategischen Briefing und damit der verbindlich strukturierten Forderung eines regiekompetenten Markenmanagers entspricht, kann sie nicht überraschen. Deshalb muss sie auch weder überraschen noch gefallen. Weil die Qualität ihrer Leistung an vorgegebenen, verbindlichen Maßstäben gemessen wird, brauchen sich ihre Urheber nicht vor subjektiven geschmacklichen Vorurteilen, vor Tageslaunen und vor einem hierarchischen Tauziehen zwischen den Entscheidungsbeteiligten zu fürchten. Deshalb müssen sie ihre Fähigkeiten nicht in den Dienst spekulativer Gefälligkeit stellen. Ich habe solche Ausnahmefälle nicht gezählt, aber sie waren wirklich sehr selten.

Wer das Korruptionssystem der Pitches durchschaut hat, den wird es kaum wundern, dass die auf ihm begründeten Dienstleistungsverhältnisse allgemein von kurzer Dauer sind. Indem die Dienstherren ihre Dienstleistungsbewerber erst zu Täuschungen provozieren und dann den Täuschungen auch erliegen, programmieren sie ihre anschließenden Enttäuschungen. Jeder Täuschung folgt irgendwann die Enttäuschung, deshalb verhindert der kluge Einkäufer tunlichst jede Täuschung. Indem er seine Bewerber durch präzise und verbindliche Zielvorgaben und objektive Maßstäbe an sein Ziel verpflichtet, entlastet er sie von der Notwendigkeit zu täuschen. Wenn er seinem Lieferanten die Sicherheit gibt, dass seine Arbeitsergebnisse nur an dem vereinbarten Ziel und nur mithilfe der vereinbarten Maßstäbe gemessen werden und nicht an ihm völlig uneinsehbaren Maßstäben, kann der Lieferant ernsthaft für ihn arbeiten.

Wer seinem künftigen Dienstleister sachkompetent und ergebnisorientiert entgegentritt, kann von ihm auch eine sach- und ergebnisorientierte Mitarbeit erwarten, in der Bewerbungsphase und danach. Weil das so selten der Fall ist, darf man annehmen, dass die

Veranstalter von Pitches bisher einfach nicht in der Lage sind, genau und verbindlich strukturierte Probeaufträge zu erteilen. So viele zeitraubende, kostspielige und enttäuschende Veranstaltungen sind sicher nicht allein durch menschliche Schwächen zu erklären. Was mir unter dem Titel *Briefing* vorgelegt wird, ist selten mehr als eine vage Richtungsangabe. Weil ein Briefing wirklich nicht leicht zu erstellen ist, beschränke ich mich zunächst auf die Empfehlung, die Briefingerstellung als Lernaufgabe eines Markenregisseurs ernst zu nehmen. Die Qualität seiner Briefings trägt zum Erfolg seiner Arbeit in höchstem Maße bei.

Eine kleine, aber anspruchsvolle Probearbeit gibt dem Markenmanager mehr Sicherheit über das Leistungspotenzial, das Engagement und das Verständnis eines Bewerbers als eine breit angelegte Präsentationsveranstaltung. Die eng begrenzte Aufgabenstellung erlaubt die Vertiefung, die großflächige führt zur Oberflächlichkeit. Das gilt sowohl für die Erarbeitung als auch für die Beurteilung. Der Bewerber kann mit einer vielteilig und breit angelegten Präsentation viel leichter blenden als mit der Vorstellung einer einzigen, eng begrenzten Leistung. Auftraggeber wie Auftragnehmer konzentrieren sich besser, arbeiten kritischer und erreichen so ein höheres Niveau. Um ein gleich hohes Niveau mit einer breit angelegten Arbeit zu erreichen, müssten sie beide natürlich auch viel mehr Geld ausgeben. Die eng begrenzte intensiv erarbeitete Probeleistung bringt die Partner mit kleinstem Aufwand einander und der gemeinsamen Sache so nahe wie möglich. Voraussetzung ist ein professionelles Briefing.

Die Qualität der Briefings steuert die Qualität der Dienstleistungen

Ausnahmslos jeder Dienstleister des Markenmanagers ist auf ein strukturiertes Briefing angewiesen, um zuverlässig arbeiten zu können. Ob er forschen, gestalten oder senden soll, jeder Teilhaber am Auftrag der Markenkommunikation muss seinen Anteil den Maßgaben und der Kontrolle des Markenmanagers unterwerfen. So sollte es sein. Aber wundern Sie sich nicht. Die Mehrzahl der Bewerber wird sich zunächst mit Händen und Füßen gegen die Unterwerfung unter Ihr Briefing wehren. Die meisten Dienstleister fürchten um ihre fachliche Autorität, viele sogar um ihre Menschenwürde, sobald sie wirklich dienen sollen. Die Forscher verschanzen sich gern hinter den Mauern ihrer wissenschaftlichen Integrität, die Gestalter hinter der Irrationalität ihres Schöpfungsauftrages, die Kommunikationssender hinter einem undurchdringlichen Zahlendickicht. Alle sind sie fachterminologisch bis an die Zähne bewaffnet. Machen Sie sich nichts daraus, seien Sie nachsichtig.

Helfen Sie ihren widerstrebenden Dienstleuten, wie Phil Ratnehmer es tut: Lauschen Sie auf ihre Erwiderungen. Geben Sie ihnen die Möglichkeit zu Rebriefings, zu Verbesserungen an Ihren eigenen Briefings. Solange Sie Ihrer eigenen Briefings sicher sind, kostet Sie das nur etwas Geduld. Aber man kann ja nicht ausschließen, dass Ihre Dienstleute hin und wieder auch in der Lage sind, Sie zu belehren. Dann bringt Ihnen Ihre Geduld doppelten Gewinn. In einer idealen Arbeitsbeziehung lernt der eine vom anderen. Nur darf, wie am Beispiel des Regisseurs schon ausgeführt, die Hierarchie der Maßstäbe und der maßnehmenden Personen niemals infrage gestellt werden.

Die Führung der forschenden Dienstleister ist besonders schwierig, weil diese ja in dem Bewusstsein arbeiten, den Markt, das Markenpublikum also, die Rezipienten zu vertreten und nicht den Kommunikator, den Unternehmer und Markenmanager. Sie halten sich im Allgemeinen und zunächst auch oft mit Berechtigung für besser informiert als der Auftraggeber und deshalb für kompetenter. Sie sollen diesem ja Informationen liefern, die ihm fehlen. Ob Marktforscher, Marktpsychologe oder Marktstratege: Man fühlt sich als Marktvertreter gegenüber dem Markenmanager zunächst überlegen.

Die Auftraggeberfunktion gegenüber den Forschern und Strategen stellt also besondere Ansprüche an den Markenmanager. Wer nicht unversehens unter die Zielsetzungen und Maßstäbe seiner forschenden Dienstleister geraten will, muss sich für dieses Arbeitsfeld besonders gut rüsten. Er muss zwar von den fachspezifischen Techniken nicht so viel verstehen wie seine Helfer, dafür aber umso mehr von seiner Marke. Ausgerüstet mit einem fundierten Markenverständnis kann er allen Marktvertretern deshalb als ebenbürtiger Dialogpartner entgegentreten, weil seine Marke ja ein Produkt des Marktes ist. Mit dieser sicheren Erkenntnis ausgerüstet kann er heute noch in fast allen Fällen seine Gesprächspartner überraschen und zu kollegialem Respekt nötigen. Damit darf er deshalb rechnen, weil auch die meisten Marktvertreter bis heute noch die Entstehung von Marken in den Unternehmen lokalisieren und nicht in den Märkten. Logischerweise erwarten sie deshalb im Markenmanager auch nur einen Manager seines Unternehmens und nicht den Manager des Marktes seiner Marke. Das Ende dieser Betrachtungsweise ist abzusehen. Derzeit aber kann sich ein Markenmanager noch den Überraschungseffekt aus seinem Auftritt als unerwarteter Kollege zunutze machen.

Der dritte Teil dieses Buches dient der Orientierung des Markenmanagers in den Sphären der Marktvertreter, der Kommunikations- und Markenforscher und ihren Theorien. In diesen Sphären festen Boden unter die Füße zu bekommen ist für den Markenmanager deshalb so besonders wichtig, weil dort ja die Erfolgsgrundlagen für alle seine Aktivitäten liegen. Dort draußen, in der Öffentlichkeit, der Gesellschaft, den Märkten, liegen sein Ziel und die Maßstäbe für alle seine Einsätze. Dort wächst seine Marke. Dort findet er die Bedingungen für ihr Wachstum, die Naturgesetze, denen seine Arbeit zu folgen hat. Als Leser der beiden vorangegangenen Teile des Buches wird er diese Sphäre sicher schon recht leichtfüßig und verständnisvoll betreten. Er konnte ja schon manchen populären Irrtum aufdecken, die gefährlichsten Herrschaftssysteme im Markengeschäft durchschauen, einige Wegabkürzungen erkennen und etlichen Ballast an Vorurteilen abwerfen. Ganz, ganz kurz gefasst weiß er für seine Praxis schon das Wichtigste:

Erstens: Die Wissenschaft von der Marke steht noch am Anfang. Markenmanagement ist noch Pionierarbeit. Markentheoretiker und Praktiker, unternehmensinterne und externe experimentieren noch. Regeln, Formen und Titel täuschen Ordnung nur vor. Zweitens: Nur er als Markenmanager vertritt die Marke. Alle seine Helfer arbeiten unter fremden Interessen. Markenspezialisten gibt es nicht. Markenagenturen auch nicht. Drittens: Markenmanagement ist Kommunikationsmanagement. Die Fülle der Kommunikationsmedien ist unermesslich. Bezahlte Mediawerbung wird überschätzt. Sie ist hilfreich aber nicht ausreichend und selten unentbehrlich. Viertens: Werbeagenturen sind die besten Talentlieferanten. Sie haben die Nase vorn, hängen aber an der Leine der Medienwirtschaft. Ihr Rat wirkt restriktiv und kostentreibend. Sie sind im Umbruch. Spezialagenturen und Consultants hinken noch hinterher. Fünftens: Werbedruck und Power Branding sind kontraproduktiv. Spektakel dienen den Agenturen, selten auch den Marken. Pitches verursachen Täuschungen und Diskontinuität. Sechstens: Kontinuität, Integration und Sensibilität der Markenkommunikation sind wertvoller als kreative Spektakel. Die Regie des Markenmanagers muss sie schaffen und sichern. Siebtens: Kommunikationsregie ist Stilregie. Sie erfordert das loyale Team, die eigene Markenagentur. Ihre Mitarbeiter sind vom Markenmanager eingekauft, unterstehen ihm, er steuert sie. Achtens: Der Markenmanager ist Talentsucher. Die Talente seines Teams bezeugen sein eigenes Talent. Er kauft anspruchsvoll und hemmungslos. Neuntens: Der Markenmanager ist als Einkäufer ein Verkäufer und ständig im Einsatz. Er missioniert für seine Markenidee. Diese selektiert Mitarbeiter und Informationen, eint das Team, orientiert und motiviert es.

Die erkenntnistheoretische Perspektive:

Wie ein Markenmanager die Quelle seiner Wertschöpfung findet

Markendefinition

Hinter dem Image liegt alles im Dunkeln

Unter gebildeten Leuten, die Wert darauf legen, dass man sie ernst nimmt, erst recht wenn es um Geld geht, und darum, wie man es vermehrt, erwartet man im Allgemeinen, dass jeder, der sich an einem Gespräch beteiligt, weiß, wovon die Rede ist. Bei einem Gespräch über Marken, selbst über ganz bestimmte und sogar bei solchen über die eigene Marke, darf man das nicht. In einem solchen Gespräch muss man auf alles gefasst sein. Nur mit einem kann man mit Sicherheit rechnen: Alle Gesprächsteilnehmer reden munter drauflos. Niemand stellt infrage, wovon eigentlich die Rede ist, und infolgedessen bleibt der Gegenstand des Gesprächs völlig im Dunkeln.

Das ist für denjenigen, der durch ein Gespräch über seine Marke einen Fortschritt erreichen will, sehr anstrengend. Ob er mit seinen Gesprächspartnern einen echten Konsens oder sogar einen gemeinsamen Erkenntnisfortschritt erreicht, wird für ihn nicht deutlich. Er kann darüber nur rätseln. Denn keiner weiß, was der andere vor Augen hat, wenn er Marke sagt. Vielleicht hat er auch gar nichts vor Augen, denn er hat ja noch nie eine Marke gesehen. Niemand hat jemals eine Marke gesehen. Wie schön wäre es, wenn man eine Marke auf den Tisch legen könnte und sagen, das ist der Gegenstand, von dem hier die Rede ist.

Der Markenmanager gerät so auch unter ausgewiesenen Experten immer wieder in die missliche Lage fragen zu müssen, was sein Gesprächspartner gerade mit dem Wort Marke gemeint hat. Dann bekommt er zweierlei Arten von Auskünften. Keine der beiden führt schnell zur Klarheit. Jede kann erst durch eine längere, diskursive Behandlung zu einer brauchbaren Verständigungsgrundlage entwickelt werden. Weil Sie damit rechnen müssen, auch in eng terminierten, zielbewusst geleiteten Arbeitsgesprächen immer wieder durch Missverständnisse von so grundsätzlicher Art aufgehalten zu werden, empfiehlt sich zur Einführung Ihres Teams ein klärender Diskurs zum gemeinsamen Markenverständnis. Mit einem einmaligen, ausführlichen Grundsatzgespräch über den gemeinsamen Arbeitsgegenstand kann man sich viele Störungen, Missverständnisse und Fehlleistungen ersparen. Man sollte dazu alle wichtigen Mitarbeiter einladen, auch die wichtigen freien.

Mit der folgenden fiktiven Runde aus Vertretern verschiedener Disziplinen wollen wir versuchen, ein interdisziplinäres Gespräch zu inszenieren, das zur Annäherung an ein gemeinsames Verständnis von der Marke führt. Wir fragen unschuldig in die Runde: Was ist eigentlich eine Marke?

Der erste Erklärungsversuch zum Gegenstand kommt sicher im Tone der Entrüstung und auch sehr schnell. Das weiß doch jeder, was eine Marke ist. Nachsicht für den Fragesteller ist deutlich zu spüren. Die erste Antwort zielt aufs Ganze. So soll es sein, so wünscht man sich den Sprecher des Unternehmens, den Verwalter seiner Public Relations. Der PR-Chef, als Schreiber ebenso versiert wie als Sprecher, erklärt uns die Marke ganzheitlich. Er versucht mit seiner Erklärung, der Marke als komplexem Phänomen, als Geistwesen gerecht zu werden. Er liefert der Gesprächsrunde einige phänomenale Wirkungsqualitäten, nicht anders, als ich es im ersten Teil dieses Buches getan habe. *»Marke ist ein Wort für Vertrauen. Marke ist ein Wort für Sympathie. Marke ist ein Wort für Autorität. Marke ist ein Wort für Faszination.«*

Ich pflege nach solchen Feststellungen freundlich zu nicken. Welcher Markenmanager hat es nicht gern, wenn seine Marke das Vertrauen, die Sympathie und den Respekt einer faszinierten Anhängerschaft genießt? Aber was ist das, was da Vertrauen genießt? Wenn die Begriffe Vertrauen, Sympathie, Respekt und Faszination den Begriff Marke ersetzen könnten, wäre er überflüssig. Wenn die vier Wörter nicht Wirkungen, sondern Ursachen benennen würden, brauchten wir nicht lange weiter zu fragen. Aber die Frage nach der Ursache ist ja noch völlig offen. Woher kommen denn Vertrauen, Sympathie, Faszination und Respekt, die hohen Wirkungsziele jeder Marke?

Ein guter Public-Relations-Experte merkt das und greift bald nach allegorischen Bildern für die Ursache solcher erstrebenswerten Wirkungen. Die findet er als Humanist schnell in dem Bild einer Person. Die ersten Markenwerkzeuge, Unterschrift, Wappen und Brandeisen vertraten ja auch in der Tat immer einen bestimmten Menschen, eine Person. So stützt Ihr Gesprächspartner das Wirkungsziel Vertrauen durch einen vertrauenswürdigen Charakter, das der Sympathie durch eine sympathische Persönlichkeit, das der Autorität durch ihre charismatische Faszinationskraft. Man sieht unmittelbar eine bedeutende Menschengestalt vor sich. Aber unversehens hat Ihr Informant schon wieder Wirkungen und nicht deren Ursache benannt. Denn woher kommen Persönlichkeit, Charisma, Faszination? Wir würden sie gern unserer Marke zuschreiben, ebenso gern wie unserer eigenen Person. Aber wie kommen wir dahin, aus welcher Quelle können wir so großartige Attribute schöpfen? Denken wir ernstlich an eine Person, so ist uns bald klar, dass zu charismatischer Faszination mehr gehört als nur der fromme Wunsch danach.

Doch die frommen Wünsche herrschen vor, auch in der Welt des Markenmanagements. Es scheint so, als machten sie kritisches Denken überflüssig. Nicht nur in der angeregten kleinen Gesprächsrunde, selbst in großen, öffentlichen Vortragsveranstaltungen reichte es bisher völlig aus, die Marke einfach wie eine prominente Persönlichkeit darzustellen. Bei prominenten Marken wird der Ursprung ihrer Wirkung nicht hinterfragt, das tut man bei prominenten Menschen ja auch nicht. Sie sind eben prominent, das genügt.

Auch die Fachliteratur kommt noch gut mit frommen Wünschen zur Marke aus. Es wimmelt in den Zeitschriften und Büchern der Marketingwelt von apodiktischen Feststellungen über die *Starke Marke*. Stark muss sie sein, Starke Marken braucht das Land. Das Ziel ist immer die Starke Marke. Selten wird auch nur anzudeuten versucht, was *stark* ist. Stark und wertvoll oder stark und gut findet man im Sprachgebrauch der Experten selten. Vor stark und böse hat offenbar niemand Angst. Der Markenhumanist aus unserer Gesprächsrunde ist mit seinen Attributen also schon viel genauer als die meisten öffentlichen Redner und Schreiber.

Und unser Informant ist noch nicht am Ende. Weil wir ihm ernsthaft zuhören, kommt er bald dahinter, dass eine Aussage wie etwa *»der Name Nivea kommuniziert das Vertrauen, die Sympathie und die Sicherheit spendende Autorität einer charaktervollen, faszinierenden Markenpersönlichkeit«* eigentlich gar nichts über die Besonderheit dieser Marke sagt. Genauso gut könnte man sagen *»Nivea ist eine Marke«*. Das haben natürlich auch schon andere vor ihm bemerkt. Viele, die bei dem Begriff der Markenpersönlichkeit angelangt sind, verfolgen deshalb ihre Betrachtungen gern noch ein Stück weiter. Dabei stoßen sie auf die Tradition der Zergliederung menschlicher Existenz in Körper, Geist und Seele. Weil eine Unterscheidung von Geist und Seele schon immer schwieriger war als die der beiden vom Körper und vielleicht auch aus einer instinktiven Scheu vor der Wirkung einer wissenschaftlichen Analyse, lässt man es gern bei einer Zweiteilung. Und weil der Begriff der Seele das Geheimnis der Persönlichkeit eindrucksvoller beschreibt als der Begriff des Geistes, beendet der Humanist seine Suche nach dem Ursprung einer Markenpersönlichkeit mit dem Fund der *Markenseele*. Die Wirkungsursache einer starken Marke liegt also in einer starken Markenseele, humanistisch betrachtet.

Bei der Markenseele ist die Wissenschaft am Ende

Wenn das Wort *Seele* gefallen ist, meldet sich normalerweise mindestens ein Opponent zu Wort. Ob Theoretiker oder Praktiker, mit einem solchen Forschungsergebnis kann sich kein aufgeklärter Geist zufrieden geben. Seele! Das ist unter der Gürtellinie. Das ist eine böse, hinterhältige Sackgasse, das Ende jeder Forschung und jedes Fortschritts. Also Protest im Interesse von Wissenschaft und Fortschritt, meistens aus der ganzen Runde. Wir sind doch schon viel weiter, haben doch längst strukturierte Bilder von unseren Marken. Das stimmt. Tatsächlich hat der Körper der schönen Unbekannten, ihre Gestalt, bisher weit mehr Beachtung gefunden als ihre Seele. Die *Markengestalt* ist zwar in der Umgangssprache der Markenexperten ziemlich unpopulär, aber als Gegenstand detaillierter Forschungen schon populärer. Über diese kann heute fast jeder

Marketingleiter verständig berichten. Ein solcher ist auch in unserer Runde der Erste:

»Wir erfassen heute alle Äußerungen über eine Marke, die von der Marktforschung ermittelt und wiedergegeben werden können, in einem Bild. Wir sprechen von einem *Markenbild*, lateinische *Imago*, englisch *Image*. Wir haben uns weltweit für die Erfassung und Beschreibung der Markengestalt auf den Begriff *Markenimage* oder *Brandimage* geeinigt. Weil uns allen auch klar ist, dass Marken den Menschen nicht als äußere Erscheinungen präsent sind, sondern in ihren Köpfen als Vorstellungen leben, besteht unter uns auch kein Zweifel darüber, dass Brandimages innere Bilder sind. Zwar werden Brandimages mit den Merkmalen äußerer Bilder beschrieben, aber man muss sie sich als Erinnerungsbilder vorstellen. Marken sind innere Bilder.«

Auf dieser Erkenntnisstufe fühlen sich Ihre Gesprächspartner deutlich wohler. Fast jeder hat schon einmal einen Imagebericht über eine Marke in der Hand gehabt, mancher war vielleicht sogar an seiner Entstehung aktiv beteiligt. Ein Imagebericht ist etwas Reelles, keine subjektive Ansichts- und Glaubenssache, sondern das Resultat einer Meinungsbefragung. Ein Imagebericht informiert objektiv. Wenn das Sample repräsentativ ist und die Befragungen und Berechnungen korrekt dem letzten Stand der Technik entsprechen, bezweifelt niemand seinen Informationswert. So wird die Markenführung heute allgemein an Imageberichten ausgerichtet.

Die Leitung der Befragungen liegt in der Imageforschung oft bei Psychologen. Je nach Qualitätsanspruch und Budget des Auftraggebers werden die Meinungsbefragungen auch mit mehr oder weniger psychologischem Sachverstand und Einsatz durchgeführt und ausgewertet. Theoretisch können erfahrene Marktpsychologen heute die Aussagekraft von Meinungsäußerungen recht gut abschätzen. Theoretisch können sie auch die Aussagen mithilfe gängiger psychologischer Strukturmodelle ordnen, gewichten und sinnvoll darstellen. In der Praxis fehlt dazu jedoch oft das Geld – und nicht zuletzt deshalb auch ein ausreichend qualifiziertes Institutspersonal.

Die hohe Wertschätzung für die Imageforschung ist leider nicht immer gerechtfertigt, denn nicht immer sind Imageberichte wirklich verlässlich. Die Branche der Marktforschungsinstitute hat sich auf ein anhaltendes *Downtrading* eingelassen, sehr zum Schaden aller Beteiligten. So liegen den meisten Berichten nicht Informationen aus psychologisch anspruchsvollen, teuren Explorationen zugrunde, sondern nur solche aus Fragebogeninterviews, manchmal sogar solche aus Telefoninterviews. Mit den Auswertungen sieht es noch trauriger aus. Statt der sensibel gewichteten und sorgfältig strukturierten Befunde eines erfahrenen und verantwortungsbewussten Psychologen findet man oft nur statistische Quantifizierungen mit den naiven Kommentaren studentischer Hilfskräfte. Die technische Zuverlässigkeit lässt oft viel zu wünschen übrig. Liegen aber dann die Rechenergebnisse zusammengefasst in der Darstellungsform eines *semantischen Differenzials* oder *Polaritätenprofils* vor, hat der Auftraggeber doch meistens ein anschauliches Bild seiner Marke von hoher Plausibilität und ist zufrieden.

Wer sich an die Arbeit mit Imagestudien gewöhnt hat, gewinnt immer mehr Vertrauen zu ihnen, weil ihm die psychologische Markenforschung immer neue Bestätigungen für die Existenz von Markenimages, ihre Erfassbarkeit und ihre Darstellbarkeit liefert. Und auch deshalb, weil hinter ihr auch ein umfassendes *Imagery Research* Fortschritte macht, ganz unabhängig von der Markenforschung. Aber die Nachdenklichen unter den Imageanalytikern können sich auf die Dauer wohl kaum restlos zufrieden geben. Die Imageforschung belegt ihnen ja, dass die Wahrnehmung eines jeden Gegenstandes unter geeigneten Umständen zu einem Image führt. Da meldet sich dann irgendwann der gesunde Menschenverstand und fragt nach dem zum Markenimage zugehörigen Gegenstand. In Ihrer Gesprächsrunde könnte vielleicht jetzt Ihr aufgeweckter Mediaexperte das Wort ergreifen. Der hat Kommunikation studiert und weiß, dass es keinen Empfänger ohne Sender gibt:

»Wenn es zu jedem Kommunikationsgegenstand ein Image geben kann, muss es doch auch zu jedem Image einen Kommunikationsgegenstand geben. Wenn es zum Image einer Person die Person gibt, zum Image eines Landes das Land, zum Image eines Unternehmens das Unternehmen und zum Image eines Produktes das Produkt, dann muss es doch logischerweise außer dem Image einer Marke noch etwas anderes geben, den eigentlichen Kommunikationsgegenstand. Wäre das dann nicht eigentlich erst die Marke?«

Der Marketingleiter greift nach seinem jüngsten Imagebericht und blättert und blättert. Er sieht dabei nicht glücklich aus. Im *Summary* liest er: »*Unter den Benefits des inneren Bildes der Marke wird der Geschmack etwas zurückgedrängt. Dagegen hat sich die Dominanz des Symbols über das Etikett gehalten. Es hat die Klarheit des inneren Bildes gestärkt.*« Das war es. Das Etikett ist verbessert worden, der Geschmack ist es nicht. Zwei wertvolle Aussagen zum Produktimage, sie werden beim nächsten Relaunch berücksichtigt. Zum Markenimage wird unabhängig vom Produkt nichts bemerkt. Es sieht so aus, als würde das Institut nicht zwischen Produktimage und Markenimage unterscheiden. Auf der Titelseite des Berichtes steht allerdings *Markenstatus.*

Kann es sein, dass der Gegenstand zu einem Markenimage, die Imageursache, nichts anderes ist als das Produkt, das Produkt in seiner gesamten werbenden Ausstattung? Das Institut hat einen guten Ruf. Aber was wäre, wenn es als Gegenstand zum Markenimage doch noch etwas ganz anderes gäbe als das Produkt? Welche Konsequenz hätte es für das Markenmanagement, wenn man eine Marke nicht mit dem sie vertretenden Produkt gleichsetzen könnte, sondern als ein ganz anderes, eigenständiges Objekt führen müsste?

Die Frage beunruhigt. Sie ist umso ärgerlicher, je mehr Zeit und Geld bereits dafür aufgewendet wurde, um ein Markenimage über Produktimages zu erfassen und entsprechende Imagedarstellungen als Grundlage der Markenführung zu benutzen. Das ist bei den fortgeschrittenen Brandingexperten heute allgemein der Fall. Sie können über die Images ihrer Markenprodukte immer feiner strukturierte und immer verbindlichere Beschreibungen liefern und steuern ihre Markenkommunikation immer sorgfältiger nach den Maßgaben dieser Imagebeschreibungen. Sollten sie da nicht einfach kurzerhand das Produktimage zum Brandimage und das Brandimage zur Brand erklären? Sollten sie die Frage nach der Ursache ihres Imagegebildes nicht wenigstens so lange zurückstellen, solange alles gut läuft? Die Versuchung ist groß, vielleicht merkt es keiner.

Und es scheint tatsächlich so zu sein: Fast alle Beschreibungen von Marken sind bisher nichts anderes als Imageberichte über Markenprodukte und die vorhandenen Markenführungskonzepte nichts anderes als Konzepte zur Reaktion auf Produktimages. Die Frage nach der Brauchbarkeit der Konzeptgrundlagen steht für Ihre Gesprächspartner bedrohlich im Raum. Würden ihre Imagebefunde unzulängliche Arbeitsgrundlagen sein, so wären vielleicht alle ihre Konzepte falsch. Jetzt haben auch die gleichmütigsten Teilnehmer Ihrer Gesprächsrunde Grund genug, dem Diskurs wachsam zu folgen.

Wer kennt den Unterschied zwischen Image und Marke?

Der Ersatz einer Markenbeschreibung durch eine Imagebeschreibung kann fatale Folgen haben. Das habe ich bereits im ersten Teil dieses Buches angedeutet. Ich behaupte schon dort, dass Images nicht sehr stabil seien, nicht annähernd so beständig, wie man sich eine Marke wünscht. Wenn es so ist, dass Images Ansichten über Gegenstände wiedergeben und wenn man davon ausgehen muss, dass sich alle Ansichten eines Gegenstandes allein schon infolge der raumzeitlichen Veränderungen ihrer Wahrnehmungsumstände permanent ändern, muss man logischerweise auch hinnehmen, dass Images veränderlich und somit instabil sind. Würden wir das Markenimage mit der Marke gleichsetzen, dann wäre die Marke eine instabile, kurzlebige Größe. Dann wären die gängigen Theorien über Lebenszyklen von Produkten tatsächlich auch für die Lebenserwartungen von Marken gültig. Dann hätten Marken nur recht kurze Lebenserwartungen.

Die allgemeine Wertschätzung der Marke steht dieser Vorstellung diametral entgegen. Die Marke gilt als praktisch unsterblich, jedenfalls gemessen an den Lebenserwartungen von Menschen. Tatsächlich sind auch die meisten *Starken Marken* unserer Tage schon viele Generationen alt. Uralte Marken tragen riesige und überdurchschnittlich ertragreiche Umsätze, werden teuer bezahlt, erzielen hohe Lizenzgebühren. Auf der ganzen Welt investiert man große Summen im Vertrauen auf die Langlebigkeit der Marke. Hier das kurzlebige Image, dort die langlebige Marke. Das reimt sich nicht. In der heilen Welt der Imagegläubigen tut sich ein Abgrund auf.

Wir wissen, dass das Erlebnis eines jeden Gegenstandes, jedes Produktes, jedes Unternehmens, jeder Person, jeder Leistung von seinem jeweiligen Publikum nach einiger Zeit mit einem Image honoriert wird. Wissen wir damit eigentlich auch, dass wir unbedingt einen Namen brauchen, um eine Imagebildung zu erreichen? Imagebildung ist ja scheinbar nicht an einen Namen gebunden, sondern an ein nachhaltiges Erlebnis. Wenn wir eine Wettbewerbsposition schon mit einem positiven Image sichern können, wozu brauchen wir dann noch einen Markennamen? Wir können dann doch viel Geld und Mühe sparen, die es kostet, um einen Namen zu finden, zu schützen, bekannt zu machen, im Verkehr durchzusetzen. Wir könnten unser vertrauenswürdiges, sympathisches, faszinierendes Produkt kurzerhand namenlos bekannt machen und erwarten, dass es von seinem Publikum mit einem günstigen Image und einer entsprechenden Nachfrage belohnt wird. Das wäre dann vernünftig gehandelt.

Doch was wären die Folgen? Traurige. Erstens: Die Gegenstände unserer Bemühungen, unsere Produkte, unsere Unternehmungen, unsere Leistungen, unsere Person werden wahrnehmbar altern, leider. Müssten dann nicht auch ihre Images altern, unzeitgemäß, unansehnlich, unattraktiv und schließlich auch unverkäuflich werden? Sicherlich. Was bliebe uns danach noch von unseren Investitionen in die Gegenstände unserer Bemühungen übrig? Zweitens: Wahrscheinlich müssen wir unter technisch-ökonomischen Zwängen an die Stelle der veralteten Produkte irgendwann neue, junge, innovative setzen. Würde dann der Prozess der Imagebildung wieder ganz von vorn beginnen müssen? Leider ja. Was bliebe uns dann noch von unseren Investitionen in die Kommunikation zur Imagebildung? Drittens: Vielleicht wären wir auch aus technischen und ökonomischen Gründen gezwungen, ein einzelnes Produkt durch mehrere Nachfolgeprodukte zu ersetzen, so wie Kinder und Enkel ihren Eltern und Großeltern nachfolgen. Würde dann nicht jedes Nachfolgeprodukt isoliert von seinen Geschwistern und vollkommen mittellos dastehen, enterbt sozusagen? Würde dann nicht ein jedes von ihnen allein dastehen und mit seiner Imagebildung ganz von vorn anfangen müssen, ohne vom Image seiner Familie profitieren zu können? Das wären unausweichliche Konsequenzen, wenn mit einem Image bereits eine Marke beschrieben werden könnte.

Sind Sie mit der Diskussion in ihrem Team auf dieser Erkenntnisstufe angekommen, bei dem Zweifel über den Aussagewert eines

Markenimages zur Identität einer Marke, dann wird es spannend. Besonders spannend wird es dann, wenn sie einen etablierten Markentheoretiker und einen erfahrenen Marken- und Marketingpraktiker am Tisch haben. Die beiden *müssen* jetzt aufeinander losgehen. Wenn Sie es als Gesprächsleiter schaffen, dass sich die Disputanten – vor allem der Vertreter der Theorie – jetzt nicht hinter Sophisterei verschanzen, dann können Sie einen wertvollen Erkenntnisfortschritt einleiten. Der Markenpraktiker hat nämlich allerhand zu fragen:

»Wie kommt es, dass unsere Marke aus dem Jahre 1876 ein jugendlicheres Image hat als unsere Marke aus dem Jahre 1986? Wie erklärt sich, dass wir unter der alten Marke heute ein völlig anderes Produkt verkaufen können als damals zu Zeiten der Markengründung, und zwar ein ausgesprochen junges Produkt und das mit so großem Erfolg? Wie erklären Sie, dass wir inzwischen nicht nur ein neuartiges Produkt unter der alten Marke verkaufen können, sondern bald zwei Dutzend neuartiger Produkte? Und wie erklären Sie, dass unsere neuen Produkte unter der alten Marke von unserer Kundschaft immer wieder technisch gleichwertigen, ebenso neuartigen Produkten vorgezogen werden, die unsere Wettbewerber unter viel jüngeren Marken anbieten? Wie erklären Sie den überragenden Marktanteil unseres neuen Produktsortimentes unter der alten Marke? Was ist das denn, was die vielen, wohl unvermeidlichen Image-Purzelbäume unserer Markenprodukte offenbar völlig unbeschadet überlebt hat und immer wieder neue Produkte trägt? Wie nennen Sie das?«

Welch ein Glück, dass Marken nicht an Images kleben

Es gibt eine ganze Reihe von Markenmanagern aus verschiedenen Konsumgüterbranchen, die zu solchen Fragen berechtigt wären. Es gibt auch eine ganze Reihe von Fallbeispielen, die jedermann zugänglich sind und die zum Teil sogar als spektakuläre Überraschungen öffentlich gefeiert werden. Man denke nur an die Marke Nivea. Oder an die Marke Odol. Wie jung und frech kommen die vielen neuen Odol-Produkte daher. Mein damaliger Auftraggeber hätte mich gelyncht, wenn ich es gewagt hätte, unter seiner traditionsreichen Marke derartige Verstöße gegen das Image seines weltberühmten Mundwassers auch nur in Betracht zu ziehen. Ich habe es auch nicht gewagt. Das ehrwürdige Alter der Marke und das eherne Dogma des Markenartikels hatten mich fest im Bann, damals, Ende der fünfziger Jahre.

Immerhin war die Marke Odol damals schon älter als mein Großvater und meine Hochachtung vor den Leistungen meiner betagten, inzwischen längst verstorbenen Lehrmeister noch jugendlich frisch. Ich fühle noch heute die Beschämung, mit der ich einmal einen Verbesserungsvorschlag zu der berühmten Flasche mit dem gekrümmten Hals schnell wieder an mich nahm, nachdem man mir die Unreinheit meiner Gedanken vorgehalten hatte. Wenn mein würdiger Mahner sehen könnte, was für kecke Spritzfläschchen heute unter der Marke Odol verkauft werden, würde er sich im Grabe umdrehen. Jedenfalls käme er angesichts des gebotswidrigen Erfolges der Fläschchen einerseits und der blühenden Gesundheit seiner Marke andererseits in arge Verlegenheit.

Zurück in die Diskussionsrunde. Was sagt die Wissenschaft zu den Entgleisungen der Praxis? Wie erklärt sie die Erfolge der Abweichler von der reinen Lehre? Kann sie hinter solchen Erfolgen noch ihre Marke sehen, die Marke ihres Markenverständnisses? Der Psychologe hält sich zurück. Auch einem Marktpsychologen sind die wirtschaftlichen Erfolgsbedingungen der Marketing- und Markenpraktiker nicht immer ganz durchsichtig. Man sieht sich selbst als Psychologe ja auch eher als ein Vertreter der Öffentlichkeit, der Gesellschaft, der Verbraucherschaft, man fühlt sich durch Neigung und Ausbildung dieser Seite doch letztlich stärker verbunden als der Unternehmerseite und ihren wirtschaftlichen Praktiken. Indem der Psychologe als Vertreter der anderen Seite den Manager informiert, dient er diesem. So sieht er es. Wie der Manager dann mit seinen Informationen umgeht, ist dessen Sache. Ein Psychologe ist kein Kaufmann, also lässt er dem Vertreter der Wirtschaftswissenschaften gern den Vortritt zur Kritik an den wilden Praktiken mancher Manager.

Der Vertreter der Ökonomie tritt gern nach vorn. Als Marketingwissenschaftler ist er bereits gewohnt, auch das theoretische Wissen zur Marke in der Wirtschaft zu vertreten. Er vertritt die Marke bereits gegenüber der zweiten oder sogar dritten Generation markeninteressierter Wirtschaftswissenschaftler, je nachdem wie alt er ist. Weil er den strengen Sitten wissenschaftlicher Berichterstattung verpflichtet ist, bettet er seine persönlichen Ansichten stets in jene seiner Vorgänger und Kollegen ein. Also greift er auch in diesem Fall in die Vergangenheit zurück und zitiert wahrscheinlich zunächst Mellerowicz aus dem Jahre 1963. In einem Gespräch, in dem die ganze Markentheorie aus den Fugen zu geraten droht, muss man erst einmal wieder für ein historisches Fundament sorgen.

Der traditionsverpflichtete Markentheoretiker muss die Marke über den Markenartikel definieren, anders geht es nicht. Denn zu Zeiten von Mellerowicz gab es noch keine vom Markenartikel unabhängige Markentheorie. Er zitiert also korrekt: »Markenartikel sind für den privaten Bedarf geschaffene Fertigwaren, die in einem größeren Absatzraum unter einem besonderen, die Herkunft kennzeichnenden Merkmal (Marke) in einheitlicher Aufmachung, gleicher Menge sowie gleich bleibender oder verbesserter Güte erhältlich sind und sich dadurch sowie durch die für sie betriebene Werbung die Anerkennung der beteiligten Wirtschaftskreise (Verbraucher, Händler und Hersteller) erworben haben (Verkehrsgeltung).«

Ein etwas schwieriger Text für Menschen, die nicht ständig mit wissenschaftlicher Literatur Umgang haben. Deshalb hilft er seinen Zuhörern freundlich. Er hält sich auch nicht lange mit den inzwischen offensichtlich von der wirtschaftlichen Praxis überholten Anforderungen an die Marke auf, sondern kommt schnell zur Sache: Dass Marken heutzutage nicht immer Artikel, sondern auch Dienstleistungen sein können, dass sie nicht nur für den privaten sondern auch für den gewerblichen Bedarf bestimmte Güter kennzeichnen können, dass diese auch nicht unbedingt immer in einheitlicher Aufmachung, in gleicher Menge und gleicher Qualität auftreten müssen, das alles konzediert er gern. Also hebt er auf das Wesentliche ab, etwa so:

»Marken sind Leistungen, die durch geschützte Zeichen unterscheidungsfähig markiert sind. Eine Leistung ohne ein durch unser Markengesetz geschütztes Zeichen ist keine Marke. Die Unterscheidbarkeit der Leistung muss durch das Markenzeichen, das Logo, gesichert sein. Der gesetzliche Schutz durch das Markenzeichen hat den höchsten Rang unter allen Anforderungen an eine Marke, er ist unabdingbar. Ein Image ersetzt keinen geschützten Markennamen. Ohne einen geschützten Markennamen gibt es keine Marke.«

Alles atmet erleichtert auf. Man hat wieder festen Boden unter den Füßen. Einen Moment lang scheint es jedenfalls so, bis unser humanistische Schöngeist sich wieder meldet: »Bedeutet das nicht, dass eigentlich der Gesetzgeber unsere Marke macht und nicht unser Publikum? Dann brauchen wir doch eigentlich nur noch dafür zu sorgen, dass unser geschütztes Markenzeichen einen möglichst hohen Bekanntheitsgrad erreicht.«

Markenmodelle

Rechtsschutz und Bekanntheitsgrad sind bisher die einzig sicheren Auskünfte über den Wert einer Marke

Der Einwurf irritiert eigentlich nur deshalb, weil er aus der falschen Ecke kommt. Käme er von einem handfesten Manager, dem Marketingmanager vielleicht, so hätte er etwas Beruhigendes. Der Hinweis auf den Bekanntheitsgrad des geschützten Markenzeichens führt zweifellos zurück auf den Boden konkreter, objektiv prüfbarer Tatsachen. Der Bekanntheitsgrad macht allen Beteiligten Freude, den kann man zuverlässig messen, da gibt's kein Grübeln und kein Diskutieren. Alle in der Runde sind sich über den Wert eines hohen Bekanntheitsgrades einig. Was man nicht kennt, kann man nicht lieben, nicht begehren, nicht fordern. Alle sehen es so. Der Ökonomieprofessor bestätigt es ausdrücklich. Alle seine Kollegen nennen in ihren Veröffentlichungen den Bekanntheitsgrad des Markennamens an erster Stelle. Deshalb verweist er auf das jüngste Sammelwerk bekannter Autoren aus Wissenschaft und Praxis. Mehr als zwei Dutzend Wirtschaftswissenschaftler äußern sich darin zum letzten Erkenntnisstand über die Marke.

Das hätte er besser nicht sagen sollen. Denn jetzt meldet sich der Psychologe mit ungewöhnlicher Klarheit und fragt nach der Kompetenz der Ökonomie in Sachen Psychologie. Die Runde hält den Atem an. »Meinen Sie das ernst? Ich habe Ihr Markenbuch durchgeblättert, einige Beiträge gelesen und die Literaturverzeichnisse dazu. In dem Buch kommt kein einziger Psychologe zu Wort. Wahrscheinlich hat kein einziger der Autoren auch nur zwei Semester Psychologie studiert. Jedenfalls tauchen in den Literaturverzeichnissen ausnahmslos Autoren aus der Wirtschaft und den Wirtschaftswissenschaften auf. Und was ich beim Durchblättern an psychologischen Volksweisheiten lesen musste, das war schrecklich. Glauben Sie ernsthaft, dass Sie uns mit einem bekannten und geschützten Markennamen die Existenz einer Marke erklären können? Glauben Sie wirklich, dass Sie und Ihre Kollegen ein so komplexes psychisches Syndrom wie eine Marke verstehen?«

Auch Psychologen können aus der Fassung geraten. Doch sein Wort trägt Früchte. Man schickt nach dem Buch, legt es auf den Tisch, reicht es von Hand zu Hand. Der Wirtschaftswissenschaftler antwortet inzwischen: »Lieber Herr Kollege! Die ökonomischen Wissenschaften sind übergreifende Wissenschaften. Sie müssen seit jeher bei vielen Wissenschaften Anleihen machen, um ihren Auftrag erfüllen zu können. Aber ich frage Sie: Ist das nicht die Aufgabe aller Wissenschaft? Ist Wissenschaft nicht grundsätzlich ein Verbund von Einheiten, deren Grenzen nicht von der Natur gezogen sind, sondern nur von sozialen Traditionen? Muss nicht jede wissenschaftliche Disziplin auch die Ergebnisse von anderen Disziplinen beachten und nutzen, sobald sie ihr für die Erfüllung ihres eigenen Auftrages relevant erscheinen?«

Das ist zwar keine Beweisführung für die psychologische Fachkompetenz der Wirtschaftswissenschaftler, wohl aber doch für ihre gute Absicht. Ein Markenmanager kann die Bereitschaft zu interdisziplinärem Erfahrungsaustausch immer nur begrüßen und fördern. So vermittelt er auch hier gern sogleich mit dem Versuch eines Brückenschlages von der Ökonomie zur Psychologie, indem er auf die jüngsten Ausführungen des zurzeit wohl am stärksten beachteten deutschen Markenspezialisten aus dem Reich der ökonomischen Wissenschaften aufmerksam macht. Er hat das neue Sammelwerk aufgeschlagen und liest:

»*Die Gedächtnisstrukturen für Marken lassen sich nach zwei wesentlichen Konstrukten differenzieren (Referenzen 1994; 1993): der Markenbekanntheit und dem Image. Zu diesen beiden Dimensionen liegt eine Reihe viel versprechender Operationalisierungen vor (Referenzen 1993; 1994).* – Markenbekanntheit und Markenimage stehen also gleichrangig nebeneinander, die Ökonomie ignoriert das Markenimage keineswegs, sie stellt es gleichrangig neben die Bekanntheit, was sagen Sie dazu?«

Der Psychologe liest die Referenzen und ist gar nicht einverstanden. Er fühlt sich nur bestätigt: »Aber da haben wir es doch! Man benutzt einfach Erkenntnisse fremder Disziplinen, ohne sie zu verstehen. Man stellt isoliert nebeneinander, was auseinander und gleichzeitig entsteht! Man trennt, was untrennbar miteinander verbunden ist! Man trennt die Bekanntheit von dem Image, als ob das eine unabhängig von dem anderen oder ohne das andere entstehen könnte! Man hackt auseinander, was nur als ein Ganzes existiert. Man zerlegt ein geistiges Produkt, wie ein Mechaniker eine Maschine zerlegt, mechanistisch, ohne die Bedingtheit des einen durch das andere zu verstehen.«

»Und dann dieses hier, schauen Sie nur auf die gegenüberliegende Seite. Da hat jemand eine Markenbekanntheitspyramide gebaut, offenbar ein Amerikaner. Mit fünf Etagen. Auf der untersten Etage: *Marke ist unbekannt.* Auf der nächsten Etage: *Passive Markenbekanntheit (gestützte Wiedererkennung).* Im dritten Stockwerk: *Aktive Markenbekanntheit (Erinnerung).* Auf der vierten Etage: *Intensive aktive Markenbekanntheit (top of mind).* Im Dachgeschoss: *Dominierende Marke (exklusive Markenerinnerung).* Die Pyramiden der Ägypter sind organischer gefügt als diese. Fünf Kategorien, wie sie nur ein hemmungsloser Statistiker willkürlich aus einer Meinungsbefragung herausschneiden kann, einer, der keinem Psychologen über seine Abgrenzungen Rechenschaft ablegen muss. Woran will man wohl messen, was eine intensive aktive Markenbekanntheit von einer aktiven Markenbekanntheit unterscheidet? Sollte der Unterschied vielleicht in der Qualität der Images zu suchen sein, die in den Kammern der Pyramide verborgen liegen?«

Marken kann man nicht wie Maschinen oder Bauwerke zerlegen

»Wir Marktpsychologen wissen noch nicht sehr viel über die Bildung von Marken. Aber wir wissen doch schon Einiges über die Entstehung und die Ermittlung von Images. Wir glauben auch zu wissen, was wir von den Meinungen beziehungsweise von Meinungsäußerungen unserer Versuchspersonen zu halten haben. Wir sind ziemlich sicher, dass wir unsere Versuchspersonen mit unseren Fragen fast regelmäßig überfordern, dass wir von ihnen immer mehr wissen wollen, als sie uns sagen können. Dass die Menschen viel mehr fühlen, als sie aussprechen können, und dass das Unaussprechliche ihre Erinnerung an eine Sache oft viel stärker bestimmt als die wenigen Merkmale, die sie – und übrigens auch wir Psychologen selbst – mit unserem kümmerlichen Sprachschatz greifen können.«

»Wir Psychologen, machen uns über die Möglichkeiten sprachlicher Äußerungen keine Illusionen. Deshalb haben wir Techniken entwickelt, um von unseren Probanden nonverbale Informationen über ihre inneren Bilder zu bekommen. Wir geben ihnen die Möglichkeit, sich über ihre inneren Bilder mithilfe äußerer Bilder zu äußern. So bekommen wir oft viel mehr und sehr viel subtilere Informationen als durch Gespräche. Aber leider müssen wir dann die nonverbalen Informationen von unseren Probanden wieder in verbale Informationen übersetzen und das ist unser größtes Problem. Das ist ausgesprochen riskant. Jeder gewissenhafte Kollege weiß sehr wohl um das Risiko, als Übersetzer der Bildinformationen seiner Versuchspersonen in semantische Informationen unbeabsichtigt, doch fast unvermeidlich eigene Bilder zu machen. Kann er jemals sicher verhindern, seinen Ausdeutungen fremder Bildinformationen eigene, ganz persönliche Bedeutungsinhalte unterzumischen? Wie viele verbale und nonverbale Informationen unserer Versuchspersonen müssen wir miteinander korrelieren, um einigermaßen sicher zu sein, dass wir verstehen, was die Versuchspersonen wirklich äußern. Das ist eine hoch sensible Arbeit, die wir da leisten müssen.«

»Kein Psychologe käme auf den Gedanken, dass eine Versuchsperson ihm über einen unbekannten Gegenstand Aussagen für seinen Imagebericht liefern könnte. Keiner käme auf die Idee, dass ein Gegenstand bekannt sein könnte, ohne damit gleichzeitig zu einem Image zu kommen. Jeder von uns weiß auch, dass das Image eines sehr bekannten Gegenstandes in aller Regel günstiger ist als das eines weniger bekannten, dass alle Bekanntheitswerte auch Sympathiewerte beinhalten. Folglich weiß jeder von uns auch, dass Gegenstände mit sehr positiven Images, mit hohen Sympathiewerten, unseren Versuchspersonen auch viel bewusstseinsgegenwärtiger, also bekannter sind als solche mit kritischen Images. Die kritischen werden viel eher verdrängt, ein negatives Image drückt auf den Bekanntheitsgrad. Wir wissen, wie innig Markenbekanntheit und Markenimage miteinander verwoben sind.«

Hat Ihr Psychologe sinngemäß so gesprochen, dann war er ein vertrauenswürdiger Vertreter seiner Zunft. So mancher Psychologe arbeitet heute nicht viel gründlicher als ein Meinungsforscher. Womit gar nichts gegen die Demoskopie gesagt sein soll. Methodentreue, anspruchsvolle Meinungsforscher sind für den Markenmanager auf jeden Fall wertvollere Helfer als leichtfertige, schlampige Psychologen. Für die Vertrauenswürdigkeit Ihres Psychologen spricht auch, dass er mit dem Begriff Tiefenpsychologie so vorsichtig umgeht. Er benutzt ihn so selten, weil er weiß, wie schwer es ist, ihm gerecht zu werden. Dabei gilt natürlich sein ganzes Streben dem Ziel, immer tiefer in die vorbewussten und unbewussten Bereiche der Imagebildung vorzudringen, sehr viel tiefer, als es die Vertreter der so genannten quantitativen Marktforschung anstreben.

Haben Sie für Ihr Brandingteam einen Psychologen gewinnen können, der sich ähnlich äußern könnte wie unser fiktiver, so sollten Sie ihn an das Ziel Ihrer Markenbildung binden. Sie können ihn dann auch als Mittler und kreativen Arbeitspartner für die Marktforschungsinstitute einsetzen, die Sie fallweise engagieren. Ein vertrauenswürdiger Hauspsychologe kann den Markenmanager in seinem Integrationsbemühen sehr unterstützen. Das lassen in dem hier dargestellten Gespräch auch die Reaktionen der Runde auf seine bescheidenen Worte erkennen.

Der PR-Mann und der Marketingmanager melden sich gleichzeitig zu Wort, beide drängt es offensichtlich. Der Erstere lässt dem Zweiten den Vortritt und dieser freut sich: »Also können wir unser Sortiment weiter ausbauen. Also können wir unter unserer Marke noch manches interessante Produkt vermarkten, an das wir uns bisher nicht herangetraut haben. Ich habe es ja immer gesagt, wir dürfen uns nicht durch die Imagebefunde knebeln lassen. Wir dürfen nicht zimperlich sein, wir ...«

Da unterbricht ihn der PR-Chef, fällt ihm ins Wort: »Das habe ich nun ganz anders aufgefasst. Wenn ich den Herrn Psychologen richtig verstanden habe, so hat er uns doch gerade darauf aufmerksam gemacht, wie empfindlich, wie fragwürdig und unvollständig unser Wissen über unsere Marke ist. Dass alle Informationen miteinander vernetzt sind und dass wir deshalb gar nicht vorsichtig genug sein können. Er hat doch eigentlich gerade auch unseren Mediaexperten darin bestätigt, dass es im Unterbewusstsein unseres Markenpublikums viel mehr gibt, als wir in unseren Imageberichten erfassen. Vieles, was viel tiefer liegt als das Image, vielleicht sogar so etwas wie das, was ich Seele nannte, Markenseele.«

Der Psychologe nickt dem PR-Mann vorsichtig zu. Es scheint, als ob sich ein Seelengläubiger und ein Seelenforscher gefunden hätten. Doch warum nur so vorsichtig? Der Duden übersetzt Psychologie mit *Lehre von der Seele,* allerdings in Klammern gesetzt. Den Marktpsychologen hingegen kommt das delikate Wort nur selten über die Lippen. Wer unter dem Postulat wissenschaftlicher Objektivität arbeiten muss – und das noch im Auftrage der Wirtschaft –, riskiert offenbar ziemlich viel, wenn er von Seele spricht. Er muss wohl sehr sorgfältig prüfen, wem er dieses Wort zumuten kann, das Wort Psyche scheint nicht halb so anstößig. Allerdings umfasst dieses auch die bewussten, rationalen Vorgänge und trennt sie nicht von den unbewussten. Die alten Griechen hatten noch nicht das Problem des christlichen Dualismus.

Unser humanistisch gebildeter PR-Fachmann scheint mit dem Übersetzungsproblem Seele = Psyche fertig geworden sein. Jedenfalls riskiert er es, unter den Blicken seiner sprungbereiten Kritiker den Faden von der Markenseele wieder aufzunehmen. Er macht das geschickt: »Ersetzen wir doch das Wort Seele durch das Wort Wesen oder besser noch Wesenskern. Oder noch besser durch Markenkern. Das Wort Markenkern hat doch jeder von uns schon einmal irgendwo gehört. Ich habe es gerade eben wieder in dem Sammelwerk Ihrer Kollegen gelesen, Herr Professor. Hier steht es: *Der Markenkern. Das wichtigste und schwierigste zugleich ist die Definition des Markenkerns. Erst wenn dieser Kern definiert ist, kann man sich über die Schwierigkeiten des Stretchings konstruktiv unterhalten.* Unter Stretching wird hier offenbar die Ausdehnung einer Markenwirkung von einem Produkt auf andere Produkte verstanden. Dann steht hier noch: *Es gibt viele Definitionen des Markenkerns.* Der Verfasser dieser Sätze ist ein Wirtschaftsingenieur und außerdem der Chef eines bekannten Konsumgüterunternehmens, also doch wohl ein wissenschaftlich gebildeter Markenpraktiker.«

Der Markenkern spukt in den Köpfen der Profis wie der heilige Gral

Der angesprochene Wirtschaftswissenschaftler kennt das Sammelwerk besser als alle anderen Gesprächsteilnehmer. Er kennt auch den zitierten Autor persönlich. Er schätzt ihn sehr und das macht ihm die Antwort nicht leicht. Unbestreitbar hat der Kollege einen bedeutenden unternehmerischen Erfolg vorzuweisen, unbestreitbar betont er im Zusammenhang damit immer wieder die Bedeutung des Markenkerns, nicht nur in dem zitierten Aufsatz. Andererseits findet man den Begriff Markenkern bei den im Sammelwerk vertretenen wirtschaftswissenschaftlichen Lehrstuhlinhabern selten, und niemals an prominenter Stelle. Oder doch? Hat er ihn vielleicht überlesen? Der Marketingchef kommt ihm zu Hilfe. Als ob er die Gedanken seines Gegenübers erraten hätte, sagt er:

»Das Wort Markenkern ist uns im Marketing seit vielen Jahren geläufig. Man hört es immer wieder, in den unterschiedlichsten Zusammenhängen. Ich vermeide es, weil ich nicht so recht weiß, wo es hingehört und was ich praktisch damit anfangen soll. Aber es ist mir in dem Buch hier auch aufgefallen, genau in dem Kapitel, das da gerade angelesen wurde. Ich fand es hochinteressant, dass ein so bekannter und erfolgreicher Mann den Markenkern als wichtigstes Element der Markenstrategie herausstellt, als Zentrum seiner Strategie sozusagen. Daraufhin habe ich geprüft, ob die anderen Autoren in dem Buch den Markenkern genauso wichtig nehmen. Aber das ist ganz und gar nicht der Fall. Von insgesamt dreißig weiteren Autoren erwähnen den Markenkern in ihren Aufsätzen gerade einmal sechs. Und kein einziger von den Sechsen räumt ihm einen gleich hohen Rang ein wie der Unternehmer. Daraus kann man doch nur folgern, dass die Idee eines Markenkerns von den Lehrstuhlinhabern der Ökonomie nicht besonders ernst genommen wird. Ist es so, Herr Professor?«

»Es ist so, wie Sie sagen. Die Idee von einem zentralen Markenwert hat zwar auch für einen Wirtschaftswissenschaftler etwas Bestechendes, aber wir haben bisher keinen Markenkern identifiziert. Selbst die Kollegen, die das Wort Markenkern in dem Buch benutzen, sind sich über seine Bedeutung noch keineswegs einig. Vergleichen Sie bitte nur, was der Autor des ersten Aufsatzes und der Autor über die *Mediamarken* schreiben, mit den Ausführungen des soeben zitierten Managers. Im ersten Aufsatz des Buches wird der Begriff Markenkern in Verbindung mit einer *Marken-Erlebniswelt* behandelt. Die Markenerlebniswelt wird durch eine fünfschichtige Pyramide veranschaulicht. Als Kern der Markenerlebniswelt wird das physische Produkt, seine Bestandteile, seine Zusammensetzung, seine Qualität bezeichnet. Man betont, dass das Kernerlebnis langfristig konstant bleiben sollte. Auch im Aufsatz zu den *Mediamarken* bezeichnet man mit dem Wort Markenkern sehr konkrete Leistungsmerkmale eines Magazins und einer Fachzeitschrift. In beiden Fällen wird der Begriff Markenkern also dem Produkt zugeordnet und nicht der Marke. Er wird auch nicht als Merkmal des Produktimages, als Wirkungsmerkmal also behandelt, sondern als das jeweils typische Beschaffenheitsmerkmal der Produkte. Man benutzt also den Begriff Markenkern zur Definition der wichtigsten Qualität des Produktes. Ich sehe darin wenig Sinn. Auf mich wirkt die Verwendung des Wortes Markenkern für den Begriffsinhalt Produktkern nur verwirrend.«

Der Marketingchef schließt sich an: »Auf mich auch! Ihr berühmter Kollege aus der Wirtschaft meint mit dem Wort Markenkern aber doch etwas ganz anderes. Auf jeden Fall meint er doch mit dem Markenkern viel mehr als nur die Zusammensetzung und Qualität seines Stammproduktes, sonst hätte er doch nicht unter der Marke seines Stammproduktes so viele andersartige Produkte vermarktet. Er denkt ganz offensichtlich nicht an Beschaffenheitsmerkmale, sondern an Wirkungsmerkmale und nennt sogar Wirkungen, die weit über die funktionalen Wirkungen, die der Verbraucher bei der Anwendung seiner Produkte erlebt, hinausgehen. Er liefert für die Definition seines Markenkerns Begriffe wie Mutterliebe, Familie, Glaubwürdigkeit. Das sind ohne Zweifel Qualitäten, die man nicht an einem Produkt, sondern nur an einem Menschen feststellen kann. Er nennt menschliche Werte und nicht technische! Existiert da nicht ein tiefer Graben zwischen den Auffassungen der Ökonomiewissenschaftler und des Ökonomiepraktikers, tiefer, als man es eigentlich in einer gemeinschaftlichen Veröffentlichung erwarten sollte?«

Gräben zu überbrücken, divergierende Ansichten zu integrieren in eine verbindende Einsicht ist eine Aufgabe des Markenmanagers. Aber die hier ist besonders schwierig. Er darf keine Stimme unterdrücken, nicht majorisieren bei der Herausarbeitung einer für alle Beteiligten wichtigen Erkenntnis. Das ist schon schwierig, wenn es darum geht, auf der Grundlage gesicherter Gemeinsamkeiten vorwärts zu arbeiten. Die Grundlage aber fehlt ja noch. Eine zusätzliche Schwierigkeit liegt in diesem Falle darin, dass noch niemand eine Ansicht vertreten will, dass alle Ansichten noch nicht genug gefestigt sind. Offenbar befinden sich alle Beteiligten noch in einer Phase tastender Prüfungen. Das scheint auch das PR-Talent aus der Runde zu spüren und gibt wieder einmal sein Bestes:

»Vielleicht hilft uns der Begriff Markenkern doch nicht weiter. Vielleicht gibt es einen besseren Begriff. Mir fällt da der Begriff der Identität ein. Sollten wir an die Stelle des Wortes Markenkern vielleicht das Wort Markenidentität setzen? Was halten Sie davon? Man benutzt den Begriff der Identität ja nicht nur für Menschen, sondern auch für Sachen. Man prüft nicht nur die Identität von Personen, sondern auch von Institutionen und sogar von wichtigen Gegenständen, zum Beispiel von Dokumenten und Kunstwerken, also immer von Originalen. Man prüft da die Echtheit, wenn man nach der Identität forscht. Eine Marke sollte doch wohl auch ein Original sein. Glauben wir nicht, dass unsere Marken ihren Anhängerschaften das Erlebnis eines einzigartigen, originären Wertes vermitteln? Den Begriff der Einzigartigkeit, der *Uniqueness* höre ich oft, wenn über Marken geredet wird. Meistens dann, wenn die Uniqueness zweifelhaft ist. Da diskutiert man oft heftig über die Identifikation und Kommunikation der Uniqueness einer Marke.«

Wie findet man die *Uniqueness* in der *Identity*?

Erstmals meldet sich einer der Schweigsamen am Tisch. Das Wort Identität hat ihn anscheinend getroffen. Es ist der Designer des Hauses, ein fester Freier, man behandelt ihn vorsichtig. Der Streit zwischen den Kaufleuten und Wissenschaftlern scheint ihn nicht sonderlich berührt zu haben. Originalität und Identität betreffen ihn. Sie betreffen ihn nicht nur deshalb, weil er sich für die *Corpo-*

rate Identity des Hauses verantwortlich fühlt, sondern weil sein ganzes künstlerisches Streben diesen Werten gilt. Er ist kein oberflächlicher Formalist, kein modischer Ästhet, und hat für die Profilierung des Firmenbildes schon einiges geleistet. Er sieht nicht nur die Produkte als Gegenstand seines Designs, sondern auch das Unternehmen. Da darf er sich jetzt wohl vorwagen:

»Identität, das Wort ist gut. Darauf habe ich gewartet. Ich habe mich viel mit Identity beschäftigt, das verstehen Sie. Ganz besonders natürlich mit der Identität unseres Unternehmens. Identität ist für mich ein anderes Wort für Wahrheit. Wenn ich mit meinen Mitteln als Designer unser Haus vertrauenswürdig kommunizieren soll, muss ich versuchen, die Wahrheit zu kommunizieren. Nur die Wahrheit verdient Vertrauen, und um Vertrauen geht es uns doch. Das war doch das Wort, mit dem mein Public-Relations-Nachbar dieses Gespräch eingeleitet hat. Vertrauen, das ist doch unser Markenziel, wenn ich richtig verstanden habe.«

»Also, Vertrauen verdient nur das Echte, das Wahre. Ich habe das gelernt. Das war für mich als Designer gar nicht einfach. Als ich jung war, als ich studierte, wollte ich vor allen Dingen erst einmal Schönes machen. Ich wollte meine Vorstellungen von Schönheit ausdrücken. Das ästhetische Niveau meiner Arbeiten war mir wichtig. Und natürlich wollte ich mich auch selbst verwirklichen. Wir Designer wollten uns alle verwirklichen, jeder von uns wollte zeigen, was er ganz persönlich für schön hält. Insofern waren unsere Arbeiten damals schon echt. Aber sie waren total unbrauchbar, nämlich unbrauchbar für andere.«

»Es war hart, das zu begreifen. Es hat mich Jahre gekostet. Hätte ich das Zeug dazu gehabt, das Genie und den Charakter, um meinen Weg als freier Künstler zu machen, dann wäre mir diese Härte wohl erspart geblieben. Wer weiß. Als Auftragskünstler, als Designer, weiß ich jedenfalls heute ganz genau, dass nicht meine Person zählt, nicht die Identität meiner Persönlichkeit, sondern die Identität des Unternehmens, für das ich als Designer arbeite. Diese Identität muss ich kommunizieren. Dazu muss ich sie natürlich erst einmal verstehen. Ich bemühe mich seit Jahren darum, die Identität unseres Unternehmens, seiner Produkte und unserer Marken zu verstehen und bin wirklich sehr neugierig, was Sie mir dazu zu sagen haben.«

»Auf jeden Fall muss es noch etwas anderes geben als Markenimages oder Markenbilder. Von einem Nichts kann man doch kein Bild machen. Wie sollte ich etwas ausdrücken, wenn es das Etwas gar nicht gäbe? Ob Sie das, was ich da durch mein Design ausdrücken soll, Seele nennen, Markenkern, Wesen, Wesenskern oder gleich Marke, ist mir im Prinzip gleichgültig. Meine Aufgabe ist, die Corporate Identity dieses Unternehmens und die Brand Identity seiner Produkte zu kommunizieren. Mit dem Wort Identität habe ich kein Problem, aber mit unserer Identität schon.«

Beachtlich, das Wort und die Theorie. So viel Theorie hört man selten von einem Designer, jedenfalls nicht so viel Markentheorie. Wenn man in der Alltagsarbeit des Markenmanagements mit Designern zu tun hat, erlebt man sie selten so gründlich. Wenn Designer ihre Arbeit kommentieren, sprechen sie meistens über visuelle Probleme, über das Sichtbare mehr als über das, was man dabei empfindet und was man sich aus seinen Empfindungen macht. Wenn frisch Diplomierte erst einmal anfangen zu theoretisieren, versteht man sowieso nichts mehr. Die Designpraktiker theoretisieren nur noch ungern, die besten unter ihnen überhaupt nicht. Sicher denken sie, aber sie sprechen nicht gern darüber. Hier hat ein Stiller gesprochen. Der Psychologe staunt. Kollege oder Versuchsperson – das ist hier die Frage. Der Marketingchef ist weniger überrascht. Er kennt seinen Arbeitspartner, weiß, dass er schwierig ist. Man kann ihm nicht einfach Anweisungen geben wie einem Lieferanten. Aber man muss ihn führen. Also versucht er es immer wieder:

»Ich glaube nicht, dass Identität das richtige Wort ist. Ich glaube nicht, dass das Wort Identität beschreibt, was wir hier hinter dem Wort Markenkern vermuten. In dieser Broschüre zum Beispiel tauchen auch beide Begriffe nebeneinander auf, »brand identity« und »brand core«. Die Broschüre ist brandneu und stammt von der größten deutschen Werbeagentur. Sie befasst sich nur mit der Marke. Das Wort *Brand Core* ist ins Deutsche sowohl mit Markenherz als auch mit Markenkern zu übersetzen. Es ist in den englischsprachigen Ländern mindestens genauso bekannt wie unser Markenkern, eher noch bekannter. Im Brandmanagement wird es fast ebenso selbstverständlich verwendet wie das Wort *Brand Image*. Ob das *Brand Core* aber in den *Brand Sciences* schon ernsthaft behandelt wird, weiß ich leider nicht. Ich glaube eher nicht.«

»In der Broschüre finden Sie ein Bild, in dem alle drei Begriffe auftauchen, Identity, Core und Image. Ich habe ein ähnliches Bild auch schon als Illustration zum Markenkern gesehen. Der Markenkern wurde da als Pfirsichkern bezeichnet, um zu verdeutlichen, dass er hart ist und eingebettet in eine weiche, zarte Umhüllung, wie es das Fruchtfleisch des Pfirsichs ist. Ähnlich sieht das Bild hier aus. Das Zentrum ist dunkel dargestellt, die Scheibe darum herum zarter, heller. Im Zentrum steht als die zentrale Aufgabe des Markenmanagements *»Developing the Brand Core«*. Hier wird also die Entwicklung des Markenkerns als Hauptaufgabe des Brandmanagements bezeichnet.«

»Das Pfirsichfleisch wird in dem Bild in zwei Hälften geteilt. In der einen Hälfte steht *»Brand Image«*, in der anderen Hälfte *»Brand Identity and Personality«*. Nach dieser Darstellung sind der Markenkern und die Markenidentität also nicht das Gleiche. Das Brand Core, der Markenkern hat danach einen höheren Rang als die Markenidentität. Das Markenimage und die Markenidentität stehen sich zwar gegenüber, aber gleichrangig. Vermutlich soll das Bild ausdrücken, dass das Image die Identität reflektiert, aber hinter beiden noch etwas Wichtigeres existiert, etwas das beide steuert, die Identität ebenso wie das Image. Die Identität umfasst den Kern, das Image umfasst ihn ebenfalls. Was sagt die Psychologie dazu?«

»Für den Psychologen bedeutet die Identität eines Menschen immer seine gesamte Existenz. Eine Identitätsprüfung umfasst auch die leibhaftige Person. Selbst ihr Fingerabdruck ist an einen Körperteil gebunden, mag die Zeichnung der Fingerkuppe auch einzigartig sein. Ich vermute, dass ein Kunstsachverständiger es auch nicht anders sehen kann. Wenn er die Echtheit eines Gemäldes bestätigen soll, muss er sich zugleich mit der Leinwand und der Ölfarbe auch mit dem Farbauftrag und Duktus des Pinselstrichs befassen. Die Zerlegung von Körper und Geist funktioniert bei uns nicht einmal in der Theorie, geschweige denn in der diagnostischen Praxis.«

»Mit der Theorie, dass man dem Markenimage die Markenidentität gegenüberstellen kann wie der Wirkung die Ursache, kann ein Psychologe leben. Wie man jedoch eine Markenidentität von einer Markenpersonalität unterscheiden will, das ist mir schleierhaft. Ich glaube, dass man in dem Bild einfach gern die beiden beliebten Wörter unterbringen wollte, dass man nicht auf die schöne Idee von der Persönlichkeit verzichten wollte. Aber das ist ja wohl auch nicht so wichtig. Wichtiger ist sicher die Aussage des Bildes, dass es außer Markenidentität und Markenimage noch ein Drittes gibt, das Herz oder den Kern von den beiden. Was sagt denn in Ihrer Broschüre der Bildkommentar zum Brand Core?«

Unser Marketingleiter ist sehr an einer verbindlichen Markendefinition interessiert, ernsthafter als viele seiner Kollegen. Er liest: »Unter der Überschrift 5. *Brand Core Development* wird für das Brandmanagement ein Fünfstufenprogramm vorgeschlagen. Nach diesem Programm soll eine Marke über fünf Entwicklungsstufen hinweg immer mehr an Bedeutung gewinnen. Auf der untersten Entwicklungsstufe markiert die Marke noch funktionale Aspekte eines Produktes, wie es hier heißt. Ich würde sagen, das ist die Stufe, die in dem Pyramidenmodell der beiden Autoren des zweiten Aufsatzes aus dem Sammelwerk als Markenkern bezeichnet wurde. Aber von Markenkern oder Brand Core ist hier im Kommentar zur untersten Stufe der Broschüre nichts zu lesen. Ich glaube auch nicht, dass die Agentur das Brand Core auf dieser allerersten Stufe ihrer Markendefinition lokalisiert. Sie sagt nämlich, dass die Marke sich auf dieser Stufe an die Vernunft ihrer Anhängerschaft wendet und nicht an ihr Herz. Die Agentur hält aber schon eine Marke für denkbar, die nur auf der Ebene der vernünftigen, kognitiven Rezeption existiert. Das scheint mir bemerkenswert.«

»Addressing the rational, cognitive plane in a consumer's head«, heißt es hierzu wörtlich, zwar in einem anderen Bild, aber vermutlich zur gleichen Stufe der Markenentwicklung. Das Bild ist überschrieben mit *Dimensions of Brand Identity*. Der Zusammenhang zwischen diesen Dimensionen und den Stufen der Markenentwicklung ist sprachlich nicht ganz schlüssig, aber es scheint so, als ob das Entwicklungsmodell mit seinen fünf Stufen auf die fünf Zonen des Identitätsmodells Bezug nimmt. Jedenfalls führen beide Modelle in fünf Schritten von einer rationalen hin zu einer religiösen Markenfunktion. Auf der fünften Entwicklungsstufe erreicht die Marke den *»Legendary status«* einer *»Mythological brand«*. So heißt es hier. Als Beispiele werden die Marken Harley-Davidson und Ferrari genannt. Ihnen wird ein religiöser Status als Kultmarken zugeschrieben. Das Wort *religiös* ist allerdings apostrophiert. Vor einem solchen Status

wird auch ausdrücklich gewarnt. Er sei nicht für alle Marken wünschenswert und könne nur in besonderen Fällen erreicht werden.«

Markengläubigkeit

Fürchtet man Marken als Religionsersatz?

Der Marketingleiter zweifelt: »Ob die Agentur die fünfte Stufe einer Markenentwicklung für erstrebenswert hält oder nicht, ist mir unklar. Es scheint fast so, als sähe man auf dieser Stufe mehr Risiken als Chancen. Zwei Risiken sind im Kommentar angedeutet, Risiken aus Entwicklungen, die außerhalb der Kontrolle des Unternehmens liegen. Kann es sein, dass die Agentur davor warnen will, eine Marke mit Werten zu verbinden, die einem gesellschaftlichen Wertewandel ausgesetzt sind? Ich denke, hierauf müssen wir noch zurückkommen.«

»Zunächst wissen wir aber aus dieser Broschüre Folgendes: Der Begriff Markenkern oder Brand Core wird durchaus ernst genommen. Er taucht an prominenter Stelle auf, sozusagen als Zentrum der Zielscheibe des Markenmanagements. Er wird aber weder einer bestimmten Arbeitsstufe des Brandmanagements noch einer bestimmten Markenfunktion oder einer bestimmten Markenentwicklungsstufe zugeordnet. Man packt offensichtlich in das Wort Brand Core oder Markenkern alle Funktionen einer Marke hinein, rationale Produktfunktionen ebenso wie emotionale Erlebnisfunktionen, soziale Ordnungsfunktionen ebenso wie metaphysische Kultfunktionen. Das Wort definiert also nicht, was wir suchen. Trotzdem führt es wohl auf die richtige Spur. Es bestätigt immerhin unsere Erkenntnis, dass hinter dem Markenimage irgendeine Substanz existiert, wie immer sie auch beschaffen sein mag.«

Das Wort Substanz mobilisiert in der Runde eine neue Suchaktion, zunächst unter ökonomischen Vorzeichen: »Als Wirtschaftswissenschaftler fällt mir für den Begriff *Substanz* das inzwischen gebräuchlichere englische Wort *Assets* ein. Wir bezeichnen heute unter *Assets* nicht mehr nur Sachanlagen, sondern auch immaterielle

Teile des Anlagevermögens eines Unternehmens, oft in Verbindung mit *fixed*, also als *fixed assets*. Auch immaterielle Anlagewerte sind fixed assets, bleibende Anlagewerte. Um einen solchen geht es doch bei einer Marke, dafür suchen wir doch wohl ein Wort. Und dahinter die inhaltliche Vorstellung. Brand Assets oder Markensubstanz, wie finden Sie das?«

Der Marketingmanager hat die Broschüre der Werbeagentur vollständig gelesen. Die Agentur liegt gegenüber ihren Wettbewerbern deutlich vorn. Sie berichtet nicht nur über ihre eigenen Erkenntnisse, sondern auch über die Erkenntnisse ihrer Wettbewerber, zwar nur kurz gefasst, aber doch sachlich. Sie stellt fünfzehn Markenmodelle vor und unterschlägt dabei ihre wichtigsten Unterscheidungsmerkmale nicht. Eine vergleichbare Übersicht hat in Deutschland vor ihr nur ein unparteiischer Außenstehender veröffentlicht. Alle ihre Wettbewerber haben den Leistungsvergleich bisher nach besten Kräften verhindert. Manche haben erhebliche Anstrengungen unternommen, die Vergleichbarkeit ihrer Modelle durch die Erfindung neuer Begriffe zu erschweren, einige haben ihre Modelltitel sogar markenrechtlich schützen lassen.

Für den Erkenntnisfortschritt in der Markenforschung und für die Praxis des Markenmanagements ist solche Geheimniskrämerei natürlich nicht gerade förderlich, und ich wundere mich, dass sie bisher kein betroffener Markenmanager öffentlich kritisiert hat. Ginge es den Geheimniskrämern um den Schutz institutsspezifischer Arbeitsmodelle, dann könnte man ihren Tarnungsaufwand ja verstehen. Aber es geht hier doch um das Verständnis eines existierenden Gegenstandes von allgemeinem Interesse, den keiner der forschenden Wettbewerber erfinden kann. Es geht schließlich um die Identifikation eines naturgegebenen Objektes, eines Gegenstandes, der ebenso natürlich existiert wie ein menschliches Organ, wie Magen, Herz oder Hirn.

Man stelle sich einmal vor, welchen medizinischen Erkenntnisstand unsere Ärzte heute wohl hätten, wenn die unzählig vielen an der Identifikation der menschlichen Organe beteiligten Forscher versucht hätten, ihre Erkenntnisse für sich zu behalten. Wenn jeder der an der Erforschung des Herzens beteiligten Wissenschaftler seinen bescheidenen Erkenntnisbeitrag für sich reserviert hätte, wüssten wir heute über die Pumpe in unserer Brust wohl kaum mehr, als uns ein Metzger sagen kann. Eine Herztransplantation hätte dann sicher noch kein Arzt gewagt. Wir dagegen transplantieren im Markenmanagement längst fröhlich drauflos, wenn wir unsere Marken von einem Produkt in das andere Produkt transferieren und sie sogar in Lizenz abgeben an fremde Unternehmen. Wir sprechen von Brand Cores, transplantieren die Cores und haben von ihrer Beschaffenheit weniger Ahnung als ein Metzger. Unser Organhandel aber blüht schon.

Unsicher ist natürlich bis heute, was vielleicht irgendwo schon erkannt und noch nicht veröffentlicht wurde. Hier besteht sicher Handlungsbedarf. Die Markenwirtschaft sollte vielleicht durch den Markenverband allen an der Markenforschung Beteiligten die Möglichkeit geben, ihren Erkenntnistand in der Fachöffentlichkeit zu präsentieren, ohne Furcht vor Spott, Verleumdung und Diebstahl. Man sollte nach dem Vorbild etablierter Wissenschaften ein kontinuierliches, öffentliches Fachgespräch einleiten, um endlich einer seriösen, wissenschaftlichen Markenforschung in die Startlöcher zu helfen. Was sich bis heute als Markenforschung ausgibt, ist weder wissenschaftlich noch seriös, denn es ist nicht auf das Verständnis des Forschungsgegenstandes ausgerichtet, sondern nur auf seine wirtschaftliche Nutzung.

Eine ernsthafte, vertrauenswürdige Forschung setzt geistige Freiheit voraus, erst recht, wenn es um die Erforschung elementarer Lebens- und Arbeitsgrundlagen geht. Das Verständnis der Marke ist die Arbeitsgrundlage für eine schon heute unabsehbar große, wachsende Zahl von Menschen, die bei ihrer Arbeit viel Geld ausgeben und große Hoffnungen an den Erfolg ihrer Arbeit knüpfen. Schon der immense Kommunikationsaufwand, der heute noch ohne ausreichende Grundlagenkenntnis betrieben wird, rechtfertigt eine Markenforschung in der Freiheit einer Grundlagenforschung.

Grundlagenforschung ist nicht so sehr von großen Budgets abhängig, wie oft behauptet wird. Forschergeist ist wichtiger. Starke Neugier, unwiderstehlicher Erkenntnisdrang haben schon unter widrigsten äußeren Umständen großartige Ergebnisse für die Menschheit hervorgebracht, während der reiche Fluss von Sponsorengeldern im Namen des Fortschrittes immer wieder ergebnislos in wuchernder Forschungsbürokratie versickerte. Die Geschichte liefert genügend Beweise dafür, dass es auf die Menschen ankommt und nicht auf das Geld. Mobilisieren wir die Neugier. Die Neugier verwandelt Unbekanntes in Bekanntes, Unsicherheit in Sicherheit. Neugier ist der Preis für Sicherheit.

Es fehlt im Branding nicht an Geld, es fehlt an Forschergeist. Die Broschüre der gerühmten Werbeagentur berichtet über fünfzehn Markenbewertungsmodelle, es gibt noch mehr. Der finanzielle Aufwand für die Entwicklung und Publikation aller Modelle war erheblich. Seine akquisitorische Zweckgebundenheit hat ihn für den Erkenntnisfortschritt jedoch nahezu entwertet. Jedes dieser Modelle zielt auf die wirtschaftliche Nutzung von Marken, ein großer Teil sogar auf eine monetäre Bewertung der Marken. Über den Nutzen, den jene Menschen aus ihren Marken ziehen, die sie in ihren Gehirnen hervorbringen, berichtet keines der Modelle. Je weniger Auskunft die Modelle über den Nutzwert von Marken für ihre Anhängerschaften geben, desto detailliertere Auskünfte versprechen sie über ihren Handelswert.

Die Agentur hat eine Einordnung der verschiedenen Markenmodelle in Gruppen versucht. Sie unterscheidet zwischen Modellen, die an Geschäftswerten *(Business finance)* orientiert sind, also letztlich am Markenhandel und solchen, die am Verbraucherverhalten *(Behaviorally)* orientiert sind, also am Markenmanagement. Die Zuordnung der einzelnen Modelle zu den beiden Gruppen ist nicht immer ganz leicht nachvollziehbar. Leicht nachzuvollziehen ist dagegen ihre Ausrichtung. Alle Markenmodelle sind auf die Kundschaft ihrer jeweiligen Verfasser ausgerichtet, und zwar mit großer Entschiedenheit. In allen Modellen wird die Marke a priori unter der Perspektive ihrer ökonomischen Nutznießer betrachtet, also zweckgebunden. Man rekonstruiert mutmaßliche Wirkungen der Marke im Hinblick auf ein wirtschaftliches Ziel, noch ehe man versucht hat, die Realität der Marke zweckfrei nachzumodellieren. Man unterwirft die Modellentwicklung einer Zweckbestimmung, noch ehe man den Gegenstand des Modells erforscht hat. *Man verteilt das Bärenfell, noch ehe man den Bären erlegt hat.*

Bis heute fehlt allen Modellen zur Markenbewertung die Grundlage

Die bisher entwickelten Modelle zur Bewertung von Marken sind für die Tagesarbeit des Markenmanagers ebenso wertlos wie für die Preisermittlung bei der Übertragung von Eigentums- und Verwendungsrechten an Marken. Beim Handel mit Marken und Markenlizenzen können sie allenfalls der Täuschung von Eigentümern und Erwerbern dienen. Ihre Wertlosigkeit ist nicht nachlässiger Arbeit zuzuschreiben, sondern der Fachperspektive der Wirtschaftswissenschaftler. Je mehr sich die Forscher der Ökonomie anstrengen, desto weiter entfernen sie sich von ihrem Forschungsgegenstand. Das hat etwas Tragisches.

Weil ökonomische Ziele in ökonomischen Daten ausgedrückt werden müssen, können unter einer ökonomischen Verwertungsperspektive auch nur ökonomische Modelle entstehen. Weil man ökonomische Modelle nur aus vorhandenen ökonomischen Daten konstruieren kann, sind alle ökonomischen Markenmodelle Konstrukte auf der Grundlage ökonomischer Statistiken. Und weil Statistiken nur über Wirkungen markenbezogener Aktivitäten erstellt werden können, sind alle ökonomischen Konstrukte nur Wirkungsmodelle. Sie geben keine Auskünfte über Wirkungsursachen, und der lange, hochkomplexe Wirkungsprozess, der zu den ökonomischen Wirkungen geführt hat, bleibt völlig im Dunkeln. Die Wertschöpfungsquelle Marke liegt hinter der Vielzahl miteinander und aufeinander wirkender Einflüsse unter der ökonomischen Perspektive in unerreichbarer Ferne. Ein Rückschluss von einem ökonomischen Ergebnis auf den ihm zugrunde liegenden Wertschöpfungsprozess ist sicher immer riskant, der Rückschlussversuch auf eine Wertschöpfungsquelle Marke aber eine reine Fantasieleistung.

Ein Wirtschaftswissenschaftler, der seinen wissenschaftlichen Kredit nicht mit wilden Spekulationen über die Wertschöpfung aus der Marke verspielen will, steht vor der Entscheidung, sich entweder aus der Entwicklung von Markenmodellen herauszuhalten oder aber in eine neue Wissenschaft einzusteigen. Eine Markenwissenschaft, wie immer sie vielleicht einmal betitelt sein mag, ist nicht aus der Ökonomie heraus zu entwickeln. Schon wenn sich der Ökonom auch nur als verständiger Wissenschaftler für die Nutzung von Marken qualifizieren will, muss er die Mauern seines ökonomischen Datenreiches übersteigen. In Anbetracht der Aktualität der Marke sollte er auch nicht zögern, das zu tun. Aber er sollte sich dabei dessen bewusst sein, dass er von den Höhen seiner stabilen, rationalen Konstruktionen einen Kopfsprung wagt in die Tiefe einer fremdartigen, irrationalen Materie. Er muss für das Verständnis der Markenbildung eine neue Sprache erlernen und seine vertraute ökonomische Zeichenwelt hinter sich lassen.

Ehe sich eine Markenwissenschaft mit einer eigenen Sprache etabliert hat, müssen die angehenden Markenwissenschaftler leider vielsprachig sein. Sie müssen wenigstens die Sprachen etlicher Humanwissenschaften so weit verstehen, dass sie die wichtigsten Erkenntnisse ihrer wichtigsten Vertreter auf ihre Relevanz für die Markenbildung überprüfen können. Aber nicht nur die verschiedenen anthropologischen, psychologischen und soziologischen Disziplinen haben dem Markenforscher einiges zu bieten, sondern auch verschiedene Naturwissenschaften. Nachdem sich jeder Wirtschaftler irgendwann am Anfang seines Bildungsweges auch mit Biologie, Chemie und Physik beschäftigen musste, sollte er über die Voraussetzungen verfügen, wenigsten die populärwissenschaftlichen Darstellungen der neurologischen Forschung zu verstehen. Wir leben ja nicht nur im Zeitalter der Genforschung, sondern auch in einer fruchtbaren Phase der Hirnforschung – und die Marke ist ja ein Hirnprodukt.

Was könnte einen Wirtschaftswissenschaftler, der sich mit seiner Initiative für die Marke schon weit aus dem Fenster seines ökonomischen Lehrgebäudes gelehnt hat, daran hindern, sich mit neuropsychologischen Forschungsergebnissen zu befassen? Der Verständnisweg hin zu umfassenderen anthropologischen Erkenntnissen sollte ihm durch Erinnerungen an seinen Schulunterricht über die Geschichte der Erdbevölkerung sicher nicht unzugänglich. Er hat wohl auch kaum ideologische Widerstände gegen einen *Darwinismus* zu überwinden, um sich mit der kulturellen Evolution unserer Art befassen zu können und unsere Vorfahren, die Hominiden, als Erfinder der Marke zu akzeptieren. Sollte er Schwierigkeiten haben, die Marke anthropologisch zu verstehen, dann handelt es sich dabei sicher nicht um intellektuelle. Dann hat er wohl eher ein weltanschauliches Problem zu lösen, ein religiöses. Gelingt ihm dies, so hat er die Chance, an der Entwicklung eines realitätsnahen anthropologischen Markenmodells mitzuwirken und von dort her einen Beitrag zur Humanisierung des Wettbewerbs zu leisten.

Welche wissenschaftliche Disziplin eines Tages bei der Entwicklung eines allgemein gültigen anthropologischen Markenmodells die Führung übernehmen wird, ist heute noch offen. Neben einer großen Zahl von Wirtschaftswissenschaftlern haben bisher nur eine kleine soziologisch ausgerichtete Forschungsgruppe und mehrere einzelne Psychologen Führungsansprüche angemeldet. Die Soziologen haben schon vor einigen Jahren darauf aufmerksam gemacht, dass die Wirtschaftswissenschaft und das Marketing keine realitätsnahe Theorie zur Marke anbieten können. Leider sind sie in ihren eigenen Bemühungen um realitätsnähere Theorien ebenfalls in mechanistischen Konstrukten stecken geblieben. Immerhin liefern aber die Soziologen und Psychologen nicht mehr nur Modelle von Markenwirkungen, sondern schon Modelle zu Kausalbeziehungen der Markenbildung, nicht mehr nur Objektmodelle, sondern schon Prozessmodelle. Ihre kausalanalytischen Darstellungen leiden allerdings noch unter der Idee der Machbarkeit von Marken; deshalb landen auch sie schließlich wieder bei Baukästen. Der Begriff der Markentechnik ist an den Baukästen nicht ganz unschuldig.

Der Erfinder des Wortes Markentechnik verstand es anders als seine Nachfolger. Er benutzte das Wort Technik noch in dem ursprünglichen, umfassenden Sinn des griechischen Wortes für Kunst, Handwerk und Wissenschaft zugleich. Seine Nachfolger dagegen haben es eingeengt auf unser heutiges Technikverständnis. Hans Domizlaff, der Erfinder des Wortes, war Bühnenbildner, Werbeberater und Philosoph, Künstler und Wissenschaftler und religiös. Seine Persönlichkeit, seine praktische Arbeit und sein theoretischer Nachlass strotzen vor mentaler Üppigkeit. Seine Erben stutzten den ungebärdigen Nachlass auf eingängige Konstrukte und handliche Bausteine zurecht, um ihn für jedermann gebrauchsfähig zu machen. Die Tatsache, dass ihr Struktur- und Prozessmodell zur Markenbildung trotzdem noch allen Wirkungsmodellen der Wirtschaftswissenschaftler überlegen ist, beweist den allgemeinen Verständnisnotstand. Davon scheint auch der Marketingleiter unserer fiktiven Diskussionsrunde überzeugt zu sein. Er hat nicht nur ein

Buch über Markentechnik gelesen, sondern auch ein markentechnisches Seminar besucht:

»Ich glaube nicht, dass uns das Wort *Assets* weiterbringt. Vor allem nicht in einem Modell, das nicht auf die monetäre Bewertung von Marken zielt, sondern nur auf das Kommunikationsziel einer Werbeagentur. Hier ist ein solches Modell einer Werbeagentur. Man benutzt hier das Wort *Asset* zwar nicht für die Marke als bilanzierbaren Vermögenswert, aber doch wieder nur für Erfolgswerte von Marken und nicht für die Marke als Erfolgsursache. Zum Beispiel erfasst hier in der Agenturbroschüre ein *Brand Asset Valuator* zwei Wirkungskomplexe, nämlich Markenstärke, *Brand Strength*, und Markenstatus, *Brand Stature*. Unter *Brand Strength* unterscheidet man dann noch *Differentiation* und *Relevance* und unter *Brand Stature esteem* und *knowledge*. Damit erfasst man doch wieder nur wünschenswerte Ziele einer Markenwirkung und nicht die Marke selbst.«

»Lassen Sie uns doch lieber noch einmal auf den Ausgangspunkt unserer Suche zurückkommen. Lassen Sie uns lieber noch einmal bei der menschlichen Analogie ansetzen, beim Zentrum der menschlichen Persönlichkeit, bei seiner Seele. Domizlaff hat überhaupt keine Hemmungen gehabt, immer wieder von Markenseele zu sprechen, er sprach allerdings auch von einer Markenidee. Man findet bei ihm beide Wörter abwechselnd für den Ausgangspunkt der Markenbildung. Eine Idee ist ja auch eine starke Sache und auch eine Menschensache. *Nichts ist schwerer aufzuhalten als eine Idee, deren Zeit gekommen ist*, hat mal irgendjemand gesagt, dessen Name mir entfallen ist. Idee ist geistig, Idee ist stark, Idee ist ein Anfang, ein geistiger Same, der viel Energie entwickeln kann. Ich schlage vor, dass wir den Ursprung einer Marke in einer Markenidee suchen. Dazu schlage ich vor, dass wir mal versuchen festzustellen, wie es zu einer Idee kommt. Dann verstehen wir wohl eher, was dann eine Markenidee wirklich ist und wo wir sie finden.«

Der Psychologe geht auf die Anregung des Marketingleiters ein: »Idee. Das ist eine gute Idee! Lassen Sie uns prüfen, wie eine Idee entsteht. Die Psychologie kann uns da einiges sagen. Wir wissen, dass eine Idee in einem Kopf geradezu Fürchterliches anrichten kann. Sie kann das ganze Denken beherrschen, ja den ganzen Menschen, seine Gefühle, seine Bestrebungen, seine Handlungen. Der

Volksmund kennt den Begriff von der *fixen Idee* und meint damit normalerweise keinen besonders erstrebenswerten Zustand. Er spricht damit eine Besessenheit an, einen pathologischen Zustand beinahe. Extreme einer Idee sind Wahn, Trauma, Fanatismus. Ideen können gefährlich werden, man muss sie kontrollieren.«

»Die Idee macht Fanatiker, Fans und treue Verbraucher. Ob sich ein Islamist einen Dynamitgürtel umschnallt, um seinem Allah in Bestform zu begegnen, ob Ihr Sohn eine sechshundert Kilometer lange nächtliche Autoreise auf sich nimmt, um das Endspiel von Bayern München zu sehen, ob Ihre Jüngste in Tränen ausbricht, weil sie unter dem Weihnachtsbaum statt der ersehnten Nike nur Reebok vorgefunden hat oder ob Sie selber wieder einmal überrascht feststellen, dass Sie entgegen Ihrer Absicht und völlig gedankenlos aus dem Zigarettenautomaten genau Ihre Marke gezogen haben – für alle Fälle gilt der gleiche Befund: Alle vier Handlungen waren nicht von der Vernunft bestimmt, sondern von der Idee. Jeder der vier Menschen war von einer Idee beherrscht. Ideen sind stärker als die Vernunft. Ideen machen sich die Vernunft zunutze, aber sie unterwerfen sich nicht der Vernunft.«

Die Idee beherrscht die Vernunft

Der Marketingchef zweifelt: »Das sieht Domizlaff wohl nicht so eng. Er benutzt den Begriff der Idee auch zur Bezeichnung von ganz vernünftigen Erfindungen. Er fordert sogar von Markentechnikern, dass sie auf ganz vernünftige Art und Weise, systematisch und zielstrebig nach einer Markenidee an ihrem Produkt suchen. Er fordert, dass sie immer nach einer Besonderheit an ihrem Produkt suchen, und wenn sie keine Besonderheit finden, sich eine solche einfallen lassen. Er meint, dass die Besonderheit an einem Produkt die Voraussetzung für seine Markenbildung sei. Er setzt also ein vernünftiges Unterscheidungsmerkmal am Produkt mit einer Markenidee gleich.«

»Wie aber kann ein vernünftiges Produktmerkmal zu einer unvernünftigen Verbraucherbindung führen oder gar zu einer fanatischen Anhängerschaft, zu Fans? Haben wir da nicht einen Widerspruch zwischen Ihrer psychologischen Definition einer Idee und

Domizlaffs Definition? Und erst recht zwischen Ihrem psychologischen und dem allgemeinen Verständnis des Wortes Idee? Im Volksmund gebraucht man das Wort *Idee* doch schon für ganz ungenaue Vorstellungen, ja für spontane Einfälle. Wenn ich zum Beispiel sage ›Ich habe so die Idee, dass das mit dem Euro nicht gut geht.‹ oder aber ›Ich hatte plötzlich die Idee, mal wieder meine Mutter anzurufen.‹ hat das wohl kaum etwas mit Ihrer Idee zu tun. Können wir den Begriff der Markenidee trotz eines derart unverbindlichen Gebrauchs benutzen?«

Der Psychologe ist nun unter Zugzwang. »Meine Definition von Idee und die mir bekannten philosophischen Definitionen von Idee sind tatsächlich enger und strenger als die volkstümlichen und vielleicht auch die von Hans Domizlaff. Meine Definition schließt den willkürlichen Einfall aus, die Spekulation, den Trick und damit auch die beliebige Ideenvielfalt. Nach meinem Verständnis existiert die Idee nur monopolistisch. Nach meinem Verständnis herrscht sie in ihrem Geltungsbereich autoritär und duldet weder Alternativen noch Varianten. Das macht sie ja so gefährlich, das allein erklärt ihre unwiderstehliche Kraft. In der Idee sammelt sich die gesamte Kraft der Psyche, die ihre Durchsetzung in ihrem Geltungsbereich erfordert.«

»Ich kann mir sehr schwer vorstellen, dass ein technisch-ökonomisches Produktmerkmal schon meiner Definition von einer Idee entsprechen könnte. Allerdings kann ich mir gut vorstellen, dass ein Produktmerkmal als ein Hinweis auf eine echte Idee, eine psychische Problemlösung wirkt. Ich weiß leider nicht so viel über Domizlaff wie Sie, und auch nicht, wie er ein Produktmerkmal und eine Markenidee zueinander in Beziehung setzt. Ich vermute aber, dass man sich zu seiner Zeit noch ganz und gar dem Markenartikel verpflichtet fühlte und deshalb auf materielle Produktmerkmale Bezug nehmen musste. Er hat uns genug hinterlassen. Nutzen wir doch, was Bestand hat, und ergänzen den Bestand um das, was uns die Zeit seither beschert hat. Er hätte es bestimmt auch getan. Hätte er noch auf die Forschungsergebnisse der letzten dreißig Jahre zurückgreifen können, dann hätte er gewiss immer wieder den Brückenschlag von den Natur- und Sozialwissenschaften bis hin zur Philosophie, Theologie und Kunst gewagt. Trotzdem sollten wir uns nicht an das Wort Markenidee klammern.«

Dem stimmt der humanistisch gebildete Mann der öffentlichen Beziehungen zu: »Mein Griechisch ist nur noch lückenhaft, aber ich erinnere mich da an ein Wort, das wir noch als Alternative zu Markenidee beziehungsweise zu Idee prüfen sollten. Das Wort hat in fast alle neuen, abendländischen Sprachen überlebt und man kann es ungeniert aussprechen, auch in wirtschaftlichen Zusammenhängen. Seine Popularität hat sicher den Nachteil, dass es auch in vielen Zusammenhängen falsch eingesetzt werden kann, was auch sicher geschieht. Aber ich finde das Wort gut. Ich bitte Sie um Nachsicht, dass ich schon wieder auf mein Lieblingswort am Anfang unseres Gesprächs zurückkomme, auf das Wort Seele. Das Wort, das ich Ihnen jetzt vorschlagen möchte, hat im Griechischen ebenfalls die Bedeutung von Seele, aber nicht nur diese. Es hat auch die Bedeutung von Wesen und im Weiteren für alles Seiende, für alles, was aus sich und für sich selbst bestehen kann. Hört sich das nicht ziemlich endgültig an, wie ein geistiger Ursprungswert? Im Lateinischen heißt das Wort *substantia*, eingedeutscht Substanz. Es gibt eine philosophische Lehre unter dem Titel *Substanzialismus*, eine Lehre, nach der die Seele eine Substanz ist, ein dinghaftes Wesen.«

Der Marketingchef erinnert sich: »Substanz? Das hatten wir doch schon, wir hatten doch die *Markensubstanz* dem *Markenimage* gegenübergestellt und hatten dieses Wort auch als deutsche Übersetzung für das englische *assets value,* erweitert zu Substanzwert, in Betracht gezogen. Warum haben wir es verworfen? War es uns zu materialistisch, haben wir den geistigen Inhalt darin nicht gesehen?«

»Wahrscheinlich habe ich als Psychologe nicht genügend humanistische Bildung mitbekommen. An einen Substanzialismus erinnere ich mich nicht. Dass man mit dem Wort Substanz früher auch ganz ausdrücklich eine seelische Substanz bezeichnet hat, wäre mir nicht in den Sinn gekommen. Wenn das so ist, dann ist kaum etwas gegen das Wort Markensubstanz als Ersatz für Markenidee einzuwenden. Eine Idee ist eine sich selbst tragende psychische Substanz, das ist keine Frage. Also geht beides, *Markenidee* wie *Markensubstanz*. Allerdings habe ich das unbehagliche Gefühl, dass die Vorstellung einer dinghaften Substanz über das Allegorische hinausgeht und möglicherweise in das Transzendente führt, ins Religiöse. Ich wäre neugierig, was ein Theologe dazu sagen würde.«

Das wiederum interessiert weder die Praktiker noch die Theoretiker der Ökonomie: »Als Wirtschaftswissenschaftler ist mir das Wort Markensubstanz wesentlich sympathischer als Markenidee. Es klingt reeller, konkreter, verbindlicher. Ich kenne Substanzwerte aus vielen ökonomischen Zusammenhängen. Substanzwert als Gegensatz zum Ertragswert wie Markensubstanz als Gegensatz zu Markenimage, das gefällt mir. Ich plädiere für Markensubstanz. Substanz kann man bewerten und dann auch daraus über einen Markensubstanzwert berichten. Spricht etwas dagegen?«

An dieser Stelle der Diskussion rate ich Ihnen als Markenmanager, die Suche nach dem Gegenstand, um den sich im Markenmanagement alles dreht, vorerst zu beenden. Jedenfalls die Suche nach dem idealen Analogiebegriff. Die Bedeutungsinhalte der Analogien haben die Teilnehmer sicher begriffen und die sind schließlich wichtiger als jedes Wort. Mag sein, dass irgendwann ein allgemein akzeptierbares, treffenderes Wort gefunden wird, aber das wird dann wohl kaum leichter in den Sprachgebrauch des Markenmanagements einzuführen sein, sondern eher schwerer. Wichtiger als die Treffsicherheit des Wortes ist, dass Sie mit ihm einigermaßen zuverlässig arbeiten können. Natürlich wäre es vernünftiger gewesen, den Begriff Marke gar nicht erst für Markenzeichen, Logo, Markenartikel, Markenimage und ähnliche Randerscheinungen der Markenbildung zu missbrauchen. Dann hätte man an die Stelle von Markensubstanz gleich das Wort Marke setzen können. Aber dafür ist es zu spät. Das Wort Markensubstanz ist glücklicherweise noch nicht verdorben. Außerdem bietet es den Vorteil, dass es das Wort Markenimage deutlich distanziert und damit den Unterschied zwischen der Energiequelle und einer Energiewirkung der Marke anschaulich macht.

Markensubstanz

Eine Marke besteht aus Markensubstanz und Markenimage – basta

Lassen Sie's ruhig dabei, sonst finden Sie den Weg in die Praxis erst, wenn Sie die Praxis nicht mehr interessiert. Treiben Sie Ihre Forscherrunde jetzt lieber dahin herauszufinden, wodurch Markensubstanz entsteht und wie man ihre Bildung fördern kann. Fragen Sie Ihren Psychologen, wie es zu einer fixen Idee kommt, die Sie sich als Markensubstanz nutzbar machen können. Er sollte es wissen.

»Auch ein Psychologe kommt im Laufe seines Lebens immer wieder einmal mit der einen oder anderen philosophischen Lehre in Berührung. So ist mir auch die philosophische Bedeutung des Wortes Substanz nicht völlig neu. Ich weiß, dass die Philosophie die Substanz als das *Seiende* betrachtet. Man kann durchaus auch eine Idee in ihrer Abgeschlossenheit, Widerstandsfähigkeit und Energie als ein solches Seiendes bezeichnen. Trotzdem tritt sie bei einem Patienten niemals ganz zufällig in Erscheinung sondern immer nur eingebettet in besondere Umstände. Sie tritt immer nur dort auf, wo sie notwendig ist, wo sie gebraucht wird, um eine Not zu wenden. Sie tritt zusammen mit einer psychischen Not als Notwendigkeit auf.«

»Eine Markenidee entsteht demnach als Problemlösung für ein psychisches Problem, einen seelischen Konflikt. Der Konflikt stellt sich dem Menschen als ein unvermeidlicher Widerspruch zweier gleichrangiger Ziele dar, als ein Zielkonflikt. Ein psychischer Zielkonflikt kann nicht zugunsten des einen oder anderen Ziels gelöst werden. Beide Ziele fordern das psychische Streben des Konfliktbetroffenen mit gleicher Macht. Um nicht *zerrissen* zu werden, entwickelt die Psyche eine Idee zur Konfliktbewältigung. Diese Idee stellt sich als drittes Ziel sozusagen ersatzweise über die beiden widersprüchlichen Ziele. Indem der Mensch das dritte Ziel anstrebt, überwindet er die beiden anderen. Im günstigen Fall führt das dritte Ziel auf eine höhere Ebene, im ungünstigen in den Abgrund. Wahrscheinlich kommt so die Menschheit voran, über eine Selektion ihrer Ideen. Die Konfliktfülle ihres Lebens treibt sie zu immer neuen Ideen; so schreitet sie im Laufe ihrer Evolution voran. Das wäre eine anthropologische Deutung der fixen Idee.«

»Als Psychologe zweifle ich nicht daran, dass auch eine Markenidee beziehungsweise die Markensubstanz, zu der sich die Idee verfestigt, nichts anderes ist als eine Konfliktlösung. Das bedeutet, dass eine Markenidee auch nur aus einem Konflikterlebnis entstehen kann. Ein Konflikt muss vorhanden sein, gleichgültig wodurch er entstanden ist und ob er bewusst erlebt wird. Normalerweise wird er den konfliktbetroffenen Menschen nicht bewusst, sondern sie haben plötzlich eine Idee zur Konfliktbewältigung. Sie produzieren die Idee nicht, sie haben sie, ganz plötzlich. Die Idee fällt ihnen zu wie ein Geschenk des Himmels. Die Menschen wissen auch normalerweise nicht um die Beziehung zwischen ihrer Idee und ihrem Konflikt. Sie werden sich ihres Konfliktes nur dann bewusst, wenn ich ihnen dabei helfe. Der Psychotherapeut versucht dem Patienten Hilfe zur Konfliktbewältigung zu leisten, indem er ihm den Konflikt ins Bewusstsein hebt. Das gelingt ihm auch oft. Aber die Psychotherapie ist natürlich nicht der Normalfall. Der Normalfall einer Konfliktbewältigung ohne psychotherapeutische Hilfe ist die Idee.«

»Konflikte können auf vielen Bewusstseinsebenen auftreten. Ich vermute, dass Markenideen auf Konflikte zu beziehen sind, die ziemlich tief im Unterbewusstsein ihrer Anhänger liegen. Das schließe ich aus der Tatsache, dass die Menschen allgemein überhaupt keine Anstrengungen unternehmen, sich gegen Markenideen zu wehren, sie kognitiv aufzulösen. Ideen, die Konflikte auf höheren Bewusstseinsebenen überwinden, die also leichter von den Betroffenen erkannt und durchschaut werden können, führen im Allgemeinen relativ bald zu einer Auflösung der Ideen beziehungsweise dazu, dass sich die Anhänger von ihren Ideen lösen. Je tiefer eine Konfliktkonstellation im psychischen Fundament eines Menschen wurzelt, desto mächtiger ist die Idee, die ihr entspringt. Die Idee des

Selbstmordattentäters wurzelt mit hoher Wahrscheinlichkeit tiefer als die Idee des Bayern-Fans.«

Das war eine wichtige Information, vor allem für Ihren Kommunikationsexperten. Wenn er aufgepasst hat, ist ihm schon bald klar geworden, dass er bisher ziemlich viel falsch gemacht hat. Er erkennt, dass sein Bild vom Empfänger seiner Botschaften bisher unvollständig war, ja mehr noch, dass er sein ganzes Kommunikationsverständnis erweitern muss. Er sieht plötzlich, dass die Logik seines schönen Anschauungsmodells vom Prinzip der Kommunikation zu schlicht war. Er sieht, dass es außer den vier Größen *Kommunikator, Kommunikation, Rezipient* und *Kommunikationsrahmen* noch eine fünfte Größe gibt, die offenbar viel mehr Einfluss auf das Kommunikationsergebnis haben kann als alle vier, eine Größe von überragender Bedeutung. Also fragt er mutig in die Runde:

»Habe ich richtig verstanden, dass die Substanz einer starken Marke tief verborgen in den unbewussten Bereichen der Psyche ihrer Anhängerschaft liegt? Dass sie dort als Folge eines unbewussten Konfliktes entstanden ist, also automatisch, als ein Produkt der menschlichen Natur? Und das vielleicht schon lange, bevor wir sie zur Kenntnis nehmen konnten, lange, bevor wir zur Welt kamen? Dann müssen wir doch vollkommen umdenken, ganz anders an die Markenkommunikation herangehen als bisher! Wenn die Substanz unserer Marke schon zusammen mit ihrer Anhängerschaft zur Welt kam, heißt das doch, dass unser Einfluss auf die Entwicklung unserer Marke viel geringer ist, als wir bisher dachten? Dann stehen ja alle Ergebnisse meiner Versuche schon fest, ehe ich sie unternehme!«

Ein kollektiver seelischer Orientierungskonflikt ist der Anfang

Ein klarer Kopf, der Mann hat Recht. Er hat begriffen, dass die Selbstherrlichkeit seiner Zunft nur ein Ausdruck ihres jugendlichen Unverständnisses ist, dass auch der kreativste Kommunikationskünstler dem Schöpfer unserer Konfliktlösungsideen nicht die Schöpfung abnehmen kann. Er versteht jetzt die Bemerkungen, die ich im ersten Teil dieses Buches zur Arroganz der Markenmacher gemacht habe. Aber er hat noch nicht erkannt, was ihn für den Verlust seiner Illusion entschädigt. Sein Designkollege scheint es zu ahnen; er wirkt nicht besonders bedrückt:

»Natürlich, so ist es. Das ist die logische Konsequenz. Ich bin ganz Ihrer Meinung. Ich sehe das vollkommen klar vor mir: Wir können nur etwas zur Welt bringen, was da schon irgendwo auf der Welt existiert. Wir sind nur Geburtshelfer. Unsere Markensubstanz existiert schon in einem vorgeburtlichen Zustand, embryonal sozusagen. Sie lebt in der Psyche ihrer potenziellen Anhängerschaft, das heißt jener Menschen, die sie brauchen. Wir machen das Markenbaby nicht, aber wir bringen es ans Licht. Wir sind Geburtshelfer, wir ziehen das Baby auf, wir bilden es aus. Wir sorgen dafür, dass es groß und stark und schön wird und dass es sich erfolgreich im Existenzkampf behauptet, im Wettbewerb der Marken. Wir formen eine Substanz, die ihr Erfolgsprogramm schon enthält. Wir stimulieren sein Programm, seine Begabungen und sein Wachstum. Wir machen es nicht, Gott sei Dank.«

Ein Mann der Praxis, ein Marketingmanager, braucht Humor: »Entzückend. Und wie finden wir unser Glückskind? Darf man das einmal fragen als Verantwortung tragender Praktiker? Müssen wir jetzt eine Befragung aller konfliktgeschwängerten Mitmenschen veranstalten? Und wie machen wir dann unseren Schwangerschaftstest? Woran erkennen wir, was das Ungeborene taugt? Arbeiten wir mit Ultraschall? Im Ernst: Wer zeigt uns unsere Markensubstanz, wer sagt uns, was wir aus ihr herausholen können, wer liefert uns die Maßstäbe dafür, wie wir mit ihr umgehen müssen, damit sie groß und stark wird?«

»Dafür brauchen Sie Menschen wie mich, Marktpsychologen mit Markenverständnis. Marktforscher können Ihnen nicht helfen, ihre Meinungsbefragungen bleiben an der Oberfläche. Selbst für uns Psychologen ist es nicht leicht, eine Markenbildung bis in ihren Ursprung hinein auszuleuchten. Mit den üblichen Methoden der Imageforschung greifen wir nicht tief genug. Auch mit tiefenpsychologisch angelegten Gesprächen, so genannten Explorationen nicht. Wahrscheinlich kommen wir mit Gesprächen überhaupt nicht weiter. Wahrscheinlich müssen wir Methoden der nonverbalen Kommunikation einsetzen.«

»Die Markenforschung stellt auch die Tiefenpsychologie vor eine neue Aufgabe. Der Erforschung einer Markensubstanz und ihres

Ursprungs ist eine echte Herausforderung. Wir werden schon mit neuen Methoden experimentieren müssen, um die Markensubstanz hinter dem Markenimage freizulegen. Schon das wird nicht einfach sein, weil alle verbalen Aussagen unserer Versuchspersonen ja immer an bewusste und damit auch konkrete Erinnerungen gebunden sind. Deshalb liefern ja auch alle Imageberichte nur Befunde über Wirkungen von konkreten Produkten, Personen, konkret erlebbaren Leistungen oder Unternehmen. Das Markenimage bezieht sich aufs Konkrete, die Markensubstanz dagegen ist abstrakt. Sie ist nicht im kognitiven Bereich zu identifizieren. Wir werden ein komplexes Abstraktionsproblem vor uns haben. Aber wir werden es lösen, da bin ich zuversichtlich. Schließlich ist doch jede wissenschaftliche Aufgabe eine Abstraktionsaufgabe. Sie wird nicht ganz leicht zu lösen sein, aber wir werden sie lösen. Das verspreche ich Ihnen.«

Ohne psychologische Abstraktion ist keine Markensubstanz zu erforschen

Der Psychologe hat Recht. Er hat eine reelle Chance und sollte sich an die Arbeit machen. Denn er hat das Hauptproblem der Markenforschung schnell erkannt. Es gilt, die Empfindungen aus der Marke von den Empfindungen aus dem mit ihr verbundenen Produkt oder Unternehmen zu isolieren. Das ist die neue Forschungsaufgabe. Die mit der Lösung verbundene Schwierigkeit kann jeder Mensch an sich selbst feststellen. Wir verknüpfen unsere Empfindungen aus einer Marke stets mit einem konkreten Erlebnis, und zwar genau in dem Augenblick, in dem uns der Markenname bewusst wird und wir uns über ihn äußern müssen. Es ist uns unmöglich, an einen Namen oder Begriff zu denken, ohne ihn gleichzeitig mit einem Gegenstand zu verbinden, den er bezeichnet. Unser Denken und Sprechen verdrängt unser unbewusstes Empfinden.

So geht es uns mit allen tiefen Empfindungen, mit allen primär vom Gefühl getragenen Erinnerungen. Sie lösen sich auf, sobald wir sie analysieren. Empfindungen sind eben empfindlich. Will man sie ergreifen, festhalten und weiter reichen, dann verschwinden sie. Sie lösen sich in Bruchteilen von Sekunden auf; zurück bleibt nur der konkrete Anlass für die Empfindung. Das weiß jeder von uns. Jeder von uns hat das schon viele Male in seinem Leben erfahren, schmerzlich dann, wenn er schöne Empfindungen festhalten wollte, ohne Bedauern, wenn es quälende Empfindungen waren. Der Mensch weiß das, der Profi vergisst es leider oft.

Wenn der professionelle Forscher es schafft, auch aus den Quellen seiner eigenen, urmenschlichen Erfahrungen zu schöpfen, schafft er es auch, Methoden dafür zu entwickeln, die der Naturgebundenheit seiner Versuchspersonen gerecht werden. In der Gewissheit, dass die stärksten Bindungen des Menschen mit seinen tiefsten, zartesten und flüchtigsten Empfindungen verbunden sind, wird er die Notwendigkeit erkennen, seine Methoden deutlich zu verfeinern. Er überschreitet dann gern die Grenzen unserer allgemein so maßlos überschätzten und überforderten kognitiven Kommunikation.

Das Ziel, die Markensubstanz hinter einem Markenimage zu ergründen, ist mit den heute allgemein gebräuchlichen Methoden der Kommunikationsforschung nicht zu erreichen. Alle ihre Methoden sind viel zu grob. Sie wirken auf die Empfindungen der Versuchspersonen brutal ein, was zur Folge hat, dass dem Forscher die Empfindungen als Erkenntniszugänge verschlossen bleiben: Die kognitive Zensur der Versuchspersonen gibt sie nicht frei. Anstelle sezierender Sprachwerkzeuge muss der Forscher sanfte Tast-, Schau- und Lauschwerkzeuge einsetzen. Er muss erreichen, dass sich die Empfindungen der Versuchspersonen öffnen, um hinter ihnen die Ursachen ihrer Empfindlichkeiten zu erkennen. Erst die Ursachen der Empfindlichkeiten bilden die Substanz der Marken, erst sie lassen den Konflikt erkennen, der die Markensubstanz bildet.

Ein Psychologe, der verstanden hat, dass man eine Marke nicht einfach mit einem Markenimage gleichsetzen und mit Methoden der Imageforschung ergründen kann, ist als Auftraggeber für ein psychologisch orientiertes Marktforschungsinstitut kein einfacher Partner. Findet er aber einen kongenialen Institutschef, so können seine Ansprüche in kurzer Zeit beiden Seiten schöne Erfolge bringen. Auftraggeber und Institut können bald einen echten Entwicklungssprung feiern, einen Sprung auf ein deutlich höheres Forschungsniveau. Im Rückblick werden beiden dann ihre bisherigen Forschungsergebnisse und Forschungsmethoden fast als vorwissenschaftlich erscheinen. Und wenn sie die Markenforschung erst einmal als ein fachlich und wirtschaftlich ertragreiches Arbeitsfeld erlebt haben, wird es sie vielleicht sogar dazu drängen, mit Vertretern nachbarschaftlicher Wissenschaften Kontakt zu finden.

Die Psychologen werden ihre Kontaktscheu gegenüber den Neurowissenschaftlern sicher überwinden, wenn sie sich erst einmal ernsthaft mit jüngeren Erkenntnissen über Gedächtnisstrukturen auseinander gesetzt haben. Sie werden auch ihre Vorbehalte gegenüber den Anthropologen und Biologen hinter sich lassen, wenn sie das hohe Alter des Gedächtnisses als wichtigen Aspekt ihrer Arbeit voll in ihr eigenes Lehrgebäude aufgenommen haben. Wer wirklich begriffen hat, wie weit das Netz unserer Assoziationen hinabreicht auf den Grund Millionen Jahre alter, vormenschlicher Erfahrungen, der erliegt nicht mehr so leicht der Illusion, die Substanz einer Marke aus den seichten Gewässern kognitiver Kommunikation herausfischen zu können. Der begreift Kommunikation schließlich auch als biologischen Prozess.

Wer die Grenzen des jungen und kleinen Bereichs kognitiver Gedächtnisleistungen überschritten und die so viel älteren und größeren Bereiche betreten hat, die nicht nur unserer Kognition, sondern all unseren Lebensbedingungen zugrunde liegen, ist auch vor den Versuchungen des Kommunikationstechnikers gefeit. Er wird nicht versuchen, seine Vorstellungen vom Gedächtnis am Modell elektronischer Datenspeicher zu orientieren statt umgekehrt; er wird nicht mehr an die Festplatte im Kopf seiner Versuchsperson glauben und an die Möglichkeit, zuverlässig wie auf Knopfdruck unveränderlich gespeicherte Erinnerungen abrufen zu können. Er akzeptiert, dass eine Versuchsperson genau wie er selbst seine Erinnerungen erst genau in dem Augenblick verfertigt, in dem sie sich ihrer bewusst werden und über sie berichten muss. Fähige Richter, Polizisten und Staatsanwälte wissen das aus ihren Erfahrungen mit Zeugenaussagen schon lange. Wer sich eine Vorstellung davon erlaubt, wie blitzschnell, unvermeidlich und tief hinein in seine leibliche Empfindlichkeit der Stromstoß jeder neuen Empfindung schießen kann, verabschiedet sich leicht von den Illusionen rationalistischer Kommunikationstechnik.

Der Markenforscher soll dem Markenmanager ein wirklichkeitsnahes Modell seiner Marke liefern, nicht ein hübsch vernünftiges, bequemes. Wirklichkeitsnähe ist schon ein hohes Ziel, ein wirklichkeitskongruentes Markenmodell vielleicht nie erreichbar. Die Wirklichkeit der Marke ist komplex und schwer verständlich, und deshalb muss sich jeder, der an einem realitätsnahen Markenmodell interessiert ist, damit abfinden, dass dieses ebenfalls komplex und schwer verständlich ist.

Die bequemen Kästchenmodelle sind unendlich realitätsfern und selbst als Denkhilfen meistens irreführend. Ihre Bestückung mit Zahlen grenzt an absichtsvolle Irreführung. Wie kann man die Messung eines Gegenstandes versuchen, den man noch nicht einmal in seiner Struktur erkannt hat?

Ein vernünftiger Markenmanager veranlasst seinen Forscher nicht zu Zahlenspielereien, auch wenn er noch so sehr daran interessiert ist, alle seine *Assets* zu messen. Natürlich kann er nur mit Sicherheit steuern, was er messen kann, aber vor der Messung einer Sache steht immer ihre Identifikation. Vorläufig darf er froh sein, wenn ihm die Forschung seine Marke identifiziert, das heißt ein unquantifiziertes aber richtig strukturiertes Modell seiner Markensubstanz liefert. Das ist schwer und dringlich genug. Was also muss ihm die Forschung zur Substanz seiner Marke sagen, damit er seine Kommunikation wenigstens in ihre Richtung steuern kann?

Vier Fragen sollte die Markenforschung schon kurzfristig beantworten können

Erste Frage: Welche Empfindungen löst mein Markenname oder Markenzeichen bei den Menschen aus, die ihn kennen, unabhängig von den ihnen bewusstseinsgegenwärtigen Erfahrungszusammenhängen, also zusammenhanglos, unreflektiert und unkontrolliert? Zweite Frage: Zu welchen Gemütsverfassungen und Verhaltensbereitschaften verdichten und verfestigen sich die ausgelösten Empfindungen, wenn sie nachhaltig vertieft werden? Dritte Frage: Mit welchen Glaubensgewissheiten, welchen unumstößlichen, rational unangreifbaren Überzeugungen sind die Gemütsverfassungen regelmäßig verbunden? Vierte Frage: In welchem lebensnotwendigen Sinn sind diese Glaubensgewissheiten fest verankert? Das sind nur vier Fragen, aber zu diesen braucht ein Markenmanager verlässliche Antworten, um seine Marke verstehen und führen zu können.

Auf unsere erste Frage dürfen wir mit einer größeren Zahl von Informationen rechnen. Unser Markenname wird ein weites Spektrum von Empfindungen auslösen, und wir werden ziemlich viele Worte brauchen, um das Empfindungsspektrum einigermaßen zu verstehen. Wahrscheinlich werden wir für unser Verständnis auch Bilder oder sogar andere sensorische Kommunikationshilfen verwenden müssen. Warum sollte uns eigentlich unser Forscher nicht auch mit akustischen, olfaktorischen und taktilen Mitteln helfen zu verstehen, was uns Wort und Auge nur intellektuell stark verdünnt vermitteln können? Warum sollte er nicht wenigstens versuchen, uns für unser Verständnis mehr als nur Wort- und Bildinformationen zu liefern? Wir wissen doch, dass unsere älteren Sinnesorgane anderes und oft Wichtigeres empfangen als das Auge, der Polizist unter unseren Sinnen.

In einem fortschrittlichen, universal angelegten Mediakonzept wollen wir nicht mehr darauf verzichten, über alle Sinnesorgane zu kommunizieren. TV, Film und Event sind längst feste Bestandteile der Mediapläne der Werbeagenturen. Die Generationen, Kulturen und Völker verbindende Werbewirkung der Musik ist uns nicht erst seit den Olympischen Spielen bekannt. Kann es da für den Forscher noch eine Rechtfertigung geben, sich in seiner Forschung und Berichterstattung immer wieder auf Wörter zu beschränken? Wir senden unsere Botschaften über alle Sinne und empfangen die Reaktionen darauf nur über dürre verbale Berichte. Das dient nicht der Verständigung.

Zur zweiten Frage: Die Menge der Informationen unseres Forschers sollte auf seinem Berichtsweg von den Empfindungen her bis hin zum letzten *Sinnknoten* der Markenstruktur abnehmen. Wie in einem Trichter sollten die ersten, üppigen Informationen über immer kleinere Informationsmengen zu Gemütsverfassungen und Gewissheiten schließlich in einem einzigen Begriff zum Sinn unserer Marke münden.

Unsere zweite Frage wird sich fast immer schon durch die Darstellung weniger Gemütsverfassungen beantworten lassen, die verhältnismäßig leicht ineinander fließen. Dem Forscher ist zu raten, sich bei der Abfassung dieses zweiten Berichtsteils nicht zu scheuen, über die unter Psychologen gebräuchlichen Begriffe hinaus auch literarische, ja sogar poetische zu benutzen. Die treffsichersten Darstellungen von Gemütsverfassungen liefert wahrscheinlich in allen Kulturen die Poesie. Gedichte, Gesänge, Gebete rühren die Menschen tiefer an als Prosa. Ein guter Psychologe sollte versuchen, uns durch seinen Bericht als Menschen zu rühren, damit wir erleben können, wie unsere Marke die Menschen rührt, damit wir *Empathie* entwickeln können. Kalte Intellektualität in der Berichterstattung tötet nicht nur unsere Empfindungsfähigkeit und Einfühlsamkeit, sie verfälscht auch den Gehalt der Informationen. Natürlich darf man uns als Berichtsempfänger nur solche Gemütsäußerungen zumuten, die auch wirklich den Versuchspersonen entsprungen sind und nicht dem Berichterstatter.

Unsere dritte Frage ist mit höchstens zwei, drei Informationen zu beantworten, wenn sie richtig beantwortet wird. Die Zahl der vitalen Glaubensgewissheiten ist über alle Kulturen hinweg sehr begrenzt. Wir finden sie in Mythen, die sich im Laufe einer langen Menschheitsgeschichte gebildet und in einer leicht überschaubaren Zahl verfestigt haben. Es sind Gewissheiten, deren Strukturen sich in allen Kulturen und Religionen und in unzähligen Fabeln und Sagen, Sitten und Gebräuchen, Dramen und Bildungsromanen wieder finden lassen. Ihre anthropologische Funktion ist, den Fortbestand der wichtigsten kulturellen Lebenserfahrungen zu sichern.

Ein Psychologe, der sich für Ethnologie, Ethik, Theologie oder sogar Mythologie interessiert hat, kann zur Beantwortung unserer dritten Frage natürlich leichter in diese Tiefe der Markenbildung vorstoßen als ein Schmalspurpsychologe. Um sich dabei nicht zu verlaufen, sollte er die Zusammenarbeit mit einem Mythologen suchen. Davon gibt es zwar nur wenige, aber einige gute. Mythologisches Fachwissen aufseiten des Psychologen ist für eine erfolgreiche Zusammenarbeit mit diesem keine Bedingung. Die vom Psychologen unvoreingenommen empfangenen und gewissenhaft wiedergegebenen Äußerungen seiner Versuchspersonen zu ihren Glaubensgewissheiten sind für den Mythologen auf jeden Fall hilfreicher als laienhafte Deutungen aus Bildungsdünkel. Mit der Antwort auf unsere vierte Frage müssen uns die beiden Berichterstatter, Psychologe und Mythologe, auf die Endstation ihrer Substanzdarstellung führen. Hier müssen wir von ihnen Auskunft darüber bekommen, welchen evolutionären Sinn sie dem von ihnen ergründeten Mythenkomplex beimessen. Hier kann man uns nur das Ergebnis gewissenhafter professioneller Denkleistungen bieten. In ihrem Bemühen um eine abschließende Sinndefinition sollten die Forscher jedoch nicht allein bleiben. Der Markenmanager muss den Sinn seiner Marke selbst einsehen können. Er muss ganz persönlich einstimmen können in das Berichtsergebnis seiner Forscher. Schließlich muss er ihren Sinn in allen seinen Entscheidungen persönlich vertreten, ohne sich dabei jemals auf Forschung und Forscher berufen zu dürfen – ganz so wie ich es am Beispiel von Phil Ratnehmer im zweiten Teil dieses Buches geschildert habe.

Ob sich ein betroffener Markenmanager jemals mit seiner Deutung des letzten unlösbaren Sinnknotens seiner Markensubstanz vollkommen zufrieden geben kann, das ist ungewiss. Vielleicht soll das auch nicht sein. Wichtiger ist für seine praktische Arbeit, dass er über seine Deutung zu einer sicheren Ausrichtung seiner Unternehmensführung auf seine Marke kommt. Entscheidend ist, dass er ein Orientierungsziel von zentripetaler Bindekraft hat für alle seine Entscheidungen. Der letzte, dicke Sinnknoten aus seiner Markensubstanzanalyse muss als Anker allen zentrifugalen Kräften standhalten, die seine Missionierung mit sich bringt. Eine markenzentrierte Unternehmensführung hat ja durchaus den Charakter einer Mission, das macht ihre Überlegenheit aus.

Nur wer den Sinn seiner Marke erfasst hat, kann ihre Mission erfüllen

Eine Markenmission kann man nur aus dem Sinnverständnis der Marke heraus mythologisch wirksam darstellen. Die mythologische Kommunikation ist aber für die Ausschöpfung des Entwicklungspotenzials der Marke unerlässlich. Jede wirklich bedeutende Marke hat mythologische Bedeutung. Diese muss als unbefristete Mission verbindlich festgelegt werden. Man sollte sie formulieren, schriftlich, sorgfältig und immer wieder. Man muss mit ihr leben. Wenn wir mit und in dem Sinn unserer Marke leben, gewinnen wir im Laufe der Zeit eine intuitive Entscheidungssicherheit, die weit über die Sicherheit aus methodisch aufgebauten und systematisch differenzierenden Prüflisten hinausgeht. Wir kommunizieren unsere Mission umso treffsicherer, je vertrauter sie uns ist, und sie ist uns umso vertrauter, je pfleglicher wir mit ihr umgehen.

Wir sind als Markenmanager in genau der gleichen Situation wie ein konfessioneller oder parteipolitischer Missionar. Das müssen wir nicht unbedingt in unseren säkularen Wettbewerbsraum hinausposaunen, aber wir müssen es wissen und danach handeln. Haben uns unsere Markenforscher, ihr Bericht und unsere anschließenden Gespräche über ihn, vor allem aber unsere eigene ruhevolle Betrachtung die Zuversicht gegeben, dass uns der Einsatz für den Sinn unserer Marke, unsere Mission also, Freude macht, dann beginnt für uns eine neue Zeit. Wir entwickeln einen Arbeitsstil, der sich von unserem bisherigen dadurch unterscheidet, dass er alle Menschen in unserer engeren und weiteren Umgebung auf unsere Marke hin ausrichtet, ob sie es wollen oder nicht. Wir entwickeln unseren Führungsstil zum Markenstil.

Im Amerikanischen wird das Wort *Mission* heute in weiten Kreisen der Wirtschaft und des Wirtschaftspublikums vollkommen ungeniert genutzt. Wahrscheinlich wird es häufiger missbraucht als sinngemäß verwendet. Aber was soll's, nutzen Sie die Situation und gebrauchen Sie das Wort sinnvoll. Ihre Marke ist eine *Mission Brand*, nichts anderes. Jede Marke, wenn sie den Titel Marke durch eine entsprechende Wirkung überhaupt verdient, ist eine. Jede Marke, die Sinn macht, ist eine *Mission Brand*. Alle so gern zitierten berühmten und weltberühmten Marken sind zweifelsfrei *Mission Brands*, keine von ihnen wirkt ohne tieferen Sinn, selbst wenn ihre Missionare nicht immer viel leisten. Ob Unternehmensmarke oder Produktmarke, ob Herstellermarke, Dienstleistungsmarke oder Handelsmarke, ob Global Brand oder Local Brand, Internet Brand, Ingredient Brand und was immer sich sonst noch sprachlich unterscheiden lässt: Alle taugen sie nur etwas als *Mission Brands*. Ihre Manager werden sich anstrengen müssen, um als *Brand Missionaries* erfolgreich zu bleiben.

Die besonderen Anstrengungen des *Markenmissionars* liegen nicht so sehr im fachtechnischen als im charakterlichen Leistungsbereich. Die großen Markenmanager, denen ich zuarbeiten durfte, waren in ihrem jeweiligen Fachbereich und im allgemeinen Managementhandwerk auch nicht schlecht, aber herausragend gegenüber dem Managementdurchschnitt doch nur als Charakterathleten. Als Widerstandskämpfer gegen den rationalistischen Geist ihrer Zeit mussten sie alle athletische Höchstleistungen vollbringen. Sie mussten gegen hartnäckiges Unverständnis ihrer engsten Mitarbeiter kämpfen, mussten Misstrauen aus Unverständnis auflösen, immer wieder Verdächtigungen ausräumen, Spott und Verunglimpfungen ertragen. Als Überzeugungstäter waren sie allen diplomatischen Spekulanten suspekt. Weil sie ihre Begeisterung zeigten, hielten die Macher und Hardliner sie für sentimental. Weil sie ihren Kurs hartnäckig verfolgten, schalt man sie oft unflexibel, rückständig und penetrant. Mit solchen Reaktionen muss ein Markenmanager rechnen.

Unser Zeitgeist befindet sich zwar in einem Wandel, aber der Wandel vollzieht sich langsam. Mag sein, dass er sich irgendwann plötzlich beschleunigt; darauf warten kann man nicht. Die überspannte, einseitige Forderung der westlichen Menschen an die Ratio, der Rationalismus, hat vielleicht schon seinen Kulminationspunkt hinter sich, aber doch noch eine beträchtliche Auslaufstrecke vor sich. Er ist dreihundert Jahre lang durch große industrielle Erfolge genährt worden und jede Proklamation einer postindustriellen Zeit war bisher noch verfrüht. Das Maschinenzeitalter mag langsam enden, aber Elektronik, Gentechnik, Nanotechnik werden noch eine geraume Zeit den Rationalismus füttern. Man wird noch eine ganze Weile an die zuverlässige Herrschaft der Vernunft glauben und aus Vernunftgläubigkeit weiterhin mit allem Vernünftigen nur immer wieder sehr unvernünftig umgehen. Der Rationalismus ist wirklich eine sehr unvernünftige Religion.

Der Markenmanager hat in unserer Zeit des auslaufenden Rationalismus eine Pionierrolle. Er muss lernen und lehren, vernünftig mit dem Nichtvernünftigen umzugehen. Im vernünftigen Umgang mit unserem nichtvernünftigen anthropologischen Erbe liegt für den Markenmanager die große berufliche und persönliche Chance. *Gesagt ist nicht gehört. Gehört ist nicht verstanden. Verstanden ist nicht einverstanden. Einverstanden ist nicht angewendet. Angewendet ist nicht durchgehalten.* Und nur das Durchhalten wirkt. Das hat mir vor Jahren einmal ein gescheiter Lehrer gesagt. Diese Einsicht könnte den missionarischen Start des erfolgreichen Markenmanagers einleiten. Er rechnet damit, dass es einige Zeit dauert, bis sich auch nur in seinem engsten Führungskreis das Verständnis für die Substanz seiner Marke so weit gefestigt hat, dass er auf ein stillschweigendes Einverständnis und auf entsprechend selbstständige Handlungskonsequenzen hoffen darf. Es dauert allerdings dann zu lange, wenn er sich darauf beschränkt, seine Mission nur verbal zu verkünden.

Nur der Täter lernt. Auch dieses Wort ist richtig. Deshalb beteiligt der kluge Markenmanager sein Führungsteam an der Arbeit, den Sinn seiner Marke freizulegen, sobald er ihn selbst begriffen hat. Das ist nicht leicht. Er kann ziemlich sicher sein, dass seine Markensubstanz infolge des Unverständnisses der vielen, die sich an ihr schon zu schaffen gemacht haben, durch eine dicke Schicht wesensfremder Einflüsse unkenntlich gemacht wurde. Je länger die unverstandene Marke willkürlichen Kommunikationsexperimenten ausgesetzt war, desto mehr Fleiß und Sorgfalt müssen jetzt aufgewendet werden, ihr Wesen unter den verkrusteten Schichten freizulegen.

Um auch mit einem größeren Team schnell zu einem verpflichtenden Markenverständnis und einem freudigen, missionarischen Einsatz zu kommen, lässt der Markenmanager seine Mitstreiter mit dem Forschungsbericht zur Markensubstanz nicht lange allein, sondern macht sich gleich daran, gemeinsam den Schatz zu heben und in Sicherheit zu bringen. Die Markensubstanz muss handlungsverbindlich definiert werden. Definieren heißt abgrenzen. Es ist wichtig, mit Nachdruck auszuschließen, welches Verhalten sich nicht mit dem Wesen der Marke verträgt. Erst das Verbot macht den Sinn des Gebotes deutlich. Also muss festgestellt werden, welche Verhaltensweisen und Äußerungen künftig verboten sind, weil sie nicht der Markensubstanz entsprechen.

Jedem Verhaltensgebot muss das ihm entsprechende Verbot gegenübergestellt werden, um anschaulich, verpflichtend und vor allem kontrollierbar zu werden. Kontrollierbar ist in jeder gemeinschaftlichen Operation immer nur eine sehr begrenzte Zahl von Geboten. Je größer die Zahl wird, desto unsicherer wird ihre Einhaltung. Ein kluger Markenmanager überlässt es gern seinem Team herauszufinden, was in Zukunft verboten werden muss. Würde er die Verbote allein festlegen und dem Team anschließend mitteilen, dann hätte er nur mit unnötigem Widerstand zu rechnen.

Das Ziel der Beschränkung auf eine kleine Zahl von Ge- und Verboten zwingt den Markenmanager zu einer strengen Prüfung ihrer Bedeutungshierarchie. Eine solche Prüfung kostet mehr Zeit, Prüfungsaufwand und Entscheidungskraft als eine große Zahl. Aber es lohnt sich, diesen erhöhten Einsatz gleich zu Beginn der Arbeit zu leisten. Mit dem einmaligen größeren Einsatz zur Formulierung der Markengebote als zentrale Markenbotschaft erspart sich der Markenmanager den vielfachen Aufwand für die Korrektur anschließender Fehlleistungen. Erst wenn dem Managementteam eine verpflichtende Definition seiner Markenbotschaft oder Mission vorliegt, wissen alle Beteiligten, worum es sich bei ihrer Arbeit eigentlich dreht. Erst dann hat der Markenmanager ein stabiles Fundament für sein Werk unter den Füßen. Jetzt kann er mit der strategischen Ausschöpfung seines Markenpotenzials beginnen.

Die strategische Perspektive:

Die vernünftige Steuerung von Gedächtnisleistungen jenseits der Vernunft

Markenerfolgsbasis

Was einem Markenmanager Sicherheit gibt

Hat die Markenforschung dem Markenmanager gezeigt, welchen Sinn seine Marke für den Menschen hat, dann sieht er ein weites, fruchtbares Arbeitsfeld vor sich. Dann kann er sich konzentrieren und expandieren, weiter als je zuvor erhofft. Denn der Sinn seiner Marke lebt ja in der gesamten Menschheit, räumlich und zeitlich unbegrenzt. Auch wenn er sich nur in bestimmten Teilen der Menschheit, nur unter bestimmten Umständen und in unterschiedlicher Deutlichkeit äußert, wenn er bislang nur von Minderheiten, nur selten, nur an wenigen Orten und undeutlich vertreten wird, hat er doch für die ganze Menschheit Bedeutung. Der Sinn seiner Marke ist für die Menschheit deshalb von bleibender Bedeutung, weil er von der Menschheit für die Sicherung ihrer Existenz gebildet wurde, in Millionen von Jahren.

Seine Marke kann auch nicht ihren Sinn verlieren. Ihr Sinn kann sie nicht verlassen, denn er ist ja ihre Grundlage, er hat sie ja begründet. Ohne ihn hätte seine Marke nicht entstehen können, denn eine sinnlose Marke wäre keine Marke. Deshalb kann sich der Markenmanager auch darauf verlassen, dass seine Marke nicht ihren Sinn verlieren wird, weder zu seinen Lebzeiten noch zu den Lebzeiten seiner Nachfolger. Er kann sich auf die Beständigkeit ihres Sinnes als unerschöpfliche Energiequelle verlassen. Er muss sich nicht darum sorgen, dass seine Quelle versiegen könnte. Aber er muss dafür sorgen, dass ihr Fluss auf dem langen Weg durch die Sedimentschichten seiner Markenkommunikation nicht verdorben oder verschüttet wird. Nicht in dem Sinn seiner Marke liegt das Risiko des Markenmanagers, sondern in seinem persönlichen Sinnverständnis und seiner Fähigkeit zur Vermittlung ihres Sinnes.

Der Diskurs zur Markenforschung in Teil 3 dieses Buches hat uns über die drei wichtigsten Phasen der Sinnvermittlung schon ein paar wertvolle Auskünfte gegeben. Er hat uns erstens darüber aufgeklärt, dass sich der Sinn einer Marke bei den von ihr bewegten Menschen in recht hartnäckigen Überzeugungen äußert; dass diese Überzeugungen logisch unbegründet und logischer Kritik unzugänglich sind; dass sie praktisch unumstößliche Überzeugungen sind, solche, die man auch Glaubensgewissheiten nennen kann; dass die Überzeugungen einen durchaus religiösen Charakter haben, auch wenn sie nicht offenkundig mit religiösen Glaubensbekenntnissen verbunden sind. Wir wissen also, dass eine Marke keine Sache der Erkenntnis und der Vernunft ist, sondern eine Sache des Glaubens.

Zweitens sind wir darüber informiert, dass sich die mit der Anhängerschaft an eine Marke verbundene Glaubensgewissheit durch anhaltende Gemütsverfassungen und ziemlich stabile Verhaltensbereitschaften der Anhänger äußern; dass sich solche Äußerungen vor allem auf Lebensformen und -umstände, auf Mitmenschen und Politik beziehen und immer ideologisch voreingenommen erscheinen; dass sich Markengläubigkeit also verhaltensprägend, gemeinschaftsstiftend und ideologisch äußert. Schließlich hat uns unser Diskurs drittens gezeigt, dass die Gemütsverfassungen der Markengläubigen für ganz bestimmte sensuelle Empfindungen besonders empfindlich sind und für andere wiederum nahezu unempfindlich; dass deshalb die Kommunikation des Markenmanagements die potenzielle Anhängergemeinde der Marke immer nur in ihrer vorbestimmten Empfindlichkeit erreichen kann.

In unserer diskursiven Markenforschung wurde die dritte Phase der Sinnvermittlung als eine Mischphase für unbewusstes und bewusstes Erleben dargestellt und als *Vorbewusstsein* bezeichnet. Das ist die Phase, in der sich Markensubstanz und Markenimages miteinander verweben, wo alte und neue Eindrücke aufeinander treffen und wo sich der Erfolg aller vom Markenmanager gesteuerten Kommunikationsmaßnahmen entscheidet. Dorthin, auf die vorbestimmte Empfindlichkeit seiner Markenanhänger, müssen alle seine kommunikativen Unternehmungen zielen. Dort liegen die Maßstäbe für alle markenstärkenden Einflüsse – und es sind ausschließlich Empfindungsmaßstäbe.

Der Markenmanager wird von den Anhängern seiner Marke nur dann für seine kommunikativen Leistungen belohnt, wenn ihre Reize genau die Empfindungen wecken und verstärken, die der Sinn seiner Marke bei ihnen hervorgebracht hat. Etwas genauer: Die sensorischen Qualitäten aller von ihm gesteuerten Stimuli müssen den sensuellen Dispositionen seiner potenziellen Markenanhänger entsprechen. Die sensuelle Bewertung seiner Stimuli ist affektiv und erfolgsentscheidend. Eine kognitive Bewertung seiner Stimuli folgt – wenn überhaupt – erst nach der affektiven Annahme der Stimuli. Auch die rationalen Elemente seiner Kommunikationsangebote werden in der vorbewussten Phase empfindungsgemäß bewertet. Eine rationale Kommunikation ist erst dann zu erreichen, wenn das Interesse daran durch die Empfindungen der Markenanhänger stimuliert ist. Die rationale Information selbst stimuliert nicht. Darüber darf sich ein Markenmanager keine Illusionen machen – Markenmanagement funktioniert nicht wie Produktmanagement.

Die Unterscheidung von Markenmanagement und Produktmanagement ist wirklich wichtig

In der Praxis der meisten Unternehmen wird die Unterscheidung zwischen Marken- und Produktmanagement nicht oder nur undeutlich gemacht. Weil das Produktmanagement älter ist als das Markenmanagement und weil der Nutzen aus einem erfolgreichen Produktmanagement leichter und schneller feststellbar ist als jener aus einem erfolgreichen Markenmanagement, wird gern das Letztere an das Erstere gehängt. Unbemerkt oder sogar bewusst unterwirft man damit das Markenmanagement den Erfolgsregeln des Produktmanagements. Das kann nur dann einigermaßen funktionieren, wenn man bereits für das Produktmanagement Erfolgsmaßstäbe des Markenmanagements etabliert hat oder mit einem neuen Produkt eine neue Markenbildung einleiten will. Aber auch dann funktioniert es eher zufällig. Der Unterschied zwischen einem Produkt und einer Marke ist zu groß.

Eine Marke ist das Gegenteil eines Produktes. Sie ergänzt das Produkt als sein Gegenteil, um gemeinsam mit ihm ein Drittes zu bilden, den so genannten Markenartikel. Im Markenartikel verbinden sich damit Glauben und Wissen, das macht ihn so vertrauenswürdig. Das Produkt beziehungsweise der Artikel bietet rationale Informationen. Man kann seine Eigenschaften prüfen, teilweise messen, bis zu einem gewissen Grad mit jenen anderer Produkte objektiv vergleichen. Man kann es kognitiv bewerten, aber eben nur bis zu einem gewissen Grad. Dann finden sowohl die kognitive Urteilsfähigkeit des Käufers als auch die rationalen Informationsmöglichkeiten am Produkt ihre Grenzen. Die Grenzen sind immer viel enger gezogen, als den Parteien bewusst ist. Jenseits von ihnen müssen die Käufer auf Erkennen und Wissen verzichten und glauben und die Anbieter ihnen zusätzlich zu den bescheidenen Erkenntnisgrundlagen stabile Glaubensgrundlagen liefern. Das sind dann zusätzlich zu den Artikeln die Marken.

Die Vertrauenswürdigkeit des Markenartikels wird also von zwei Seiten gebildet: von der Seite des Produktes durch Informationen über seine belegbare Zuverlässigkeit, von der Seite der Marke durch ihre Glaubwürdigkeit. Weil die belegbare Zuverlässigkeit mit der nivellierenden Reifung der Produkte immer selbstverständlicher wird, wird die Glaubwürdigkeit der Marken für die Vertrauenswürdigkeit der Markenartikel immer wichtiger. Damit nimmt auch die Notwendigkeit zu, Glauben und Vertrauen als Ziele des Markenmanagements zu unterscheiden. Und zwar deutlich: Glauben ist nicht eine Steigerungsform von Vertrauen, sondern etwas anderes und viel mehr. Glauben wirkt transzendent. Seine Wirkung umfasst die Faszination, die Unterwerfung und die Opferbereitschaft der Gläubigen, um nur einige wesentliche Leistungen bedeutender Marken zu nennen. Der Glaubenswert einer Marke wirkt als Autorität, die bis zur kultischen Verehrung der Marke führen kann. Alle berühmten Marken sind in diesem Sinne *Kultmarken.*

Fortschrittliches Markenmanagement ist *Credomanagement,* nicht nur Vertrauensmanagement, sondern Glaubensmanagement. Was formal scheinbar nur ein kleiner Schritt ist, das ist inhaltlich ein Sprung in eine andere Welt. In der Welt der Glaubenswerte gilt die Sprache der Vernunft nichts. Glaubenswerte sprechen eine Sprache, die nicht auf ein Erkennen zielt, sondern auf ein Erscheinen. Sie sprechen eine Zeichensprache, die nur affektive Antworten zulässt. In der affektiven Reaktion auf das Zeichen werden sein äußeres Erscheinen und seine innere Bedeutung eins. Der äußere Schein des

Zeichens verschmilzt mit der inneren, sensuellen Disposition des Empfängers zur Erscheinung. Der Schein des Zeichens wird als Erscheinung für den Empfänger zur Wahrscheinlichkeit; der Schein des Zeichens spricht für die Wahrheit seiner Botschaft. Damit muss sich ein aufgeklärter Geist erst einmal abfinden. Schafft er den Sprung, hat er bessere Chancen als je zuvor, schafft er ihn nicht, dann hilft ihm all seine Managementprofessionalität nicht.

Das *Mehr sein als scheinen!* ist Unsinn. Die moralisierende Geringschätzung des Scheins, mal als trügerischer Schein, mal als schöner Schein geächtet, sollte einen klaren Kopf eigentlich nicht verwirren. Sie ist eine Torheit, die nur Träumer und Materialisten über die Realität täuschen kann. Auch dem, der sich nicht mit Husserls Phänomenologie gequält hat, sollte es keine intellektuelle Schwierigkeit bereiten anzuerkennen, dass für den Menschen realiter immer nur existiert, was ihm erscheint; dass er sich nur für das interessieren kann, was ihm in Erscheinung tritt; dass er nur Erscheinungen folgen oder meiden kann. Was nicht erscheint, das ist nicht. Was erscheint, das ist.

Spricht man von Erscheinung, so denkt man im Allgemeinen gern zunächst an eine visuelle Erscheinung. Im Zusammenhang mit der Markenkommunikation umfasst der Begriff jedoch das Resultat sämtlicher sensorischen und gedanklichen Empfindungen. Die Erscheinungen der Markenkommunikation werden nicht gesehen, sondern empfunden. Werden die Erscheinungen als sinnvoll empfunden, so baut man auf ihnen ein günstiges Image auf, und soweit nötig auch ein vernünftiges. Die Vernunft lässt den Menschen nicht im Stich, wenn er sich veranlasst sieht, seine Empfindungen durch vernünftige Wertungen zu sichern. Die Vernunft rechtfertigt erwünschte wie unerwünschte Empfindungen und dient den Empfindenden immer gern und ohne besondere Aufforderung als willfähriger Advokat. Alle Bewertungen, die uns Versuchspersonen in Meinungsbefragungen liefern, sind nichts anderes als Konstrukte zum Schutz ihrer Empfindungen. Der freundliche Markenmanager respektiert das und trachtet nur danach, seinem Publikum den Sinn seiner Marke empfindungsgemäß zu vermitteln. Da haben wir wieder die Analogie zum Regisseur – der hat die gleiche Aufgabe. Rührt er die Empfindungen seines Publikums, so ist es vom Sinn seines Werkes ergriffen.

Qualität vor Quantität sollte der Leitspruch eines klugen Markenmanagers bei seiner Einschätzung des Sinnes seiner Marke als Wertschöpfungspotenzial sein. Je vitaler ihr Sinn, desto größer das Potenzial. Über die Quantität des vom Sinn seiner Marke bewegten Teils der Menschheit, die aktuelle Zahl ihrer potenziellen Anhänger also, kann ihm eine Marktforschung sowieso erst dann Auskunft geben, wenn seine strategischen Pläne vorliegen. Verfügt die Marktforschung über seine Pläne, so kann sie ihn theoretisch mit Richtzahlen aus Hochrechnungen bedienen. Sollten die Mitarbeiter des Markenmanagers einer besonders nachdrücklichen Ermutigung zum Einsatz für seine Marke bedürfen, so wären solche Hochrechnungen vielleicht zu rechtfertigen. Darüber hinaus haben sie wie alle prognostischen Rechnungen keinen praktischen Wert. Dem Markenmanager selbst sollte die Qualität seiner Wertschöpfungsquelle genug Freude machen, um ihn zu motivieren. Auf die quantitative Einschätzung ihres Potenzials sollte er verzichten können, sonst wäre er nicht der richtige Manager für die Marke.

Bedeutet Ihnen der Sinn Ihrer Marke persönlich etwas, so wird er bald zu einer Energiequelle für Ihren Einsatz. Identifizieren Sie sich mit Ihrer Marke, dann werden Ihnen die Erfolgsbedingungen Ihrer Marke mit der Zeit zu persönlichen Handlungsbedürfnissen. Es wird Ihnen immer leichter fallen, im Sinne Ihrer Marke zu handeln, damit können Sie rechnen. Ohne es sich ausdrücklich vorzunehmen, entwickeln Sie nach und nach einen Arbeitsstil, der dem Wesen Ihrer Marke entspricht. Ihr Arbeitsstil wird zum Markenstil. Die Anhängerschaft Ihrer Marke erlebt dann Ihre Marke schon durch Ihren persönlichen Stil, gerade so wie bei Phil Ratnehmer. Ich habe es bereits gesagt: »Lo stile e l'uomo – lo stile e la marca.«

Erfolgreiche Markenbildung ist die Wirkung eines Kommunikationsstils. Sein und Sinn einer Marke treten durch den Stil ihrer Kommunikation in Erscheinung. Ihr Stil ist zugleich der Ausdruck ihrer Energiequelle und ihrer Energierichtung. Ihr Stil kommandiert ihre Anhängerschaft kategorisch. Stil wirkt suggestiv. Stil ist ein subtiles System autoritärer Zeichen und mächtiger als Argumente. Stil unterläuft den intellektuellen Widerstand. Dazu ein Fall, dessen äußere Umstände Ihnen sicher einigermaßen geläufig sind und über den ich authentisch berichten kann, ohne eine Indiskretion zu begehen. Es ist ein pathologischer Fall und deshalb besonders lehrreich, denn bekanntlich lernt der Arzt am Kranken für den Gesunden.

Ein historischer Markenerfolg mit katastrophalen Folgen

Der Junge war neun, nach Meinung seiner Eltern zart, nach Meinung seines Klassenlehrers frühreif. Deshalb wurde er vorzeitig umgeschult. Sein Elternhaus war freigeistig, etwas bohemistisch, münchnerisch. Von strammer Dressur war er bis dahin verschont geblieben. Dann kleidete man ihn in eine kurze schwarze Hose und ein braunes solides Hemd. Das Stärkste an der Hose war ein Gürtel, den man Koppel nannte. Der Gürtel hatte einen klotzigen eisernen Verschluss, den man Koppelschloss nannte. Das Schloss war schön und zeigte in einer erhabenen Prägung einen Blitz. Das Stärkste an dem Hemd war ein so genannter Schulterriemen aus schmalem Leder, schwarz wie der Gürtel und an beiden Enden mit einem Karabinerhaken. Man musste ihn durch eine Schlaufe auf der Schulter ziehen, die man Achselklappe nannte, und die beiden Karabinerhaken an der Hüfte vorn und hinten in die Gürtelschlaufen einhaken.

Im Spiegel sah er, dass der Schulterriemen schräg über seine Brust führte, genau wie die Schärpe auf dem Bild des Prinzen im Wohnzimmer seiner Eltern, nur schmaler. Zum Hemd gehörte noch ein quadratisches schwarzes Halstuch. Das musste er durch einen braunen Knoten aus schmalen Lederriemen ziehen, nicht ganz bis an den Hals. Er sah aus wie die Oberschüler, die ihm schon lange besser gefallen hatten als die Erwachsenen. Er verhinderte listig, dass seine Mutter ihn begleitete. Als er am Max-II-Denkmal eintraf, standen da schon viele Gleichaltrige in gleicher Kleidung und auch größere Buben, sogar ziemlich erwachsene.

Er sah sofort, dass die Größeren schöner gekleidet waren als die Kleineren. Ihre Hemden waren mit Zeichen auf den Ärmeln und mit glänzenden Bändern auf den Schulterklappen geschmückt, von denen aus dicke Kordeln in unterschiedlichen Farben herunterführten und an den Knöpfen ihrer Brusttaschen befestigt waren. Ihre Gürtel erschienen ihm auch schöner als seiner. An ihnen waren kleine Dolche befestigt, die am Griff mit Abzeichen geschmückt waren.

Dann bemerkte er, dass mehrere Gleichaltrige ebenfalls kleine Dolche an ihren Gürteln hatten. Einige hatten auch Kordeln am Hemd, dünnere und auch kürzere als die Großen. Sie waren deutlich sichtbar zwischen dem Knopf ihrer Hemdentasche und einem Knopf an der Knopfleiste. Seine Kleidung war unvollständig. Die Jungen mussten sich der Größe nach in mehreren Reihen hintereinander aufstellen. Dann hörten sie eine Ansprache und sahen zu, wie zwei lange Fahnen an hohen Masten emporgezogen wurden. Mehrere ältere Jungen bliesen dazu laut und hell auf langen, blitzenden Fanfaren. Alle mussten dann noch zwei Lieder singen, die sie schon oft in der Schule gesungen hatten, das Deutschlandlied und das Horst-Wessel-Lied, und den rechten Arm dabei ausstrecken wie immer.

Nach den Liedern durften sie wieder auseinander gehen und konnten sich miteinander unterhalten. Am Abend sollten sie sich an der Prinzregentenstraße treffen. Da wurde es schon dunkel und sie mussten sehr lange mit vielen Erwachsenen hinter einer Absperrung warten. Die Absperrung wurde von Männern gebildet, die sich an den Händen hielten und ähnliche Uniformen trugen wie die Jungen, dazu braune Kappen mit Riemen unter dem Kinn. Als es Nacht war, entzündete man große Feuer in Schalen auf hohen Säulen zu beiden Seiten der Prinzregentenstraße. Die hatte er vorher nie gesehen. Viele Menschen trugen Fackeln in den Händen. Die lange, breite Straße war von unzähligen kleineren und größeren flackernden Feuern erhellt. Der Junge wollte auch eine Fackel haben. Schließlich bekam er auch von einem der braun gekleideten Männer eine Fackel und durfte ganz nach vorn mit an die Absperrung kommen.

Mit der Fackel in der Hand stand er lange dort und konnte es kaum noch aushalten. Dann wurde es auf einmal still. Das Gemurmel der Menschen in seiner Umgebung wurde immer leiser. Aus der Ferne, vom Anfang der Straße her wurde erst ein Rauschen, dann immer deutlicher ein lautes rhythmisches Schreien hörbar. Unzählige Menschen schrien Heil, Heil. Es schauderte ihn. Männer in braunen und schwarzen Uniformen fuhren langsam und brummend auf großen schwarzen Motorrädern heran und dicht an ihm vorbei. Dann kamen nacheinander mehrere große schwarze Autos, teils geschlossen, teils offen, und das Geschrei wurde immer lauter. Alle schrien Heil, Heil, Heil, Heil und er schrie mit. Dann kam ER.

Er stand in einem offenen Auto hell und ganz gerade und grüßte. Das Geschrei erreichte seinen Höhepunkt und schon war er vorüber. Es kamen noch einige Autos und Motorräder, dann war alles vorbei. Die Menschenmenge war noch da, die Feuer waren noch da und die Fackeln. Der Junge konnte nach Hause gehen. Immer wenn der Junge später an dem Bolschewisten-Plakat vorbei kam, einen Wehrmachtsbericht hörte oder die Deutsche Wochenschau sah, musste er an die Nacht in der Prinzregentenstraße denken.

Was kann ein Markenmanager aus diesem kleinen Fallbeispiel lernen? Ich musste eine Menge daraus lernen. Sicher hat es Einfluss auf meine Berufswahl gehabt, vielleicht entscheidenden. Was war geschehen? Das Event ging dem Jungen unter die Haut und machte ihn munter. Es weckte eine Idee, die bis dahin in seinem Unterbewusstsein geschlummert hatte. Die Idee war für die Entwicklung des Jungen notwendig. Sie hatte die Funktion, ihm bei der Bewältigung eines Konfliktes zu helfen. Sein Konflikt war in einer konstitutionellen Disharmonie angelegt, in dem Ungleichgewicht aus einem schmächtigen Körper und einem agilen Geist. Der schwache Körper motiviert zur Flucht, der regsame Geist zum Angriff. Der Zielkonflikt *Angreifen oder Weglaufen, Vorwärts oder Rückwärts* ist einer der elementarsten Konflikte fast aller Lebewesen, nicht nur der Menschen. Die Evolution hat viele unterschiedliche Programme für ihre unterschiedlichen Geschöpfe entwickelt, um diesen Konflikt zu bewältigen. Biologen und Verhaltensforscher können mit Berichten dazu Bücher füllen.

Ein zart gebauter Junge begegnet ziemlich oft Männern, die ihm körperlich überlegen und bedrohlich erscheinen. Das Ergebnis solcher Begegnungen ist eine latente Ängstlichkeit, die Sicherheiten fordert. Aber der Junge ist neugierig. An anderer Stelle dieses Buches wurde die Neugier als Forschergeist und Fortschrittsdrang angesprochen. Bei Affen, ja schon bei vielen Hunden kann man beobachten, wie Angst und Neugier ständig miteinander im Wettstreit liegen, wie es das Tier erst nach vorn drängt, schnuppernd, wachsam, und wie es dann wieder zurückzuckt, den Schwanz einklemmt vor dem Unbekannten, Unsicheren. Beim Menschen kann man es manchmal fast genauso deutlich sehen, bei kleinen Kindern am besten. Die Wirkung des Events war der Versuchsperson aus unserem

Fallbeispiel tief hinein ins Biologische gedrungen und hatte von dort her eine Idee zur Bewältigung ihres Konfliktes geweckt.

Die Idee, die den Knaben damals plötzlich erfasste, war keine persönliche Erfindung, kein Gedanke, sondern eine latente, kollektive Vorstellung. Der Zyniker darf sie eine Zwangsvorstellung nennen, der Rationalist ein Hirngespinst, der Religiöse eine Glaubensgewissheit. Die Glaubensgewissheit, die den Knaben damals wie heute noch mit einem großen Teil der Menschheit verbindet und ihm so plötzlich vor Augen trat, wird zwar zu bestimmten Zeiten immer wieder einmal besonders auffällig, aber doch schon seit Jahrtausenden von allen Völkern der Menschheit besungen, das ist belegt: Der Mut. Der Knabe wusste es schlagartig: *Ich bin ein Held.* Er war groß, er war stark, er war unbesiegbar.

So ging der neugeborene Held nach dem Event allein durch die Nacht nach Hause, furchtlos wie Siegfried, wie Winnetou, wie Parzival, wie Lanzelot, wie Harry Potter. Eine Idee, die lange vor ihm in der Welt war, hatte plötzlich von ihm Besitz ergriffen. Ein talentierter Markenmanager hatte es geschafft: Die Nacht an der Prinzregentenstraße hatte ihm einen kleinen Helden geboren und außer diesem sicher noch mehrere tausend andere, kleine und größere, in einem einzigen Event. Das Event hatte dem Knaben Mut gemacht, nicht durch Zureden, nicht durch Appelle an seine Fähigkeiten oder gar seine Vernunft, sondern durch seinen Stil. Es hatte ihn als Menschen bewegt, nicht als Person.

Marken bilden und bewegen Gemeinschaften, nicht Personen

Der Konflikt des kleinen Hitlerbuben entsprach der Konfliktlage des größeren Teils der deutschen Menschen in jenen Jahren. Die unabhängigen Analytiker der Markenbildung Hitler – Historiker, Politologen, Soziologen, Semiologen und Mythologen – sind mehrheitlich zu dieser Erkenntnis gekommen. Es drängte die Menschen nach Demütigungen aus einer Wirtschaftskrise und vielen politischen Querelen in all ihrer Schwäche gewaltig zu befreienden Taten. Die Idee eines mutigen Ausbruchs aus beklemmender Schwäche lag in der Luft. Hitler und sein Markenmanager Joseph Goebbels wussten das. Alle Informationen, die ich im Laufe späterer Jahre über die damaligen Vorgänge erhielt, bestätigen ihre Fachkompetenz in Sachen Marke. Wenn sie auch für ihr schlimmes Werk auf keines der verfügbaren Machtinstrumente verzichten wollten, so war ihnen doch klar, dass sie damit nur vorhandene Energien mobilisieren konnte. Sie sahen die Glut unter der Asche und ihre Chance, sie zur Feuersbrunst zu entfachen; sie sahen sich in der Gunst der Zeit und mit einem gewaltigen Blasebalg bewaffnet. Sie verstanden sich trotz aller Hybris nicht als Markenmacher, sondern als Markenstrategen.

Das ist die erste Lehre aus dem kleinen Fallbeispiel: Der Sinn einer Marke muss als allgemein gültiger, gesellschaftlicher Wert kommuniziert werden, er darf nicht zu einem individuellen Wert verkleinert werden. Individuelle Werte tragen keine Marken. Selbst der Wert des Individualismus ist ein gesellschaftlicher. Die Gesellschaft oder ein Teil von ihr will in bestimmten Phasen ihrer Entwicklung offenbar, dass die Menschen Individualisten werden – oder doch wenigstens individualistischer als bisher. Unsere abendländische Gesellschaft scheint seit geraumer Zeit vom Wert individualistischer Entwicklung durchdrungen zu sein, wie und wann der aber in unser sozial umfassendes, menschliches Wertesystem einmündet, bleibt abzuwarten. Dass er irgendwann in jenes einmünden muss, also gegenüber jenem von geringerem Rang ist, das ist anthropologisch.

Die Notwendigkeit der sozial gültigen Botschaft bedeutet nicht, dass man darauf verzichten darf, aus dem Sinn seiner Marke einen ganz persönlichen, egoistischen Wert für den einzelnen Menschen abzuleiten und zu kommunizieren. Im Gegenteil, der soziale, allgemein gültige Wert kann von dem einzelnen Menschen nur als persönlicher Wert erlebt werden. Appelle an einen Altruismus fruchten nie. Sie hätten auch im Fallbeispiel als Appelle an einen Patriotismus oder Nationalismus nicht gefruchtet. Der Knabe fühlte Heldenmut, nicht Patriotismus. Er erlebte sich als Held, er erlebte sein eigenes Heldentum, nicht sein Vaterland.

Die Marke wirkt grundsätzlich interindividuell, also individuell und sozial zugleich. Sie schlägt Brücken, bestätigt gemeinsame Interessen und stiftet gemeinschaftliche Orientierungs- und Handlungsziele: Das ist ihre evolutionäre Zweckbestimmung. Immer wieder einmal, in rezessiven und depressiven Zeiten häufiger als in optimistischen, hört man aus Kreisen des Marketings und sogar der Kommunikationswissenschaften über die erstaunliche Entdeckung des Individuums als des erfolgsentscheidenden Empfängers aller wirtschaftlichen und politischen Sendungen. Man proklamiert dann eine neue, zielscharfe Kommunikation in der Nähe des Vieraugengesprächs und klagt die Fehlstreuung der klassischen Werbung mit dem Vorwurf des *Gießkannenprinzips* an. Als ob sich die Gießkanne nicht in der Gartenpflege bewährt hätte und als Sinnbild für umsichtige Markenpflege geradezu anbieten würde.

Proklamationen der individuellen Kommunikation gab es vor dreißig Jahren, als die Direktwerbung unter dem Titel Direktmarketing Formen annahm; heute gibt es sie erneut im Gefolge des Internets und mit der Erfindung des CRM, des *Customer Relationship Management*. Gegen eine intelligente Nutzung von Direktmarketing und Internet habe ich nicht die geringsten Vorbehalte, erst recht nicht gegen das Grundprinzip des Customer Relationship Management. Das Prinzip, den vorhandenen Beziehungen zwischen einer Marke und ihren Anhängern den Vorrang zu geben vor erst noch neu zu knüpfenden Beziehungen und also zunächst immer alle Kräfte darauf zu verwenden, die vorhandene Anhängerschaft glücklich zu machen, dieses Prinzip entspricht uneingeschränkt meinem Verständnis von intelligentem Markenmanagement. Es entspricht auch meiner sozialen, kulturellen und ökonomischen Philosophie. Ich warne jedoch vor der Vorstellung, man hätte es in der Markenkommunikation jemals mit isolierbaren Individuen, also einzelnen Empfängern für seine Botschaft zu tun. Sie ist eine destruktive Fiktion, auch dann, wenn sie von dem reinen Wunsch getragen ist, die Menschheit im Individuum zu achten.

So hoch wir die Menschenwürde des Einzelnen auch achten, sollten wir doch nicht übersehen, dass ein Mensch seine Würde dem Umstand verdankt, Werte einer menschlichen Gemeinschaft vertreten zu können. Er lebt aus dem Vermögen der Menschheit und äußert, was er aus ihr empfangen hat. Was er empfangen hat, das hat er durch seine Teilnahme an einer unabgrenzbaren Verständigung der Menschheit empfangen, durch umfassende Kommunikation. Kommunikation bedeutet Vergemeinschaftlichung und nicht Vereinzelung, eine *individualistische Kommunikation* also ihren Widersinn, verständlich nur als ideologische Verirrung. Wahrscheinlich wird sich der Individualismus unserer westlichen Kultur eines Tages als solche erweisen. Der Markenmanager braucht darauf nicht zu warten. Er darf schon heute mit Festigkeit in allen seinen Entscheidungen die Gemeinschaft vor den Einzelnen setzen. Die Marke ist ein soziales Phänomen; ehe der Begriff der Masse in Misskredit geriet, sprach man von einem Massenphänomen. Das war es und das bleibt es.

Markenmanagement ist die konsequenteste Form des Customer Relationship Management, Branding nichts anderes als CRM. Von seiner neuen, logistisch konstruierten und kommunikativ reduzierten Abart unterscheidet es sich nur dadurch, dass es nicht auf die stärksten Beziehungen verzichtet, die es gibt. Es gibt keine zuverlässigeren *Relations* als die stets schon vorhandenen, die unsichtbaren anthropologischen und kulturellen Beziehungen, die die menschlichen Gemeinschaften begründet haben. Ohne solche Beziehungen nutzen zu können, wären die Stil- und Eventerfolge der Nazis nicht zu erreichen und nicht zu erklären gewesen. Wer sich ein wenig mit den Inszenierungen Cäsars, Alexanders, Karls des Großen, Napoleons oder Maos beschäftigt hat und vielleicht auch jene von Chaplin, Elvis, Jackson, Coca-Cola oder Olympischen Spielen kritisch erleben konnte, weiß, dass ihre Erfolgsgrundlagen keine Nazi-Erfindungen waren. Jeder der Heil-Schreier Hitlers schrie als ein winziges Mitglied eines riesigen Chors, willenlos mitgerissen von der Wucht des gemeinsamen Schreies. Das ist eine wichtige Lehre aus dem Fallbeispiel: Markenkommunikation muss den Einzelnen einer Gemeinschaft unterwerfen.

Die Markenforschung muss dem Markenmanager deshalb den Sinn seiner Marke sowohl als sozialen Wert als auch einen individuellen Wert ausdeuten, gleichgültig, ob seine Marke ein offensichtlich gemeinnütziges Produkt oder ein scheinbar nur ganz privates Produkt tragen soll. Ob ein Markenmanager einen Militärdienst verkaufen will oder eine Suppe – in jedem Fall fordert die Bildung seiner Marke außer der Kommunikation eines individuellen Wertes auch die Kommunikation eines gesellschaftlichen Wertes. So wie der Militärdienstverkäufer patriotische Stärke kommunizieren muss, um Mut und Lust auf Ruhm und Orden zu machen, so muss der Suppenverkäufer Harmonie und Friede kommunizieren, um die sättigende Wärme aus dem Konsum seiner Suppe verkaufen zu können. Der anthropologisch ranghöhere, soziale Wert trägt immer den rangniedrigeren, individuellen.

Markenautorität

Den sozialen Wert einer Marke kann man nur autoritär vertreten

Nicht nur ausgemachte Rationalisten, sondern auch praktizierende Sozialwissenschaftler zeigen sich oft stark gehemmt, Auskunft über die ranghöheren, sozialen Werte eines Arbeitsgegenstandes zu geben. Wenn sie sich von den Indoktrinationen der frühen siebziger Jahre noch nicht befreien konnten, reagieren sie auf viele moralische Forderungen schmerzhaft wie auf autoritäre Imperative, gleichgültig ob sie von Priestern, Politikern, Wirtschaftlern oder Wissenschaftlern vorgetragen werden. Moral gilt ihnen als Privatsache. Unter den Segnungen antiautoritärer Erziehung, Schülermitverwaltung, Teamentscheidungen und Workshops aufgewachsen, empfinden sie moralische Ansprüche einer Marke als Autoritätsanmaßung. Da muss man ihnen helfen.

Der Markenmanager muss seinem Team von Amts wegen helfen, denn der Stil seiner Marke muss ja die wegen ihrer autoritären Wirkung ängstlich gemiedenen moralischen Werte kommunizieren. Sozialität ohne Moral gibt es nicht. Scheut das Team davor zurück, diese zu erkennen, anzuerkennen und zu pflegen, so verfällt auch die Wirkung der stärksten Marke unvermeidlich. Die meisten bedeutenden Markenartikelmarken aus der Vorkriegszeit und den frühen Nachkriegsjahren verdanken ihren Niedergang der populistischen Autoritätsscheu ihrer Manager und der ideologischen Abscheu ihres Dienstleistergefolges. Die Abscheu der Dienstleister war besonders wirksam. Während im Management der Markeneigentümer eine natürliche Affinität zur Autorität nie ganz verdrängt werden konnte, wurde die Autoritätsallergie in Presse und Werbung lange Zeit geradezu hysterisch gepflegt. Autorität wurde dort grundsätzlich von vornherein mit Autoritätsmissbrauch gleichgesetzt.

Weil dem Markenmanager die Autoritätsempfindlichkeit seiner festen und freien Dienstleister immer wieder begegnen wird, könnte ihm für seine Auseinandersetzungen die folgende Erinnerung hilfreich sein: Jedes nützliche Zeichen ist autoritär. Der Hinweispfeil, der mich zu dem Korridor mit den Toiletten führt, das Männchen, das mir sagt, welche Tür ich benutzen darf und welche nicht, sie müssen autoritär sein. Ich muss ihnen schnell und bedenkenlos folgen können, andernfalls wären sie für mich in meiner Notdurft wertlos. Die Ampel, das rote Schild vor der Einbahnstraße, die schwarz-gelbe Planke an der Baustelle: Sie alle wären wertlos, wenn sie nur unverbindliche Möglichkeiten und nicht zwingende Notwendigkeiten kommunizieren würden. Man stelle sich nur die Karambolagen auf Toiletten, Kreuzungen, Baustellen vor, die unvermeidliche Folgen von unverbindlichen Zeichen wären.

Tatsächlich sind alle Zeichen autoritär. Das heißt nicht, dass ich ein Sklave aller Zeichen wäre. Ich folge nur solchen, die für mich Sinn haben, diesen aber folgsam. Die Entscheidung, ob ich die Straße benutzen will, ob ich sie kreuzen will oder ob ich auf die Toilette gehen will, bleibt mir freigestellt. Aber danach nicht mehr die Entscheidung über das Wie. »Im Ersten sind wir frei, im Zweiten sind wir Knechte ...« Das *Ob* ist frei, aber das *Ja* hat das *Dann* zwingend zur Folge. Nicht anders ist es bei einem Markenzeichen. Ob ich eine Suppe mit der Wirkung der Marke xy essen will, das ist meine Entscheidung. Aber wenn ich die Wirkung der Suppe xy haben will, dann muss ich zwingend die Suppe mit dem Zeichen xy kaufen. Das Zeichen xy ist autoritär und kein Käufer beanstandet das. Auch die schärfsten Autoritätsgegner beugen sich als Konsumenten ganz selbstverständlich der Zeichenautorität, ständig und ohne es zu bemerken. Doch wenn sie dem Markenmanager bei der Festigung seiner Markenautorität dienstbar sein sollen, bekommen sie Probleme.

Dann behaupten sie, die Autorität der Marke und ihres Zeichens sei von ganz anderer Art. Sie sei willkürlich, künstlich, absichtsvoll, manipulativ und im Zweifel bösartig in die Welt gebracht worden – von einem Markenmanager. Da überschätzen sie die Möglichkeiten des Markenmanagers und das sollte der ihnen erklären. Er sollte erklären, dass kein Markenmanager der Welt eine sozial wirksame Autorität erfinden kann; dass jeder nur Autoritäten benutzen kann, die schon lange existieren, solche, die die Gesellschaft längst in ihrem ureigenen Interesse erfunden hat. Dass folglich jeder Markenmanager zwangsläufig auch nur im Interesse der Gesellschaft erfolgreich handelt, solange er eine Marke sinngemäß benutzt. Benutzt er sie aber sinnwidrig, so bestraft ihn die Gesellschaft. Jede sinnwidrige Benutzung einer Marke kann nur kurze Zeit erfolgreich sein und wird hart bestraft. Schon die Montage eines Männchens an der Tür einer Damentoilette kann großen Ärger zur Folge haben.

Sinnvermittlung ist nicht einfach. Sinn geht zwar nicht verloren, aber er wird verschüttet, undeutlich, stumpf, glanzlos, wenn man respektlos mit ihm umgeht. Die Mehrheit der am Markenmanagement Beteiligten scheitert heute nicht an mangelnden kommunikationstechnischen Fähigkeiten, sondern an ihrem Unverständnis für Sinn und Sinnvermittlung. Die Regale des deutschen Einzelhandels sind voll von Zeugen ihres Unverständnisses für die Autorität der Marke. Markenartikel, die einstmals ihren Herstellern und Händlern reiche Gewinne abwarfen und ihren Käufern und Verbrauchern große Freude machten, dämmern heute im Schatten preisbegünstigter Aktionsartikel vor sich hin, weil ihre Autorität jahrzehntelang demokratischen Beugungen ausgesetzt wurde. Unfähig zu neuem Leben zu erblühen oder zu sterben warten sie darauf, von einem Markenmanager verstanden und wach geküsst zu werden wie Dornröschen von ihrem Prinzen.

Riesige Schätze an markengefasstem Sinnkapital schlummern in den Regalen und Archiven, insbesondere jenen der Lebensmittelwirtschaft. Ich habe bei ihren Eigentümern und Managern oft um Sinnverständnis und Sinnvermittlung bei der Vermarktung geworben. Selten ist es mir gelungen, auch nur ein echtes Einverständnis zu der Feststellung zu erreichen, dass kein anständiger Mensch einem anderen Menschen sinnlose Konsumhandlungen zumuten dürfte. Und dass man wohl kaum einen Sinn vermitteln könnte, den man selber nicht kennt. Oft hat man mir zugenickt. Bat ich dann aber darum, mir den Sinn des einen oder anderen Markenartikels zu benennen, so verwies man schnell auf seinen Nutzen, als ob Sinn und Nützlichkeit dasselbe wären. Manchmal werde ich deshalb beschimpft. Noch vor kurzem warf mir deshalb ein erboster Unternehmer mangelnde kaufmännische Nüchternheit vor und nannte mich einen Schlangenbeschwörer. Er ist Träger eines berühmten Markennamens und Vorstand einer Kirchengemeinde. Kirchenbeamte verwahren sich gern gegen moralische Ansprüche säkularer Unternehmen.

Ob man mit ihr Orden oder Suppe verkaufen will: Jede Marke muss moralisch kommuniziert werden

Ein Markenmanager kann seine Kommunikation auch wirklich nicht auf den Nutzwert seiner Suppe beschränken, selbst wenn er es wollte. Er kann das Erlebnis von wärmender, mütterlicher Geborgenheit und Friedlichkeit seiner Konsumenten nicht von der Vorstellung einer sozialen Harmonie abgrenzen, die sich über den Suppenkonsum erwartungsgemäß einstellt. Das Gehirn seiner Suppenkonsumenten lässt die Abgrenzung nicht zu; es besteht nicht aus einem Speicher für individuelle Werte und einem zweiten für soziale. Unser Gehirn ist ein einziger Speicher, der alle unsere Wertvorstellungen gespeichert hat, und alle sind sie so miteinander vernetzt, dass der Fluss der Assoziationen zwischen ihnen nicht zu verhindern ist. Alle Assoziationen sind sinnvoll orientiert, alle führen sie auf den letzten Sinn menschlichen Lebens hin, nämlich zu überleben. Weil das Netzwerk unseres Speichers in seiner Grundstruktur vor Jahrmillionen auf das Überleben des Homo sapiens ausgerichtet wurde und nicht auf das eines einzelnen Suppenessers, führen alle unsere Assoziationen letztlich immer auf die Überlebensbedingungen unserer Art zurück. Es ist ein wahrhaft *soziales Netz*, unvergleichlich sicherer als unser politisches Konstrukt gleichen Namens.

Das folgende Bild soll das Prinzip der Vernetzung individueller und sozialer Bestrebungen in dem Assoziationsprozess veranschaulichen, der auch die Markenbildung trägt. Der Assoziationsprozess ist in dem Bild durch nur sehr wenige wichtige Zwischenergebnisse strukturiert, also sehr, sehr grob dargestellt. Die Zwischenergebnisse muss man sich als nachhaltig wichtige, also besonders langlebige Assoziationen vorstellen, die in dem unermesslich großen Netzwerk unseres Gedächtnisses über das Zusammenwirken unzählig vieler flüchtiger Assoziationen gebildet werden. Jede der Assoziationen im Bild, jede Kreuzung, jede Schlinge, jeder Knoten ist zugleich eine wichtige Entscheidungsstation. Jede Entscheidungsstation ist aus einem Zielkonflikt hervorgegangen, der eine Entscheidung erzwungen hat. Auf jeder Station entscheidet sich erneut, ob der Assoziationsprozess nach rechts oder nach links hin fortgesetzt wird. Der Assoziationsprozess läuft von der Bildmitte aus gleichzeitig nach unten und nach oben, er führt in die tiefste Tiefe unserer biologischen Existenznotwendigkeit und gipfelt in unserer vermeintlich freien Wahl eines Markenangebotes.

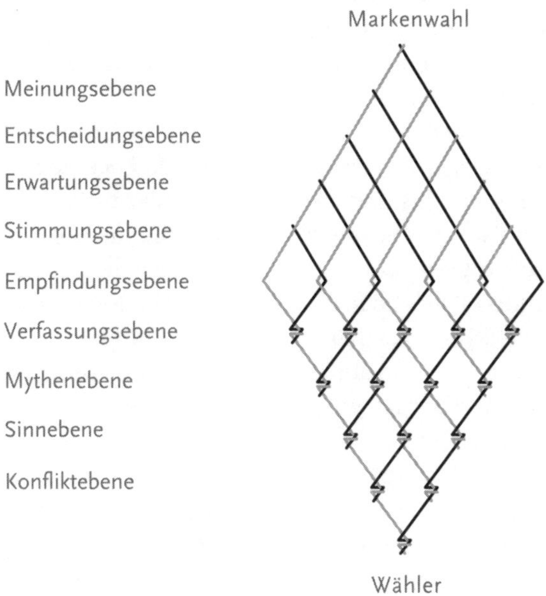

Abb. 1 Struktur der Markenbildung

Das Bild hat in Schulungsveranstaltungen als so genanntes Markenmodell gute Dienste getan. So einfach es ist, führt es den Markenmanager doch näher an die Struktur unseres Gedächtnisses heran als alle bekannten Schachtelmodelle. Es zeigt dem Betrachter schon auf den ersten Blick, dass unser Gedächtnis kein Speicherraum mit unterschiedlichen, voneinander abtrennbaren Kammern ist, sondern ein einziges neuronales Netzwerk. Wenn innerhalb dieses Netzwerkes von den Gehirnforschern auch gegenwärtig vier unterschiedliche Gedächtnissysteme diskutiert und diese auch auf drei anatomisch voneinander abgrenzbare Organbereiche bezogen werden, so wird der Wissenschaft doch die ganzheitliche Natur unseres Gedächtnisses immer deutlicher. Kein Teilbereich des Netzes funktioniert isoliert vom ganzen Netz, der Energiefluss fließt durch das gesamte Netz. Weil das Netzwerk so lange es lebt ständig neuen, unterschiedlichen Reizen ausgesetzt ist, bedeutet das auch, dass der Assoziationsfluss in keinem Teilbereich und zu keiner Zeit völlig zur Ruhe kommen kann. »Alles fließt«, und so ist auch der Prozess der Markenbildung ständig im Fluss und niemals völlig abgeschlossen. Weder ein Image noch die Substanz einer Marke erreichen jemals einen absolut endgültigen Zustand.

Die innere Geschlossenheit des Netzwerkes zeigt das Bild wohl recht gut. Seine Abhängigkeit von äußeren Reizungen über die Sinnesorgane und seinen Einfluss auf diese zeigt es leider nicht. Man kann sich die wechselseitige Abhängigkeit von Gedächtnis und Sinnesorganen aber so vorstellen, dass die Sinnesreize über die aus dem Netz herausführenden Bahnenden in das Innere des Netzwerkes eindringen und in entgegengesetzter Richtung die gespeicherten Assoziationen auf die Sinnesorgane einwirken. Insofern zeigt das Bild das Gedächtnis nur als Ausschnitt aus einem größeren, umfassenderen System und ist eine Simplifikation im Interesse der Anschaulichkeit. Die Rhombusform des Netzes ergibt sich als Konsequenz der Ordnung, in der der Prozess einer Markenwahl in einem Kopf abläuft einerseits und andererseits aus der Notwendigkeit, ein hoch kompliziertes, organisch-dreidimensionales Netzwerk drastisch vereinfacht geometrisch-zweidimensional zu veranschaulichen.

Auf der senkrechten Dimension des Rhombus, an seinen Spitzen unten und oben, stehen sich der Wähler und die gewählte Marke gegenüber. Die gedachte Senkrechte kann man sich als eine verästelte Ablaufstrecke der Markenbildung vorstellen. Sie entspricht einer Zeitstrecke, zwar nicht unter dem Zeitverständnis unserer Uhr, denn die Wahlentscheidung kann blitzartig fallen, aber doch unter einem kausalen, anthropologischen Zeitverständnis. Dem anthropologischen Zeitverständnis entsprechen die neun Titel neben dem Netz. Die Titel bezeichnen so genannte Ebenen der Bewusstseins-

und Markenbildung; früher sprach man auch von Schichten. Man könnte im Hinblick auf den Ablauf der Markenbildung auch von Phasen oder Stationen des Bildungsprozesses sprechen.

Die fünf unteren Titel neben dem Netz sind dem Leser bereits geläufig, ihre Bedeutung ist wohl ausreichend klar. Der Prozess der Markenbildung verankert sich auf der Konfliktebene. Der Konfliktebene entspringt der evolutionäre Sinn einer Markenbildung. Diesen Sinn bezeichnet der mittlere Knoten auf der Sinnebene. Der evolutionäre Sinn der Marke ist auf der darüber liegenden Mythenebene kulturell bestätigt. In dem reichen mythologischen Fundus der Menschheitsgeschichte findet jeder Sinn einer Marke seine Bestätigung, und zwar in jenem Mythos, der in dem ethnisch-religiösen Kulturkreis der Markenanhängerschaft am tiefsten verwurzelt ist. Jeder Sinn einer Marke bedarf seiner mythologischen Manifestation und findet sie auch. Käme es nicht zu einer solchen, so ginge der Sinn verloren.

Folglich hat auch entgegen der landläufigen Laienmeinung jeder Mythos einen vitalen Sinn und jede echte, nach unserem Verständnis sinnhaltige Marke einen Mythos. Ob die Manager und Eigentümer der bedeutenden Marken die Mythen ihrer Marken kennen oder auch nicht: Jede bedeutende Marke zieht ihre Kraft aus einem Mythos. Eine starke Marke ohne Mythos ist eine unerfüllbare und eigentlich auch gar nicht menschenfreundliche Forderung. Rationalisten äußern eine solche Erwartung jedoch gern und mit einem Ausdruck, als ob ein Mythos etwas geradezu Abscheuliches sei. Auf das Verständnis und die Pflege eines Mythos komme ich noch zurück. Zur Erklärung des Bildes mag hier der Hinweis darauf genügen, dass der Sinn einer Marke nur über einen Mythos Einfluss auf die verhaltensprägende Verfassung eines Menschen hat. Auf der Verfassungsebene liegen bekanntlich die Prägungen, die seine verfassungsgemäßen Empfindlichkeiten steuern. Damit kommen wir auf die Empfindungsebene.

Auf der Empfindungsebene erreicht das Netzbild seine größte Breite, die Waagerechte, die den Rombus bildet. Das soll dem Betrachter des Bildes sagen, dass die Zahl der sinnvollen Konfliktlösungen bis dorthin von Ebene zu Ebene zunimmt und hier ihre größte Menge erreicht. Statt der sechs Schlingen im Bild hält die Natur dem Menschen natürlich unzählig mehr sinnvolle Empfindungen offen. Ein Bild, das dieser Wirklichkeit näher kommen wollte, wäre sehr unanschaulich. Jeder Knoten, jede Schlinge und jede Kreuzung der Bahnen des Netzes stellt eine sinnvolle Assoziation dar und jede Assoziation eine notwendige Konfliktlösung. Denn auf jeder Bewusstseinsebene und von jeder Konfliktlösung aus gerät der Mensch ja immer in neue Konflikte. Das hält ihn lebendig.

Was die Unterscheidung zwischen Kreuzungen, Schlingen und Knoten in dem Bildchen bedeutet, ist dem Leser sicher längst klar. Die unterschiedlichen Symbole bezeichnen die unterschiedliche Festigkeit und Dauerhaftigkeit der Konfliktlösungen. Je tiefer die Konfliktlösungen im Unbewussten liegen, also in der unteren Hälfte des Rhombus, desto stabiler und dauerhafter sind sie. Der mittlere Knoten auf der Sinnebene müsste als der festeste von allen eigentlich bedeutend dicker als alle anderen dargestellt sein. Ihn könnte man am ehesten auch als Markenkern bezeichnen, wenn man unbedingt an diesem populären, aber leicht irreführenden Wort festhalten will. Aber isolierbar wie ein Kern ist ein Knoten eben nicht.

Leider kaum zu ahnen ist, dass die nach rechts und links laufenden Bahnen des Netzes im Originalbild farblich unterschieden sind. Die von unten her nach rechts laufenden sind rot und bedeuten aktive Entscheidungsrichtungen, die nach links laufenden sind grün und meinen passive. Der vitale Grundkonflikt zwischen Angreifen und Weglaufen findet über alle Assoziationsebenen hinweg seine Fortsetzungen und in jeder Konfliktlösung erneut einen Ausdruck seiner Überwindung. Nie gibt es die Möglichkeit, konfliktfrei wegzulaufen oder anzugreifen, nie Licht ohne Schatten, nie ein Entweder-oder, immer nur ein Sowohl-als-auch, auf jeder Ebene der Bewusstseins- und Markenbildung.

Der Bereich der Markenbildung, der in dem Netzmodell als Empfindungsebene bezeichnet ist, wird volkstümlich Gefühlsbereich genannt. Sie erinnern sich: Er enthält sowohl bewusste als auch vorbewusste Empfindungen. Vorbewusste Empfindungen sind unbewusste, die der Psychologe dem Menschen bewusst machen kann, deshalb bezeichnet er sie auch als bewusstseinsfähig. Auf der Empfindungsebene werden alle Informationen empfangen, die für die Markenbildung relevant sind. Alle Informationen, ob sachbezogen und scheinbar nur vernünftig oder ob menschenbezogen, ideologisch, emotional und unvernünftig – alle werden sie auf dieser Ebene empfindungsgemäß empfangen und zensiert. Selbst die sachlichste Information entgeht nicht der empfindungsgemäßen Kontrolle. Keine Sendung des Markenregisseurs kommt an der Empfindungszensur des Informationsempfängers vorbei. Auf der Empfindungsebene wird über die Wirkungsqualität jeder seiner Sendungen entschieden. Entspricht die Sendung der vorgegebenen Empfindlichkeit der Empfänger, so wirkt sie markenstärkend, widerspricht sie ihr, so wirkt sie markenschwächend. Die Leistung des Markenregisseurs gipfelt in der Kunst, die vorgegebenen Empfindlichkeiten seines Publikums immer noch empfindlicher zu machen, sie ständig zu reizen und zu steigern. Das psychologische Mittel dazu ist die Faszination. Faszination ist kein Zufall oder Wunder, sondern eine Auswirkung menschlicher Konflikthaftigkeit, eine neben anderen. Zur Erklärung greife ich hier noch einmal auf das Netzmodell zurück:

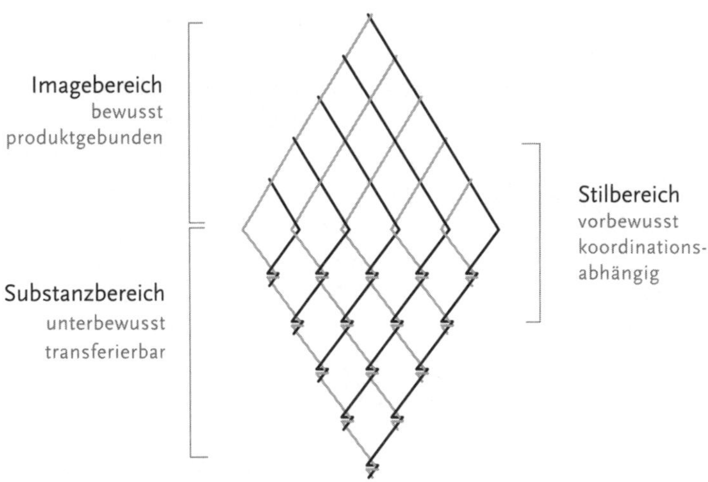

Abb. 2 Bereiche des Markenmanagements

Das Netzbild zeigt in seinem unteren Teil die Markensubstanz. Der obere Teil des Netzes, der aus dem Empfindungsbereich in die Zonen mehr oder weniger bewusster Assoziationen hinaufführt, bildet das Markenimage. Markensubstanz und Markenimage sind in Wirklichkeit natürlich nicht so scharf gegeneinander abzugrenzen wie hier im Bild. Die bereits getroffene Feststellung vorbewusster und bewusstseinsfähiger Assoziationen war ja schon ein Hinweis darauf, dass die Grenzen zwischen den beiden Bereichen fließen. Die Bewusstseinsschwellen rücken im Leben mal höher und mal tiefer.

Auf den untersten Teil des Substanzbereiches kann der Markenmanager keinen aktiven Einfluss nehmen. Er kann sich nur darum bemühen, ihn möglichst gut zu verstehen und nicht zu verletzen. Auf der dritten Ebene von unten her, auf der Mythenebene sollte seine aktive Arbeit ansetzen. Sie sollte von dort her die Entwicklung eines Markenstils verfolgen, der auf die größtmögliche Faszination seiner Marke zielt. Diese erreicht er, indem er sich systematisch alle Konflikte zunutze macht, die in dem links des Netzbildes als *Stilbereich* bezeichneten Teil der Marke liegen. Dieser Bereich ist der Arbeitsbereich des aktiven Markenmanagements. Wie schon eindringlich begründet, sollte es unabhängig vom Produktmanagement, aber mit Weisungsrecht diesem gegenüber arbeiten.

An Konflikten mangelt es niemals. Jede Gabelung im Netz des Bildes ist auch ein Konfliktsymbol. Gleich der Gabelung an einer Wegkreuzung, die eine Entscheidung für rechts oder links fordert, provoziert der Konflikt seine Lösung, die Kreation. Jede Markenanalyse kann immer nur erneut bestätigen, wie konflikthaft unsere Existenz konzipiert ist. Jeder seriöse Befund wird auf die eine oder andere Weise die großen Spannungen anschaulich machen, unter denen wir leben müssen, um durch Kreativität vorwärts zu kommen. Jeder Befund wird über die Existenz und die Notwendigkeit gegensätzlicher Werte innerhalb einer Markenstruktur Auskunft geben. Die Gegensätzlichkeit der Werte, die ihre Struktur enthält, macht die Marke spannend. *Faszination* ist nur ein anderes Wort für die Anziehungskraft, die der Spannung entstammt. Damit erklärt das Bildchen über die horizontalen Dimensionen seiner Netzstruktur die Markenfaszination und über die vertikalen Dimensionen den Wirkungsverlauf derselben.

Wer das Prinzip der Faszination durchschaut, kann es systematisch nutzen

Die Faszination von Marken ist in den letzten zehn, zwanzig Jahren nicht nur Menschen bewusst geworden, die an einer unternehmerischen Nutzung der Marke interessiert sind, sondern auch einer breiteren Öffentlichkeit. Nicht nur Kids und Youngster, sondern auch Erwachsene geben heute Geld dafür aus, ihr Outfit in einer Weise mit Markenzeichen zu garnieren, für die medienwirksame Sportler und andere Prominente Geld kassieren und früher einmal arme Leute, so genannte *Sandwichmänner*, als wandelnde Plakatsäulen immerhin einen bescheidenen Lohn. Viele Menschen sind nicht mehr nur von ganz bestimmten Marken fasziniert, sondern auch ganz allgemein von der Marke als einem trendigen Faszinosum.

Die Existenz einer auf geheimnisvolle Weise anziehenden und fesselnden Markenkraft wird von einem größeren Teil der Öffentlichkeit geahnt. Im Interesse dieser Öffentlichkeit werden auch bereits seit einigen Jahren Meinungsbefragungen durchgeführt, um herauszufinden, wie hoch die Faszinationskraft verschiedener Marken eingeschätzt wird. Vergleichende Berichte finden nicht nur bei Lesern Beachtung, die mit Marken beruflich zu tun haben. Ob die Anziehungskraft der Marken, die da angeblich miteinander im Rennen liegen, den Einschätzungen des Publikums tatsächlich auch entspricht, ist nicht so wichtig. Der Publikumsbeifall ist wichtig, gerade so wie bei der Verfolgung der öffentlichen Markenwert-Rennen. Hier hat sich also ein Metawettbewerb herausgebildet, der mit jenem Wettbewerb nichts zu tun hat, dem die Marken im Interesse ihrer Eigentümer dienen sollen.

Die Ursache der Faszination einer Marke entzieht sich immer der Beurteilung durch das Markenpublikum. Jegliche Faszination entzieht sich der Beurteilung durch die von ihr erfassten Menschen, jede besteht auch nur, solange ihr Wirksystem verborgen ist. Jede Faszination ist ein Geheimnis, das seine Wirkung verliert, sobald es gelüftet wird. Ob es sich um einen faszinierenden Menschen, einen Star, einen Helden, ein Idol, einen Traumpartner handelt oder um eine Marke: Die Faszination verfliegt in dem Augenblick, in dem sie durchschaut ist, das heißt, in dem die Elemente ihrer Wirkungsstruktur erkannt sind. Ein Faszinosum ist ein undurchschaubares Ganzes, sei es Person oder Sache. Es zerfällt in der Analyse wie eine Gestalt unter dem Seziermesser einer Obduktion.

Faszination heißt Spannung, Spannung entsteht aus Gegensätzen. Jeder Elektriker weiß das. Die Gegensätze, aus denen Markenfaszination entsteht, liegen in Bestrebungen, die sich dem Bewusstsein entziehen. Die gegensätzlichen Bestrebungen wirken durch das gesamte Assoziationsnetz der Markenbildung hindurch. In dem Teil des Netzes, wo sich bewusste und unbewusste Wahrnehmungen mischen, wird die Spannung kommuniziert. Ich habe ihn schon Empfindungsbereich genannt. In diesem Bereich muss jeder Gründer einer neuen Marke ansetzen, dort muss er seinen Anstoß zu einer Markenbildung geben. Über den Bereich der vorbewussten Empfindungen wirkt sein Anstoß gleichzeitig in beide Bewusstseinsrichtungen, im Bild nach unten und nach oben, also ins Biologische ebenso wie auch in die Wahlentscheidung hinein, substanzfördernd und imagebildend zugleich.

Wer ein neues Produkt vermarkten möchte, von der *Merkwürdigkeit* seiner Neuheit überzeugt ist und sich eine Markenbildung daraus erhofft, muss mit ihrer Kommunikation im Empfindungsbereich ansetzen. Er muss seine Innovation in der Dämmerzone zwischen kognitiver und affektiver Wahrnehmung bekannt machen, damit ihre Botschaft gleichzeitig in das nächtlich Unbewusste wie auch in das taghelle Bewusstsein ihres Publikums vordringen kann. Eine sachliche Bekanntmachung der rationalen Vorzüge seiner Innovation reicht nicht aus, um damit eine Markenbildung einzuleiten, mögen ihre Vorzüge noch so überzeugend sein. Ihre sinnbildliche Übersetzung muss hinzukommen.

Zur Veranschaulichung dieser Notwendigkeit habe ich meinen Hörern gelegentlich eine erst wenige Wochen zuvor auf die Erde gefallen Eichel gezeigt. Ihre harte Haut war nur teilweise aufgeweicht, um den Trieb durchzulassen, der sowohl nach oben als auch nach unten gewachsen war. Die Eichel hatte eine Pfahlwurzel von etwa zwölf Zentimeter Länge in den Boden getrieben. Genauso lang war der Stängel mit drei, vier kleinen Blättchen daran, mit dem sie sich im Gras meines Gartens bemerkbar gemacht hatte. Noch ehe ich sie auch nur als winziges Bäumchen entdecken konnte, hatte sie sich tief in der Erde verwurzelt, um einmal ein großer, widerstandsfähiger, unter Umständen mehrere hundert Jahre alter Baum werden zu können. So genannte Jahrespflanzen treten schneller und prächtiger in Erscheinung, aber sie wurzeln flach. Das unansehnliche Eichenbaby konnte ich nur mit Mühe ausgraben, für die Entwurzelung einer prächtigen Jahrespflanze genügt dagegen ein schneller Griff.

Analog verhält es sich mit jedem neuen Markenprojekt. Soll eine Innovation zur Markenbildung führen, so muss sie sich schnell in unserem anthropologischen Wertehumus verwurzeln. Findet sie dort, in unserem Speicher tief begründeter Empfindungen, keine geeignete Nahrung, so verhungert sie bald. So ergeht es den meisten Innovationen. Ihr Neuigkeitswert vertrocknet auf dem harten Boden der Rationalität ebenso schnell wie eine Eichel, die auf das Straßenpflaster gefallen ist. Natürlich braucht ein Markenbaby genauso wie das Pflanzenbaby auch das Licht und den warmen Regen aus den Sphären bewusster Wahrnehmung und Anerkennung seines Publikums. Aber es lebt und überlebt in den kommunikativen Dürrezeiten nach seiner Bekanntmachung und unter den Bedingungen eines gnadenlosen Auslesewettbewerbs nur dank jener Nahrungsvorräte, die in unserem Gehirn über Jahrmillionen hin angesammelt wurden. Aus diesen Vorräten muss das Markenbaby auch die Autorität schöpfen, die seine Faszination trägt.

Markenautorität entsteht nicht durch Imagepflege

Die Vorstellung, Imagepflege, also kommunikative Maßnahmen, die zu einer Profilierung und Verbreitung eines Markenimage führen, würde die Bildung einer starken Marke garantieren, ist sehr populär. Sie enthält jedoch nur die halbe Wahrheit und ist deshalb per saldo falsch. Um im Bild meiner Pflanzenanalogie zu bleiben: Imagepflege in Unkenntnis und ohne Berücksichtigung der Markensubstanz wirkt nicht anders, als wenn ein Gärtner sein Pflanzenbaby reichlich mit Licht und Wasser versorgen würde, ohne sich um die Beschaffenheit seines Bodens zu kümmern. Sein einseitiges Bemühen wird nicht belohnt. Wann immer er Saatgut oder Setzlinge auf ungeeigneten Boden bringt oder falsch düngt, verdirbt es, selbst wenn er noch so fleißig gießt.

Das ist die Erklärung für viele erfolglose Bemühungen vieler fleißiger Imagepfleger. Man kann nicht einfach darauf hoffen, durch *Einzahlungen* auf ein Image ein *Guthaben* auf einer mysteriösen Bank zu bilden, finster wie eine Blackbox. Man muss sich schon um die Struktur des unbekannten Wertspeichers kümmern, um seine Bedingungen für die Annahme und Verzinsung der Einzahlungen erfüllen zu können. Die Entdeckung einer Blackbox, in der Imagewerte vielleicht zu Substanzwerten verwandelt werden könnten, ist an sich schon sehr lobenswert. Sie verpflichtet den Entdecker jedoch zu ihrer Erforschung, wenn er nicht an den unfreiwilligen Opfergaben vieler gläubiger Imagepfleger mitschuldig werden will. Die Annahme, ein tiefer, unbekannter Speicherraum müsste deshalb leer sein, weil man ihn noch nicht ausgeleuchtet hat, spricht nicht für drängenden Forschergeist. Übrigens waren da die Markenstrategen früherer Zeiten schon viel weiter als unsere heutigen Experten.

Der Markenmanager Goebbels zum Beispiel hat die Eichel des nationalen Stolzes damals sicher nicht zufällig auf einen Wertehumus gesetzt, der für ihre Wurzel bis tief ins Urzeitliche menschlicher Konflikte hinab nahrhaft und durchlässig war. Sein Markenbaby hatte von ihm alle Voraussetzungen bekommen, um ihm die Erfüllung seiner Träume von einem tausendjährigen Reich versprechen zu können. Auch die Art und Weise, wie die Nazi-Eichel von ihrem Gärtner gesetzt wurde, verrät markenstrategische Kompetenz. Sie verrät List. An die Stelle dieses Wortes können Sie natürlich auch das Wort Strategie setzen; das klingt intellektueller und anspruchsvoller, fast schon nobel. Aber es bezeichnet nur eine besonders zivilisierte Art von List und diese ist moralisch bestimmt nicht wertvoller als die List eines Dackels, der sich einen Wurstzipfel ergaunert, oder die eines erfolgreichen Taschendiebes. Ich empfehle diese nüchterne Bewertung von Strategie für das praktische Markenmanagement.

Nicht nur das Repertoire für die erste überlebenswichtige Konfliktlösung, die Lösung des Konfliktes zwischen Angreifen oder Weglaufen, also der kreative Einsatz von Attacke und Flucht durch Drohung, Provokation, Scheinangriff, Fluchtvortäuschung, Bluff in unzähligen Variationen, sondern unsere gesamte Evolution ist nur der kontinuierlichen Fortentwicklung von List zu verdanken. Der

Homo sapiens ist bis in unsere Tage hinein ein Triumph strategischer List oder listiger Strategien, ganz wie man will. Seine Listigkeit dient der Arterhaltung, auch als zentrales Talent seiner Markenbildung. Dieser Sachverhalt ist im Zusammenhang mit der Aufgabe des Markenmanagements aus zwei Gründen erwähnenswert. Zum einen ist er deshalb erwähnenswert, weil man im Markenmanagement gern von Markenstrategie spricht, ohne klarzustellen, was man damit meint. Zum anderen ist er erwähnenswert, weil erst die immanente strategische Listigkeit ihrer Struktur die Faszination der Marke vollständig erklärt. Deshalb schulde ich Ihnen an dieser Stelle einen ganz kleinen Exkurs zum Thema *Strategie*. Er kann nur ganz klein sein, weil das Thema Strategie sehr groß ist, vielleicht ebenso groß wie das Thema Marke und ebenso schwierig.

Markenstrategie

Warum die Strategie der Evolution jeder erdachten Strategie überlegen ist

Seitdem die Wirtschaft den Begriff und die Idee der Strategie aus dem kriegerischen Wettbewerb auf den wirtschaftlichen Wettbewerb übertragen hat, benutzt sie ihn unter den Parametern ökonomischer Kategorien. Das gilt jedenfalls für die Manager, die ihn mit Ernst und intellektuellem Anspruch benutzen. Wahrscheinlich benutzt ihn der größere Teil der Strategen ziemlich locker, eher zur Bezeichnung einer Verhaltensidee als einer Arbeitsmethode. Auf Fragen nach strategischen Arbeitsgrundlagen habe ich oft Auskünfte bekommen wie »Unsere Strategie ist, schneller zu sein als die Wettbewerber, billiger zu sein, innovativer zu sein, flexibler zu sein.« und so fort. Ich achte solche Entschlüsse keineswegs gering, halte sie aber doch eher für Äußerungen von Weltanschauung und Temperament als von Strategie. Dort, wo man den Strategiebegriff umsichtiger benutzt, findet man Pläne. Das Ziel einer Strategie wird dort als ein Entwicklungsauftrag verstanden, der durch eine strategische Planung erfüllt wird. Die Planung ist meist mittelfristig angelegt, auf drei bis fünf Jahre, manchmal langfristiger, nie kurzfristig. Bei kurzfristigen Plänen spricht man eher über Operationspläne.

In ihrem Planungsverständnis unterscheiden sich die Wirtschaftsstrategen von Kriegsstrategen, Wahlstrategen, Fußball- und Schachstrategen schon sehr deutlich. Die meisten Wirtschaftsstrategen sind große Planer. Ihr Interesse an der Planung ist oft so groß, dass es sich darin praktisch erschöpft. Selbst wenn sie in ausgefeilten Plänen Rückkoppelungen, Reaktionen und Revisionen vorgesehen haben, werden sie oft von den Ergebnissen strategiewidriger Operationen, Gegenoperationen und Umstände überrascht. Die

Wettbewerbsentwicklung ihrer Unternehmen konterkariert ihre Wettbewerbspläne manchmal bis zur Unkenntlichkeit. Selbst dort, wo sich die Operationsverantwortlichen strategietreu verhalten, wird die Planung durch überraschende Wettbewerbsreaktionen und Umfeldveränderungen praktisch oft entwertet. Es lassen sich eben in der Praxis nicht die Reaktionen aller Wettbewerber und der vielen im Umfeld Beteiligten schon bei der Planung antizipieren. Strategische Planung und strategisches Verhalten sollte man deshalb deutlich unterscheiden.

Das ist eine Lebenserfahrung, der alle Strategiemodelle der Wirtschaftswissenschaftler zu wenig Rechnung tragen. Die Realität will sich infolgedessen den theoretischen Modellen einfach nicht unterwerfen. Wahrscheinlich ist sie prinzipiell gegenüber allen Modellen widerspenstig, aber gegenüber ökonomischen Modellen offensichtlich in erhöhtem Maße, eigentlich fast regelmäßig. Solange für die Parameter der ökonomischen Strategiemodelle ökonomische Werte und nicht sozialpsychologische Werte benutzt werden, wird das auch so bleiben. Solange die Wirtschaftswissenschaftler nicht den engen Bezugsrahmen der Ökonomie sprengen und weit darüber hinaus ausgreifen in das kulturelle Umfeld des Wirtschaftens, um sich dort Parameter von tieferer Gültigkeit zu holen, wird ihren Modellen der Charakter von Prokrustesbetten anhaften.

Es lohnt sich sicher für jeden Manager, immer wieder einmal die veröffentlichten Berichte und theoretischen Interpretationen von Unternehmenskriegen zu lesen und entsprechende Strategiemodelle zu studieren. Die Lektüre erhöht die Sensibilität für die eigenen Möglichkeiten, erweitert den allgemeinen Kenntnisstand und regt die Fantasie an. Aber es ist sehr gefährlich, sich ein strategisches Vorbild zu suchen oder gar in ein strategisches Modell zu zwängen. Alle Modellkategorien sind viel zu starr, um der Entwicklung des wirtschaftlichen Lebens folgen zu können. Schon das professionell etablierte Axiom, »... der Wettbewerb wurzelt in der ökonomischen Struktur, die einer Branche zugrunde liegt...«, ist von der Realität längst überholt. Der Begriff der Branche ist realiter nur noch eine statistische Fiktion, ebenso der Begriff der Märkte. *Business Migrations* und Auflösungen von Marktgrenzen sind seit Jahren an der Tagesordnung. Bedeutende wirtschaftliche Erfolge gehen auf Respektlosigkeit gegenüber der Branchentheorie zurück.

Auch die Theorie definierbarer Strategietypen ist von der Praxis überholt. Der prominenteste Wettbewerbsstratege, Michael E. Porter, gibt noch in der jüngsten Ausgabe seines wertvollen Kompendiums drei Strategietypen vor: »*1. Umfassende Kostenführerschaft, 2. Differenzierung, 3. Konzentration auf Schwerpunkte.*« Welchem Strategietypus sollte sich wohl der von mir schon zitierte Lebensmittelhändler Aldi zuordnen? Ist er in allen seinen Produkten Kostenführer? Ja. Ist sein Angebot von dem seiner Wettbewerber deutlich differenzierbar? Aus der Sicht seiner Kundschaft auf jeden Fall, also ja. Konzentriert er sein Angebot auf Schwerpunkte? Ja. Mehr als jeder seiner Wettbewerber. Wie das möglich war? Aldi hat sich nicht an ökonomischen Leitbildern orientiert, sondern an menschlichen. Aldi hat sich nicht einer ökonomischen Statistik unterworfen, Aldi war kreativ. Strategie sollte kein Ersatz sein für Kreativität, sondern ein Ausdruck von Kreativität.

Markenstrategie unterscheidet sich von den geläufigen ökonomischen Wettbewerbsstrategien nicht graduell, sondern prinzipiell. Sie ist eine Alternative zu den konventionellen Ökonomiestrategien, eine Alternative im strengen Wortsinn von *alter natus* = anders geboren, ein Kind anderer Eltern. Die Markenstrategie hat ihre Effektivität zwar auch in ökonomischen Wettbewerben bewiesen, ist aber dabei doch kein Geschöpf der Ökonomie. Sie funktioniert nicht unter den Maßstäben des *Homo oeconomicus*, sondern denen des *Homo erectus*. Sie stellt weder an seinen Status noch an seine Aktivitäten irgendwelche besonderen Anforderungen, sie nimmt ihn, wie immer er sein mag und daher kommt. Die einzige eingrenzende Beziehung der Markenstrategie zum Menschen betrifft seinen Entscheidungsnotstand.

Markenstrategie bezieht sich auf eine menschliche Entwicklung, die ständig durch Entscheidungsnotstand gekennzeichnet ist. Sie bezieht sich auf den Menschen als Wähler, wann, wo und was er auch immer zu wählen hat. Nur das Verständnis und die Nutzung seines Wahlverhaltens ist ihr Arbeitsgegenstand, sonst nichts. Weil sich Markenstrategie nicht auf unterschiedliche spezielle Zustände und Verhaltensmuster bezieht, sondern nur auf eine einzige Äußerung des Menschen, sein Wahlverhalten eben, kommt sie mit sehr viel weniger Parametern aus als die ökonomischen Modelle. Weil sie sich obendrein auch nur auf ein einziges altes, verfestigtes und prinzipiell gültiges Evolutionsergebnis stützt, kann sie ein viel höheres Maß an prognostischer Sicherheit erreichen. Das gilt jedenfalls dann, wenn sie bei ihrer Sache bleibt und sich nicht ökonomischen Maßstäben unterwirft. Ihre Sache ist die Wahlentscheidung, nicht die ökonomische Auswirkung derselben.

Die Beziehungen zwischen der Marke und der Markenstrategie einerseits und den ökonomischen Strategien andererseits werden von den Theoretikern häufiger falsch eingeschätzt als von den Praktikern. Von dieser feinen Unterscheidung abgesehen sind sie allgemein unklar. In den Modellen der Wirtschaftswissenschaftler werden Marken wie Produkte oder Assets behandelt, die Markenstrategien dementsprechend als Sub- oder Subsubstrategien innerhalb der ökonomischen Strategiemodelle. Folglich räumt man Markenstrategien regelmäßig auch nur zeitlich begrenzte Wirkungschancen ein. Die Erklärung einer Marke zur *Kampfmarke* findet man bei Ökonomiestrategen ziemlich häufig.

In der Praxis, vor allem jener der internationalen Markenartikelkonzerne, wird der Markenstrategie tendenziell ein höherer Rang in den strategischen Systemen der Unternehmungen zugewiesen. Dann jedoch, wenn sich die Konsequenzen aus einer Markenstrategie mit jenen einer konventionellen ökonomischen Strategie stoßen, zum Beispiel mit jenen aus einer kostenorientierten, börsenorientierten oder strukturorientierten Strategie, opfert man in der Mehrzahl der Fälle auch dort die Markenstrategie der Ökonomiestrategie. Nur in ganz wenigen Unternehmen werden Markenstrategien als umfassende Unternehmensstrategien entwickelt und verfolgt. Es wird Sie nach meinen bisherigen Ausführungen wahrscheinlich kaum noch überraschen, dass ich als Markenstratege dieser Positionierung die größten Chancen einräume.

Markenstrategie erfüllt alle Erwartungen an fünf ökonomische Strategietypen

Markenstrategie ist eine Differenzierungsstrategie. Aber im Gegensatz zu dem ökonomisch definierten Typ der Differenzierungsstrategie ist sie eine solche, die keinen anderen ökonomischen Strategietyp ausschließt und auch alle betriebswirtschaftlichen Dimensionen unberührt, also uneingeschränkt, offen lässt. Markenstrategie ist auch eine Marketingstrategie. Aber im Gegensatz zu den konventionellen Marketingstrategien ist sie keinen zeitgebundenen Dogmen unterworfen. Markenstrategie ist zwar für die Wirtschaft neu, aber im Prinzip zeitlos. Ökonomische Marketingstrategien sind im Prinzip zeitgebunden; deshalb führen sie zwangsläufig irgendwann zu anachronistischen Dogmen. Das Dogma der Branche und das Dogma des Marktes habe ich bereits angesprochen. Ihre Überwindung ist überfällig, sie behindern unsere ökonomische und kulturelle Entwicklung gewaltig.

Die Pflicht zur Unterwerfung eines Unternehmens unter die Parameter einer Branche wird vermutlich leichter und schneller abgeschüttelt werden als die Pflicht zu seiner Unterwerfung unter die Macht der Märkte. Die mystische Autorität des Marktes wird paradoxerweise gerade von engagierten Marketingvertretern gepflegt. Sprüche wie »... der Markt fordert ..., ... der Markt hat entschieden ...« werden auf allen Entscheidungsebenen immer wieder mit unerschütterlicher Gläubigkeit vorgetragen. Marktforschung und Benchmarking leisten den Gläubigen dabei Bärendienste und dienen nur selten dem Fortschritt. Im Gesamtergebnis ihrer Leistungen wirken sie auf die Zustände verfestigend. In Phasen sozialer Depressionen verhindern sie zuverlässig jeden kreativen Aufschwung. Statistische Erfolgshäufungen werden dann von den Marktgläubigen begierig zu allgemein gültigen Erfolgsbedingungen stilisiert. Je erfolgreicher sich anschließend die Wettbewerber bemühen, diese Bedingungen zu erfüllen, desto größer wird das Gedrängel und desto kleiner die Erfolgschance für jeden Einzelnen. So wird aus dem Markt, einem ursprünglich offenen, freien Platz, an dem sich Verkäufer mit Käufern treffen konnten, ein ideologisches Gefängnis.

Eingeschlossen von Branchenmauern und zu marktgefälligem Wohlverhalten dressiert, marschieren die Insassen der Märkte in immer engeren Kreisen, bis ihnen schließlich nichts anderes übrig bleibt, als sich gegenseitig umzubringen. Ein besonders anschauliches Beispiel für einen solchen kollektiven Suizid bietet der Preiswettbewerb. Er gilt heute für viele Menschen als Wettbewerb schlechthin, nicht nur für Inflationsneurotiker oder Beamte von Kartellbehörden, sondern auch für ganz normale, brave Kaufleute. Berichte über Ausbrecher, die sich durch eigenständige Leistungen eigene Markt- und Kalkulationsbedingungen erworben haben, werden meistens nur als Einladungen zu Einbrüchen in die neu geschaffenen Märkte verstanden, selten als Herausforderungen zu vergleichbarer schöpferischer Leistung.

Ich habe die Markenstrategie als eine Differenzierungsstrategie und eine Marketingstrategie bezeichnet. Ihre Eigenart wird anschaulicher und verbindlicher, wenn sie beide Begriffe miteinander verknüpfen und von einer differenzierenden Marketingstrategie sprechen. Die Wortverbindung macht deutlich, dass es sich nicht um eine nivellierende Marketingstrategie handelt, nicht um eine Anpassungsstrategie, sondern um eine Gestaltungsstrategie. Eine Nebenwirkung jeder Markenstrategie ist folglich, auf die Bildung von Märkten gestaltend Einfluss zu nehmen, Marktgrenzen aufzuweichen und zu überschreiten und Regeln zu verändern und außer Kraft zu setzen, die die Entwicklung der Marken behindern. Markenstrategie nutzt jede Substrategie, die der Entwicklung des Markenwertes dient, einer Entwicklung, die nur durch den Sinn der Marke begrenzt ist und durch nichts sonst.

Als Differenzierungsstrategie wird die Markenstrategie häufig missverstanden. Man schließt aus der mit jeder Differenzierung notwendigerweise verbundenen Distanzierung von der Mehrzahl der Wettbewerber gern auf eine *Nischenstrategie*. Das ist ein Trugschluss. Aus dem Umstand, dass sich dort, wohin die Markenstrategie zielt, nicht schon viele Wettbewerber drängeln und sich nicht schon ein entsprechend großes Marktpotenzial manifestieren konnte, ist nicht auf ein geringes Wachstumspotenzial zu schließen. Im Gegenteil: Nicht dort, wo Anbieter und Nachfrager schon große Quantitäten hervorgebracht haben und die Probleme der Nachfrager eigentlich bereits gelöst sind, ist das Wachstum zu erwarten, sondern abseits davon, auf dem unbearbeiteten Terrain der noch unerkannten Probleme, die aus den erreichten Problemlösungen hervorgegangen sind. Ausnahmslos alle bedeutenden Marken sind aus Abseitspositionen hervorgegangen, die größten von ihnen scheinbar ohne jede Marktgrundlage, für den Marktstatistiker aus dem Nichts. Aber eben nur scheinbar aus dem Nichts. Denn das, was kein Marktstatistiker sehen kann, das unentdeckte und ungelöste Problem, liegt nur so lange unter dem statistischen Nichts verborgen, bis es als Wertschöpfungsquelle durch einen Problem lösenden schöpferischen Akt markiert wird.

Markenstrategie ist auch eine Wachstumsstrategie. Markenstrategie ist eine Strategie, die so lange und so weit hin Wachstum trägt, wie der Sinn der Marke reicht. Nur der in der Marke verborgene Sinn begrenzt das Wachstum einer Marke, nichts sonst. Die Selbsttäuschung der Anhänger einer konventionellen, materialistischen Ökonomie ist perfekt. Sie halten Preisstrategien allgemein für Wachstumsstrategien und Markenstrategien für Sicherungs- und deshalb für Beschränkungsstrategien. Genau das Gegenteil ist durch die Praxis bewiesen, sofern man nur einen genügend großen Zeitraum für ihre Beobachtung wählt. Unter kurzen Zeitmaßstäben produzieren Preisstrategien Wertwachstum, unter längeren jedoch Wertvernichtung.

Der Zeitraum einer Generation reicht bei unserem wirtschaftlichen Entwicklungstempo heutzutage aus, um genügend Beweismaterial dafür zu sammeln, dass jede quantitative Übersättigung zu Wertvernichtung und schließlich zu Rezession führt. Ich habe vor einigen Jahren versucht, einem kleineren Unternehmerkreis, der durch die Deflation aus dem Preiswettbewerb ganz besonders geschädigt war, das *Kippphänomen* als eine naturgesetzliche Folge jeglicher Übersättigung vor Augen zu führen. Ich lieferte ihm aus ganz verschiedenen Erfahrungsbereichen Beweise dafür, dass ein Zuviel des Guten immer ein Schlechtes ist und folglich auch ein anhaltend gesteigerter Preiswettbewerb in den Gefängnissen quantitativ gesättigter Branchenmärkte zum Suizid der Wettbewerber führen muss. Der Erfolg meiner Bemühungen war sehr bescheiden. Nur einige wenige Manager brachen daraufhin aus der Gemeinschaft der Downtrader aus und gingen eigene Wege.

Unter ökonomischen Maßstäben ist die Markenstrategie also eine Differenzierungsstrategie, eine Marketingstrategie, eine Wachstumsstrategie – und schließlich auch eine Uptradingstrategie. In ihrer Bedeutung als zentrale Wertschöpfungsstrategie ist sie selbstverständlich eine Führungsstrategie. Sie erfüllt die Anforderungen, die man an die genannten fünf Strategien stellen muss, uneingeschränkt, aber nicht bedingungslos. Sie kann alle Anforderungen dann uneingeschränkt erfüllen, wenn die Bedingungen der natürlichen Markenbildung uneingeschränkt erfüllt werden. Ein Manager, der die Parameter der natürlichen Markenbildung versteht und als Leitlinien seiner Arbeit akzeptiert, profitiert von einem Paradigmenwechsel, der in der Luft liegt. Mit der Formulierung *»in der Luft liegt«* bekenne ich mich zu dem subjektiven Ursprung meiner Prognose, zu meiner Empfindlichkeit, meiner Nase für die Entwicklung der Marke. Das schließt eine geschärfte Wachsamkeit ein, die mich stets veranlasst hat, alle mir erreichbaren Indizien für einen Paradigmenwechsel kritisch zu prüfen.

Warum unsere Wettbewerbssituation einen Paradigmenwechsel erwarten lässt

Nach einem lang anhaltenden Wachstum unter quantitativen, materiellen Wertmaßstäben hat sich ein hoher Wachstumsdruck unter qualitativen, ideellen Wertmaßstäben angestaut. Dieser Druck lässt immer deutlicher die Frage nach dem ideellen Wert des Erreichten rumoren. Das unartikulierte Rumoren ist in vielen Bereichen unserer US-europäischen Kultur vernehmbar. Prallt unsere Kultur nun – zwar nicht unerwartet, aber doch plötzlich – auf eine alternative Kultur wie zum Beispiel auf die des Islam, so hebt der Kontrasteffekt das Rumoren ruckartig auf eine höhere Bewusstseinsstufe. Mit solchen Rucks ist vermehrt zu rechnen. Die Tatsache, das die Entwicklung von Kulturen noch nie geradlinig und gleichmäßig verlief, sondern immer nur über waghalsige Balanceversuche und Krisen, ist bekannt. Dass Entwicklungen nach extremen Pendelausschlägen immer sehr überraschend in ihre Gegenrichtung umschlagen, ist ebenfalls bekannt. Unbekannt sind leider aber immer die Neben- und Folgewirkungen. Über diese Nebenwirkungen muss nachgedacht und diskutiert werden.

Ein Paradigmenwechsel kann weder verhindert noch herbeigerufen werden. Er ereignet sich naturnotwendig, als Notwendigkeit, eine nächste Stufe in der Entwicklung der Menschennatur zu nehmen, sei sie auch unter anthropologischen Maßen noch so klein. Deshalb sollte man ihn furchtlos diskutieren können, sofern man sich dazu verpflichtet fühlt, Entwicklungsfragen unserer Gesellschaft zu diskutieren. Ein letztverantwortlicher Manager, ein unternehmerischer Mensch mit unbezweifelbar großer sozialer Verantwortung, ist nach meiner Einschätzung unbedingt diesem Personenkreis zuzurechnen. Würde er sich nicht betroffen und verpflichtet fühlen, so müsste er damit einverstanden sein, durch den Gang der Ereignisse auch sehr überraschend seiner Funktion enthoben zu werden. Ich fasse meine Diskussionsvorlage kurz:

Marken dienen der Orientierung. Das sprunghaft aufgetretene irrationale öffentliche Interesse an Marken indiziert ein entsprechend irrationales Orientierungsinteresse. Es indiziert ein Orientierungsdefizit, denn gesucht wird immer das, woran es mangelt. Es mangelt an Orientierungshilfen in irrationalen Lebensbereichen, denn Marken orientieren über irrationale Qualitäten. Die verstärkte Hinwendung auf irrationale Qualitäten ist gleichbedeutend mit einer gewissen Abwendung von rationalen Qualitäten, denn ein gleichzeitiges und gleichstarkes Streben in zwei entgegengesetzte Richtungen ist unmöglich. Eine Entscheidung, der einen oder anderen Zielrichtung den Vorrang zu geben, ist notwendig, ein Verharren im unentschiedenen Zustand, ein längerer Stillstand, unvorstellbar.

Lebens- und Leistungsqualität wird bisher in unserem Kulturkreis rationalistisch bestimmt. Qualität wird gemessen. Qualität wird quantitativ bewertet; was nicht messbar ist, zählt nicht. Das gilt nicht mehr nur in den Bereichen technischer und ökonomischer Leistungen, sondern für Leistungen jeder Art bis hin zu der Leistung zu leben. Viel ist gut, wenig ist schlecht. Das herrschende Paradigma unserer Wachstumskultur ist das der großen Menge. Wachstum ist Mengenzuwachs. Der Vorrang der großen Menge beherrscht alle Lebensbereiche und hat alle Wettbewerbsregeln hervorgebracht. Wer in seinem Wettbewerbsfeld die höchste Zahl erreicht, ist der Sieger. Ob es sich um Umsatzzahlen, Produktivitätszahlen, Einkommenszahlen, Auflagenzahlen, Zuschauerzahlen, Besucherzahlen, Wählerzahlen, Geschwindigkeitszahlen, Häufigkeitszahlen, Zahlen welcher Art auch immer handelt: Die jeweilige Höchstzahl ist das Wettbewerbsziel. Der erstrebten Höchstzahl wird jede Qualität ganz selbstverständlich unterworfen. Die Qualität hat stets der Quantität zu dienen.

Qualitätsopfer werden nur selten bewusst erlebt und noch seltener publiziert, wenn aber doch einmal, dann eher als Kuriosität. Parolen wie *small is beautiful* haben eher einen koketten als einen kritischen Charakter und das herrschende Paradigma wird kaum berührt. Nur selten werden die Auswirkungen erreichter Grenzen des Mengenwachstums in den gesättigten binnenländischen Märkten kritisiert. Sie werden nicht als allgemein gültige Warnsignale verstanden, sondern als Aufbruchssignale zur Eroberung neuer Entwicklungsmärkte. Globalisierung und Internet versprechen ihren Gläubigen die Möglichkeit, ihre Mengenzielzahlen in Zukunft noch viel höher setzen zu können als bisher. Die Heilungsstrategien für die kranken Unternehmen in den gesättigten Märkten sind wiederum Mengenstrategien, nur unter umgekehrten Vorzeichen. Die Höchstzahl der Freisetzungen wird dort belohnt. Unbezweifelt herrscht in Wirtschaft und Politik noch immer der Gott der großen Zahl. Oder ist es nur ein Götze?

Spätestens seit der Gründung des *Club of Rome* sollte es eigentlich nicht nur erlaubt, sondern geradezu geboten sein, die Göttlichkeit der großen Zahl anzuzweifeln. Kann es eine nachdrücklichere Warnung vor der großen Zahl geben als die Ankündigung eines Wachstums der Weltbevölkerung, das auf eine apokalyptische Katastrophe zusteuert, scheinbar vom Menschen nicht mehr beherrschbar, jedenfalls nicht mit Mitteln, die uns als menschlich gelten? Sollte eine Warnung von derart vitaler Bedeutung nicht Anlass genug sein, analoge Eskalationen in kleineren Systemen wie jenen von Wirtschaft, Finanzen, Staats- und Bildungswesen und in Subsystemen wie Unternehmen und Wettbewerbssystemen mit gleicher Wachsamkeit zu beobachten? Die Eskalationen aus Mergers in Wirtschaft und Politik bieten reichliche Beweise dafür, dass die Strategie der größtmöglichen Mengen zu Verengung, Reibung, Stauung, Verstopfung, schließlich Produktivitäts-, Effektivitäts- und Freiheitsverlust führt.

Ein Management unter dem Paradigma der Markenstrategie wirkt in entgegengesetzter Richtung. Quantitätswettbewerb erzeugt Enge, Qualitätswettbewerb Weite. Markenwettbewerb ist Qualitätswettbewerb. Es schafft Raum zwischen den Wettbewerbern. Die differenzierende Wirkung der Markenstrategie hat eine Distanzierung der Marken und der von ihnen getragenen Unternehmen zwangsläufig zur Folge. Indem jedes Unternehmen unter dem Paradigma der Markenstrategie seine Identität kultiviert, unterscheidet es sich und seine Produkte immer deutlicher von jenen seiner Wettbewerber. Die Unterschiede werden auch immer bedeutungsvoller, denn die Wettbewerbsmarken unterscheiden sich für ihr Publikum nicht durch isolierbare, einzelne Merkmale, sondern durch ihre Gesamtwirkungen, *ganzheitlich*. Die ganzheitliche Distanzierung der Wettbewerbsmarken voneinander führt im Publikum zum Erlebnis ihrer Unvergleichbarkeit. Jeder einzelne Wettbewerber erscheint dem Publikum in seiner Gesamtwirkung unvergleichbar, nicht anders als ein einzelner Mensch. Die Unvergleichbarkeit der Wettbewerber entzieht sie zwar nicht dem Wettbewerb, hebt diesen jedoch auf eine höhere Zivilisationsstufe.

Markenstrategie dient dem Unternehmensinteresse im öffentlichen Interesse

Wenn ein Publikum nicht unter rationalen und materiellen Maßstäben entscheiden muss, sondern unter dem Maßstab komplexer Gesamtwirkungen, also unter Sympathiemaßstäben, ist es motiviert, solche zu entwickeln. Beide Seiten, die Wettbewerber wie auch ihr Publikum, sind motiviert, ideelle, immaterielle Parameter zu entwickeln und anstelle rationaler, materieller Parameter zu benutzen. Ihre Entscheidungen werden aufgrund umfassender ideeller Wirkungskomplexe getroffen und nicht aufgrund rational isolierbarer Wirkungsmerkmale, nicht anders als bei der Partnerwahl unter kultivierten Menschen. Es werden menschenwürdige Entscheidungen getroffen. Die Entscheidung eines Mannes für eine Frau aufgrund der Zahlen, die eine Vermessung von Brust-, Taillen- und Hüftumfang, Mitgift, Erwerbskraft, Handfertigkeit und anderer Merkmale ergibt, gilt ja allgemein wohl kaum noch als menschenwürdig, sondern als bezeichnend für eine sehr niedrige Zivilisationsstufe. Mit dieser Beurteilung ist nicht die Unwürdigkeit der vermessenen Menschen gemeint, sondern die der Maßnehmer und der Entscheider über die Maße.

Ein Materialist, dem die Analogie seiner Partnerwahl unbehaglich ist, der deshalb einen entschiedenen Unterschied zwischen Menschen und Dingen macht und deshalb allen nicht leibhaftig menschlichen Wahlobjekten nur rationale Wirkungen und Maßstäbe zubilligt, betrügt sich. Er betrügt sich um das Glück, das nur durch eine Konsonanz seiner persönlichen Komplexität mit der Komplexität seiner Lebensumstände erzielt werden kann. Er betrügt sich durch die Annahme, dass die Wahl irgendeines dissonanten Gegenstandes in seinem Milieu sein Lebensglück nicht stören und folglich rational gerechtfertigt werden könne. Er betrügt sich mit der Vorstellung, dass ein unstimmiger Gegenstand, ein Wahlobjekt, das nicht zu ihm passt, durch seine rationale Rechtfertigung seine dissonante, destruktive Wirkung auf sein Leben verlöre. Der Materialist irrt. Er zahlt für jede Konsonanzstörung, der er sich aussetzt, einen hohen Preis. Er bemerkt ihn nur nicht gleich. Im Prinzip verhält er sich wie ein Mann, der seinen Körper mit Kleidungsstücken und seine Wohnung mit Möbelstücken bestückt, die er nach Messung ihrer Beschaffenheitsmerkmale wählt und nicht nach ihrer Wirkung auf ihn und sein Leben. Sein Stückwerk wird ihn krank machen. Seine mentale Gesundheit ist schwer gefährdet, schwerer vielleicht sogar als durch die falsche Frau.

Dank der robusten Natur unserer Art sind Extremfälle rationalistischer Psychosen heute noch auffällig. Doch der unbeachtet publizierte Krankenstand in unserem Kulturkreis ist schon besorgniserregend hoch. In den USA ist heute angeblich jeder dritte Mensch psychisch krank, Vergleichswerte aus anderen Zeiten und Kulturräumen sind mir leider nicht bekannt. Aber ein Appell an die Verantwortung des Managers für die Gesundheit seines Publikums ist ja auch nicht das Thema dieses Buches. Der Seitenblick auf seine psychische Verfassung soll hier nur die Wahrscheinlichkeit des Paradigmenwechsels deutlicher machen und den Pionier von etwaigen Skrupeln gegenüber seiner Umwelt entlasten. Er handelt in ihrem Interesse. Wenn das klar ist, wende ich mich gern wieder den unmittelbaren Folgen eines Paradigmenwechsels für den Manager und sein Unternehmen zu.

Ich habe bereits zwei Folgen des Paradigmenwechsels genannt, die jedem Unternehmen bedeutende Vorteile versprechen. Die beiden Folgen sind der Wettbewerbsabstand der Marken und ihre ganzheitliche Wirkung. In praxi untrennbar erlauben sie dem Manager, seinen Wettbewerbseinsatz sehr viel effektiver zu gestalten als bisher. Der Wettbewerbsabstand erspart ihm kostspielige Reibereien mit seinen Wettbewerbern. Weil die Austauschbarkeit seiner Leistung abnimmt, muss er nicht mehr wie bisher auf jeden kleinen Leistungsfortschritt seiner Wettbewerber reagieren. Er kann auf kostspielige Anpassungs- und Überholmanöver verzichten. Ungeplante Sondereinsätze, teure Dumpingaktionen und brutale Materialschlachten können entfallen, weil sie nicht mehr vom Publikum belohnt werden. Der Anteil der Wechselwähler im Publikum nimmt ab, ihr Rest kann kaum noch durch ökonomische Gefälligkeiten bewegt werden.

Ein Mensch, der von seiner Marke fasziniert ist, wechselt auch dann nicht zu einer Wettbewerbsmarke, wenn diese mit Sonderangeboten lockt. Er zieht sie überhaupt nicht in Betracht; das ist das Ergebnis der ganzheitlichen Markenwirkung. Ein Porsche-Fan steigt nicht auf eine Corvette um, weil sie ihm mit einem Umsteigerabatt winkt. Er sieht sie kaum, und wenn, dann eher mit Verachtung. Bei Porsche ist das angeblich wirklich so. Der Porsche-Fan ist ja verliebt in seine Marke. Mag das Programm der fremden Marke in allen Details und unter allen automobilfachtechnischen Vergleichsmaßstäben dem seiner eigenen Marke beinahe von Punkt zu Punkt entsprechen, so erscheint eine Corvette einem Porsche-Fan doch niemals ebenbürtig. Seinem verklärten Blick erscheint die eigene Marke wie von einer Gloriole umhüllt und Lichtjahre entfernt von allen garstigen Buhlerinnen. Darin liegt die große Leistung der Porsche-Chefs, dass sie die gloriose Geschlossenheit ihres Markenprogramms nicht aufgeweicht, sondern immer wieder gefestigt und zu neuem Glanz gebracht haben. Sie verdanken ihre unzeitgemäß hohen Gewinne und Umsatzzuwächse nicht brillanten Einzelleistungen, sondern einer unzeitgemäßen Unbeirrbarkeit. Ein Porsche-Chef bedient seine Porsche-Fans als ein Porsche-Fan. Indem er die Integrität der gemeinsamen Marke bewahrt und stärkt, vergrößert er stetig ihren Abstand zu allen Wettbewerbsmarken, steigert ihren ideellen Wert und erweitert dementsprechend seinen wirtschaftlichen Kalkulationsspielraum. Indem er dem ideellen Wert seiner Fahrzeuge den Vorrang gibt vor ihren Stückzahlen, handelt er unter dem Paradigma der Markenstrategie und bietet sich als Pionier des erwarteten Paradigmenwechsels seinen Wettbewerbern zur Ermutigung an.

Die Ganzheitlichkeit der Markenwirkung erlaubt es nicht nur, den Wettbewerbsabstand beträchtlich zu vergrößern, sondern auch den Einsatz aller Kräfte zu konzentrieren. Der Markenmanager erschließt sich durch die Konzentration aller Mittel auf den zentralen

Gegenstand seiner Wertschöpfung, seinen Markensubstanzwert, erhebliche Einsparungsmöglichkeiten. Die Konzentration seiner Investitionen verringert seine Kosten für Versuche und Fehlversuche und führt zu kontinuierlichen Qualitätsverbesserungen. Sie wirkt wertsteigernd und ressourcenschonend. Eine weitere Folge der Ganzheitlichkeit ist die Integrationswirkung einer Marke. Markenmanagement stiftet übergreifende Gemeinschaftlichkeit, *Common Sense,* wie schon am Beispiel Porsche gezeigt. Konsequent betrieben führt es zuverlässig zur Harmonisierung der Beziehungen zwischen allen Partnern in der Wertschöpfungskette, zwischen Produzierenden und Konsumierenden, zwischen Internen und Externen, zwischen Führenden und Geführten. Alle erleben, dass sie der gleichen Marke dienen. Das wirkt sich schon mittelfristig sowohl kostensenkend als auch produktivitätsteigernd aus.

Langfristig sichert die Integrationskraft der Marke die Kontinuität aller Entwicklungen, daraus folgend wiederum die Stabilität und im Endeffekt schließlich das Überleben des Unternehmens. Wahrscheinlich ist der Integrationskraft der Marke der höchste Rang unter allen ihren Wirkungen einzuräumen. Ihre Distanzierung vom Wettbewerb, ihre Desintegration in Branchen und Märkte werden belohnt durch die Integration einer Anhängerschaft aller Wertschöpfungsbeteiligten. Distanzierung einerseits und Vereinigung andererseits sind zwei Seiten der gleichen Münze. Sie machen Wettbewerbsverhältnisse vorstellbar, die nahezu harmonisch anmuten, auf jeden Fall aber zivilisierter sind als die heutigen. Wer die Theorie der Markenstrategie auch nur einigermaßen verwirklichen kann, dem werden unsere heutigen Wettbewerbsverhältnisse und -methoden im Nachhinein ziemlich barbarisch erscheinen.

Wenn ein Markenmanager die Substanz seiner Marke verstanden und auch begriffen hat, dass diese die strategische Potenz enthält, die Markenstrategie so erfolgreich macht, kommt er nicht mehr in Versuchung, seine Markenstrategie einer anderen Strategie zu unterwerfen. Er weiß dann, dass seine Marke ihre strategische Wirkung enthält. Er muss nicht mehr nach Strategien für ihre Nutzung suchen und kann sich darauf konzentrieren, den Wert seiner Markensubstanz zu steigern und zu nutzen. Das Steigern und Nutzen vollzieht sich dabei in einem Kreislauf: Je besser er sie nutzt, desto mehr steigert er sie; je mehr er sie steigert, desto besser kann er sie nutzen. Beides, das Steigern wie auch das Nutzen, geschieht durch Kommunikation. Die Markensubstanz ist als Kommunikationsergebnis entstanden und muss durch Kommunikation wachsen. Die ganze Aufgabe des Markenmanagers erschöpft sich darin, seine Markensubstanz immer besser zu kommunizieren. Dazu muss er allerdings sein ganzes Unternehmen einsetzen, nicht etwa nur bestimmte käufliche Kommunikationsmittel. Absolut alles, was sein Unternehmen ausmacht und äußert, ist Kommunikation, ausnahmslos alles muss deshalb seiner Markenstrategie unterworfen werden.

Der Markenmanager unterwirft alle Äußerungen des Unternehmens seiner Markenstrategie – auch sich selbst

Die Unterwerfung aller Äußerungen eines Unternehmens unter die Maßstäbe einer Markensubstanz ist sicher leichter gefordert als getan. Die Forderung kann durch ein institutionalisiertes Markencontrolling zwar gestützt, aber niemals erfüllt werden. Daran ist weniger die große Zahl der wirkenden Faktoren schuld als die Plastizität der Kommunikationswirkungen. Schon die Qualität vieler Wirkfaktoren liegt in Nuancen, die sich der Beurteilung durch Kommunikationsmessinstrumente entziehen. Die noch viel größere Schwierigkeit liegt jedoch darin, dass die Gesamtwirkung aller Faktoren, ihre Komposition, nicht messbar ist. Wieder einmal ist hier nicht ohne Bedauern festzustellen, dass das Ganze etwas ganz anderes ist als die Summe seiner Teile.

Die ganzheitliche Wirkung der unzählig vielen Wirkungskomponenten eines Unternehmens ist nur intuitiv zu beurteilen, also durch einen Menschen. Was immer sich messen lässt, sollte natürlich gemessen werden, aber das Ganze ist nur durch einen Menschen zu erfassen, den Markenmanager. Nicht anders als in staatlichen und konfessionellen Institutionen ist auch in allen wirtschaftlichen eine günstige Markenentwicklung immer an eine Person gebunden, die eine letzte Entscheidungshoheit beanspruchen muss. Mit der Loyalität dieser Person steht und fällt die Entwicklung der Marke. Das erklärt, weshalb so viele Marken unter der

Regie ihrer Gründer große Bedeutung hatten und unter der ihrer Nachfolger in einem unaufhaltsamen Siechtum bis zur Bedeutungslosigkeit verkümmerten. Die Gründer hatten keine Identifikationsprobleme, ihre Nachfolger hingegen keine Identifikationschancen. Glücklicherweise gibt es auch Gegenbeweise, Fälle, in denen die Geistesverwandtschaft mit der Marke bei den Nachfolgern inniger war als bei den Vorgängern.

Ich habe es bereits gesagt: Der Markenmanager muss sich mit seiner Marke identifizieren. Seine Identifikation mit der Marke gibt ihm die Fähigkeit, persönlich zu kontrollieren, was unpersönliche Kontrollsysteme nicht kontrollieren können. Seine Identifikation verleiht ihm Fähigkeiten, die sich seinem Intellekt entziehen und seiner Konsonanz mit der Sinnstruktur seiner Marke entspringen. Das ist keine Mystifikation, sondern eher schon Biologie. Die Zuverlässigkeit unseres naturgegebenen Konsonanzbedürfnisses lässt sich in vielen menschlichen Äußerungen immer wieder belegen. Entsprechende Berichte von Verhaltensbeobachtern aller Art füllen Bände. Aber jeder Laie kann sich auch leicht am eigenen Verhalten davon überzeugen, wie wirksam sein natürlicher Konsonanztrieb ist. Besonders anschaulich äußert er sich im Verhalten der Hörer von Musik, am deutlichsten von solcher mit Rhythmus und Schwung. Fast jeder Mensch ist schon in die Situation gekommen, unter mitreißenden Rhythmen unversehens zum Opfer seines Konsonanztriebes zu werden, nicht nur über seine Stimmung, sondern auch über unkontrollierte Körperbewegungen.

Unter dem Konsonanzmaßstab seiner Natur ist die Marke für den erfolgreichen Markenmanager Musik. So muss es sein. Ohne eine sensuelle Beziehung zwischen dem Markenmanager und seiner Marke bleibt seine intellektuelle Entscheidung für die Marke unfruchtbar. Eine reine Vernunftehe zwischen Marke und Markenmanager funktioniert nicht. Der Markenmanager kann nur im Sinne seiner Marke fühlen und entscheiden, wenn er selbst von ihrem Sinn erfüllt ist. Als Markenregisseur muss er ja tagtäglich, in vielen Situationen und unter vielfältigen Verpflichtungen spontan und intuitiv dem Sinn seiner Marke Ausdruck geben, um ihre Autorität durchzusetzen.

Ein Markenmanager, der sich wirklich mit dem Sinn seiner Marke identifiziert, hat keine Schwierigkeit, sich als Botschafter seiner

Marke auszubilden. Er sollte, nach anfänglichen Unsicherheiten vielleicht, wachsende Freude daran haben, die Rolle ihres ersten und wichtigsten Botschafters zu übernehmen. Würde ihm diese Rolle im Verlauf ihrer Einübung nicht zunehmende Befriedigung und Sicherheit verschaffen, so wäre er nicht der Richtige für die Marke. Dann sollte er die Konsequenzen ziehen. Seine kommunikative Unfähigkeit würde sich auf die Entwicklung der Marke ebenso negativ auswirken, wie die Untauglichkeit eines Wahlkandidaten als Kommunikator eines Parteiprogramms. Seine mangelnde Kommunikationskompetenz wäre genauso wenig durch irgendeine andere Fachkompetenz auszugleichen. Als Spitzenkandidat seiner Marke muss der Markenmanager seine Sozialkompetenz durch Kommunikationskompetenz unter Beweis stellen. Dazu muss er sich ein wenig ausbilden, das Wort ist nicht zu hoch gegriffen. Er muss sich seiner Fähigkeiten, Möglichkeiten und Mittel bewusst werden und ihren Einsatz auch bewusst üben. Zur Übung hat er an jedem seiner Arbeitstage viele Male Gelegenheit; für die Bewusstwerdung ist ihm hin und wieder ein stilles Stündchen anzuraten.

Markenliturgik

Sinn muss man sinnbildlich vermitteln, durch Symbole

In seiner ersten Klausurstunde, vielleicht gerade jetzt in dieser, sollte der Markenmanager versuchen, sich bewusst zu machen, wie sinnhaltig alle seiner Äußerungen wirken. Auch ganz beiläufige, unkontrollierte kleine Gesten, Floskeln, Angewohnheiten in Sprache und Mimik wirken auf die Menschen in seiner Umgebung als Symbole. Alle vermitteln sie ihnen Sinn, wenn auch meistens unbewusst. Sie reagieren daraufhin sinnvoll. Die wenigsten Menschen ahnen, in welchem Maße sie der Wirkung von Symbolen ausgesetzt sind. Die meisten verbinden mit dem Wort *Symbol* nur Vorstellungen von sehr kompakten, fossilen Gebilden. Sie glauben, Symbole müssten sich als solche und für jedermann unmissverständlich zu erkennen geben. Der Markenmanager muss es besser wissen. Er muss wissen, dass das Gegenteil der Fall ist; dass die Wirkung von Symbolen gerade darauf beruht, dass sie nicht bewusst wahrgenommen werden.

Symbole vermitteln ihren Sinngehalt deshalb so zuverlässig, weil sie die Kontrollschranken der bewussten Wahrnehmung unterlaufen. Sie geben dem Intellekt des Empfängers keine Chance zu Zensur und Annahmeverweigerung. Eine Selbstkontrolle des Empfängers ist unmöglich. Nur fremde, unbetroffene Beobachter haben die Chance, Symbolwirkungen festzustellen. Soweit sich solche Beobachter nicht nur unter wissenschaftlichen, sondern auch unter weltanschaulichen Maßstäben zur Wirksamkeit von Symbolen äußern, sind ihre Äußerungen meistens emotional und kritisch. Sie beklagten im Namen der Freiheit des Menschen seine Schutzbedürftigkeit gegenüber unbewusster Sinnvermittlung als *Manipulation*. Das werden sie auch in Zukunft tun, aber sie können nichts daran ändern.

Niemand kann etwas daran ändern, weil sich tiefere, kollektiv wichtige Sinngehalte naturgemäß immer nur verschlüsselt äußern.

Das Ideal der freien individuellen Entscheidung über alles, was eine Person empfangen und von sich geben will, bewirkt das Gegenteil des Ziels der Idealisten. Wo die Kognition, die bewusste kritische Wahrnehmung als die einzig menschenwürdige Wahrnehmung proklamiert wird, ist der Mensch aufgefordert, seine unbewussten Wahrnehmungen zu verdrängen. Das Ergebnis seines Verdrängens ist, dass er ihnen nur umso schutzloser ausgeliefert ist. Je hartnäckiger man sich an die Illusion seiner individuellen, intellektuellen Entscheidungsfreiheit klammert, desto weiter öffnet man sich allen unbewussten Fremdeinwirkungen. Je mehr man sich *selbstbestimmt* wähnt, desto mehr wird man *fremdbestimmt*. Diese Feststellung dürfte den Markenmanager nur dann belasten, wenn er sich selbst der Illusion individualistischer Unabhängigkeit hingeben will.

Ärgerlicher ist für ihn der Umstand, dass seine Dienstleister sich fast ausnahmslos der Ideologie intellektueller Autonomie verschrieben haben. Die akademisch geschulten Kommunikationsprofis beschränken ihre Arbeit in dieser Zeit am liebsten auf den Bereich kognitiver Kommunikation, ihre weniger geschulten Kollegen aus der Praxis arbeiten im Stil ihres Zeitgeistes. Selbst dort, wo man gegenüber dem Vorwurf der Manipulation nicht besonders empfindlich ist wie zum Beispiel in Werbeagenturen, interessiert man sich zwar sehr für Emotionen, versteht aber von Symbolen so gut wie nichts. Texter, Artdirektoren und Designer wissen zwar, dass sie die ihnen zur Vermittlung übergebenen rationalen Informationen emotional verpacken müssen, um sie dem Publikum nahe zu bringen, aber kaum etwas über die tieferen Wirkungen ihrer Verpackungen. Die Folge davon ist, dass sie die rationalen Informationen unter dem Maßstab emotionaler Gefälligkeit verpacken. Und damit erreichen sie genau das Gegenteil symbolischer Wirksamkeit.

Symbole wirken autoritär, Gefälligkeit wirkt unterwürfig. Die Unterwürfigkeit gefällig verpackter Informationen wird zwar auch nicht von der kognitiven Zensur des Empfängers registriert, wirkt aber auf sein Unterbewusstsein negativ. Unterwürfige Gefälligkeit gefällt spontan, ermüdet bald, erzeugt dann Überdruss, schließlich Verdruss, Missfallen, Geringschätzung und Abscheu. Das weiß eigentlich jeder aus seiner Erfahrung mit unterwürfigen Menschen, mit Servilität. Trotzdem folgt die Mehrzahl der Kommunikationskünstler immer wieder den Aussagen der Meinungsforschung, die über den spontanen Beifall zu ihrer Gefälligkeitskunst berichtet und zu gesteigerter Gefälligkeit ermuntert. Der Markenmanager hat hier keine leichte Aufgabe. Er muss auf die Arbeit seiner Dienstleister nicht nur mit der vollen Autorität des Auftraggebers einwirken, sondern auch mit der des Markenbotschafters. Er muss heftige Bildungsanstöße in Richtung Symbolkunde geben.

Die Aufträge und Anweisungen eines Markenmanagers an seine Dienstleister unterliegen in ihrer Wirkung den gleichen Erfolgsbedingungen wie deren Arbeitsergebnisse. Selbst theoretisch korrekt gegliederte, inhaltlich verbindliche und verständliche Briefings können den Dienstleistern nicht den Markensinn vermitteln, solange sie nur mit kognitivem Verständnis entgegengenommen werden. Damit die Mitarbeiter des Markenmanagers auch affektiv vom Sinn ihres Auftrages ergriffen werden, müssen sie der gleichen Symbolwirkung ausgesetzt werden, die sie anschließend produzieren sollen. Das engere Team des Markenmanagers muss deshalb von ihm in dem gleichen Stil beeinflusst werden wie die letzten fernen Teilhaber seiner Markenanhängerschaft. Der Markenmanager ist damit als Stilvorbild unentbehrlich. Seine missionarische Tauglichkeit erweist sich schon an seinen Jüngern. Dazu braucht er Mut und einiges Geschick.

Politikern und Managern wird heute gern für medienwirksame Geschicklichkeit die Teilnahme an Seminaren und Schulungskursen nahe gelegt. Ich weiß, dass viele das für »affig« halten, doch ich kenne niemanden, dem die Teilnahme an solchen Übungen geschadet hat. Also empfehle ich sie Ihnen. Aber sie liefert dem Markenmanager natürlich nur eine technische Grundlage, da er ja im Sinne seiner Marke einen ganz besonderen Stil sucht – seinen Stil. Da haben wir wieder das Wort, dem ich schon in vorherigen Kapiteln so große Bedeutung zugeschrieben habe. Das Wort Stil wird oft missbraucht, aber unter ihm lässt sich die erwünschte authentische Ausdrucksqualität eines persönlichen Auftritts immer noch am besten fassen. Nur der persönliche Stil macht den Sprecher persönlich glaubwürdig. Der Stil einer anderen Person macht ihn persönlich unglaubwürdig. Ein unpersönlicher, artifizieller Stil wirkt affektiert, übergestülpt wie bei einer Maskerade und deshalb unglaubwürdig.

Masken machen misstrauisch. Jeder gute Medientrainer wird darauf hinwirken, dass sich seine Seminaristen nicht in Masken flüchten, sondern den Ausdruck ihrer Eigenart kultivieren.

Markenstil ist ein subtiles System unzähliger Zeichen

Stil ist als Beweis sinnvoller Eigenart das Gegenteil dessen, was Friseure, Schneider und Innenausstatter ihrer Kundschaft normalerweise als Stil verkaufen. Stil ist das Gegenteil von Mode. Den Missbrauch des Wortes Stil für Designkonfektion aller Art sollte der kluge Markenmanager verständnisvoll tolerieren. Er sollte wohl Verständnis dafür haben, dass die Käufer von genormtem Stil ihn ersatzweise kaufen für eigenen Stil – weil sie den Mangel an authentischem Stil tief und schmerzlich empfinden. Ich kenne kein besseres Wort für die Erscheinung sinnvoller Eigenart. Markenstil ist also der umfassendste Begriff für das Arbeitsziel des Markenmanagers. Der Markenstil ist das Ergebnis der von den Kommunikationsexperten angestrebten integrierten Kommunikation und führt über diese noch hinaus. Er ist ein Synergieprodukt, das auch dann noch wirkt, wenn die Wirkungen aller integrierten Kommunikationsmaßnahmen scheinbar spurlos verschwunden sind. Stil ist das Substrat, in dem alle scheinbar wirkungslos gewordenen Kommunikationsmaßnahmen weiter wirken. Er wirkt nach ihrem Entschwinden noch aus dem kleinsten, feinsten Gedächtnisanstoß.

Stil ist eine Wirkung, die durch unzählig viele sinnvolle Zeichen gebildet wird. Entsprechend der evolutionsbedingten Struktur des Gedächtnisses ist auch das Gedächtnisprodukt stilstrukturiert. Selbst wenn der stilverantwortliche Markenmanager dieses niemals belegen kann, ist doch sein Markenstil in jeder Phase seiner Entwicklung niemals eine chaotische Anhäufung von Zeichen, sondern ein anthropologisch organisiertes, autopoietisches Symbolsystem. Das Symbolsystem Stil entspricht in seiner Struktur zuverlässig dem System jener Markensubstanz, das es kommuniziert. Symbole aus archaischer Menschheitsgeschichte kommunizieren die ältesten, uns fast animalisch anmutenden Sinngehalte unserer Marke.

Symbole historischer Epochen der Mythenbildung kommunizieren alte mythologische Deutungen ihres Sinnes. Symbole jüngerer, raumzeitlich begrenzter Kommunikation kommunizieren ihre kulturellen Bedeutungsinhalte. Neue zeitgenössische Symbole aktualisieren ihre Bedeutung und verlängern eine Mythenbildung, die niemals ein Ende finden muss.

Stil ist mächtiger als alle Argumente. Stil kommuniziert das faktisch Gegebene, das Seiende, nicht die Absicht eines Senders. Argumente kommunizieren die Absichten dessen, der sie benutzt. Im Zweifel empfindet der Empfänger jedes Argument als gegen sich gerichtet. Deshalb wecken Argumente im Prinzip immer Zweifel und den Widerspruchsgeist der Empfänger. Der natürliche Widerspruchsgeist des Menschen ist nur durch Stil zu überwinden. Nur Stil kommuniziert die Autorität des Faktischen und nur der Autorität des Faktischen fügt sich der Mensch. Gegen das Faktum helfen kein Argumentieren und kein Widerspruchsgeist.

Das heißt nicht, dass der Bereich der rationalen Kommunikation für die Markenbildung bedeutungslos wäre und der Markenmanager seine Stilbemühungen auf nichtrationale Botschaften beschränken könnte. Ganz im Gegenteil: Er darf gerade jene Kommunikationselemente nicht aus seinem Stilkonzept aussperren, die sich der Kritik anbieten wie eben Argumente. Gerade die kritikempfindlichsten Elemente seiner Kommunikation bedürfen ihrer Absicherung durch den Stil. Jede unterschiedliche Behandlung von rationalen und irrationalen, harten und weichen, persönlichen und überpersönlichen Kommunikationsmitteln wäre falsch. Weil alle Kommunikationsmittel stilwirksam sind, müssen sie auch alle der Stilregie des Markenmanagers unterworfen werden. Markenmanagement ist in letzter Konsequenz Stilregie.

Der Stil ist die Sprache der Markenautorität, eine gebieterische Sprache, die keinen Widerspruch duldet. Seine natürliche Autorität verdankt er seinem Ursprung in der anthropologischen Struktur der Markensubstanz. Ich habe diese Struktur an anderer Stelle als listig oder auch strategisch bezeichnet. Ihre Listigkeit äußert sich in dem aus der Markenstruktur gebildeten Stil dadurch, dass er gewährt, indem er fordert. Der Stil einer Marke gewährt ihrer Anhängerschaft dadurch Befriedigung, dass er von ihr Respekt fordert. Es gibt keinen Markenstil, der einfach nur gefällt, keinen Gefälligkeitsstil. Stil und Gefälligkeit schließen sich aus. Ein Manager, dem das Gefallen wichtiger ist als das Herrschen, muss auf Stil und Marke verzichten. Markenstil ist ein subtiles Herrschaftssystem, das den Herrschaftswillen des Markenmanagers voraussetzt.

Die meisten Menschen wollen ihren Mitmenschen vor allem gefallen. Die Gefallsucht der Kommunikationsprofis ist sicher besonders groß, aber auch manchen Managern ist der Beifall ihrer Mitmenschen wichtiger als ihr Einfluss. Der Verzicht auf Beifall zugunsten von Respekt muss geübt werden, das zeitweilige Missfallen des Publikums ist eine Bedingung für seine Achtung. Die Marke muss als ein Evolutionsprodukt und im Interesse der Evolution Leistungen fordern. Ein Markenstil muss Forderungen stellen, um der Anhängerschaft der Marke Antrieb und Befriedigung zu bieten, denn nur die Erfüllung von Forderungen gewährt dem Menschen echte Befriedigung. Das ist eine verteufelt schwierige Einsicht in unserer permissiv gestimmten Individualistengesellschaft. Selten war das Schlaraffenland so populär wie heute. Möglicherweise ist auch aus der süßen Wahnvorstellung vom Genuss ohne Leistung der hartnäckigste Widerstand gegen den fälligen Paradigmenwechsel zu erwarten.

Lust wächst aus Leistung, aus sinnvoll erlebter Leistung. Das Schlaraffenland macht seine Bewohner lustlos, unzufrieden und krank, so sehr sie sich auch nach ihm gesehnt haben. Das erklärt die wachsende Lustlosigkeit der Wohlstandsbürger und ihre scheinbar so unvernünftigen Kraftanstrengungen in der Freizeit. Die gleichen Menschen, die sich gern vor bezahlter Anstrengung drücken, geben in ihrer Freizeit viel Geld dafür aus, um sich anstrengen zu dürfen. Sie bringen große Opfer für Sport und Spiele, opfern Geld, Zeit, Gesundheit und Kraft und riskieren zu höchster Luststeigerung in manchen Sportarten sogar ihr Leben. Fallschirmspringer, Riverrafter, Freeclimber, Bungeejumper, Canyoning-Abenteurer, Bergsteiger, Segelflieger, Safarijäger, Hochseesegler, Springreiter, Motocrossfahrer, Karatekämpfer – sind das alles Schwachsinnige? Und all die Tennisarme, Gipsbeine, Golfrücken, Fußballerschäden und Turnerverrenkungen: Sollten das alles nur Strafen für kollektive Narretei sein? Der Rationalist muss das glauben. Der kluge Markenmanager weiß es besser: Das alles sind Äußerungen hemmungsloser Leistungslust, unvernünftige, aber lebensnotwendige Äußerungen der menschlichen Natur.

Die Faszination des Markenstils hängt an den Leistungsopfern seiner Fans

Der Markenmanager muss wissen, dass er der Anhängerschaft seiner Marke sportliche Herausforderungen, Leistungsopfer bieten muss. Das ist eine ganz wichtige Erkenntnis: Jede Marke muss von ihrer Anhängerschaft Opferleistungen fordern. Nur durch die Opfer ihrer Anhänger erneuert sie immer wieder ihre Faszinationskraft. Alle bedeutenden Marken fordern solche Opfer, teils bewusste, teils unbewusste. Mögen die Opfer noch so subtil sein: Sie wirken. Gar nicht besonders subtil, aber immer wirksam ist das Geldopfer. Jede Marke, die auch unter den Parametern ökonomischer Wertbegriffe im Wettbewerb steht, muss einen Premiumpreis fordern. Ob sie sich ausdrücklich als Premiummarke artikuliert oder nicht, ist gleichgültig; sie muss sich immer zu einer Premiumposition innerhalb ihrer Gattung verpflichtet zeigen.

Wenn eine Marke durch ein ökonomisches Angebot erlebt wird, muss sie auch unter ökonomischen Maßstäben höchstwertig sein. Die Marken mit der höchsten Faszinationswirkung fordern seit jeher auch die höchsten Geldopfer. Die allgemein gern als Beispiel für faszinierende Marken genannte Harley-Davidson kassiert von den Käufern ihrer Produkte Aufpreise, deren Zahlung jeden Harley-Davidson-Fahrer unter rationalistischen Maßstäben als unheilbar schwachsinnig abstempeln. Aber davor muss er sich nicht fürchten, das Gegenteil ist allgemein der Fall. Selbst Rationalisten beneiden Eigentümer einer Harley-Davidson oft deutlich erkennbar. Der Fahrer eines Ferraris, Lamborghinis und Rolls-Royce geht es ähnlich, auch dem Raucher einer Davidoff und dem Trinker eines Dom Perignon. Spendenopfer diskriminieren nicht.

Der Preisabstand, normalerweise ein deutlicher Mehrpreis über dem Durchschnittsniveau der Wettbewerbspreise, ist bis heute ein unverzichtbares Zeichen in dem Symbolsystem des Markenstils eines Wirtschaftsunternehmens. Selbst im Symbolsystem eines Discounters ist er in seiner Umkehrung wirksam, nämlich als Preisprestigeopfer. Entscheidend ist, dass der Preis ein Bekenntnis erzwingt, einen Zwang ausübt, der Demut fordert. Ob der Käufer des Produktes einer Hochpreismarke demütig Geld opfert oder der Käufer des Produktes einer Discountmarke demütig ein preisbezogenes

Sozialprestige, ist für die Markenbildung unwichtig. Wichtig ist seine Unterwerfung. Ein Preisabstand ist ein Symbol. Wie jedes Symbol fordert auch er schon dadurch Unterwerfung, dass er sich der Erklärung verweigert. So wenig sich ein Preisabstand nach oben oder unten dem Publikum erklären darf, so wenig darf sich jedes andere an der Markenbildung beteiligte Symbol erklären, schon gar nicht natürlich die Marke als umfassendes Symbol. Autorität erklärt sich nicht. Autorität ist autonom, durch sich selbst begründet, unerklärbar, undurchschaubar und unabhängig von jeder Rechtfertigung.

Eine der törichtesten Forderungen, die der Markenmanager immer wieder von vielen Seiten zu hören bekommt, ist die nach der Klarheit seiner Marke. Ist die Forderung nicht aus Torheit gestellt, sondern nur missverständlich formuliert, so führt sie doch meistens zu schlimmer Torheit. Ein Markenmanager, der sich bemüht, seine Kommunikation klar, also logisch durchsichtig, erklärbar und verständlich zu machen, behindert die Stärkung seiner Marke mehr, als es alle seine Gegner gemeinschaftlich könnten. Jede Bestätigung, die er anschließend vonseiten der Marktforschung für ein *klares inneres Bild* seiner Marke in ihrem Publikum bekommt, ist entweder eine Fälschung oder eine Bestrafung. Gott sei Dank sind die meisten Berichte über klare innere Bilder von Marken nur Fälschungen, denn das Publikum sträubt sich gewaltig gegen den Versuch der Bildung und Preisgabe klarer innerer Bilder. Es wäre dazu auch unfähig. Will es dem Meinungsforscher dennoch von seinen inneren Bildern erzählen, um ihm gefällig zu sein, so kann es nur fabulieren.

Kann jemand, der die Marke als Symbol verstanden und begriffen hat, das seine Faszination der Undurchdringlichkeit seiner Struktur verdankt, ernsthaft empfehlen, diese dem Publikum offen zu legen? Wohl kaum. Die Widersinnigkeit, ein Wirkungsgeheimnis zu lüften, um das Geheimnis wirksamer zu kommunizieren, wäre für ihn ja wohl offensichtlich. Also gibt es nur zwei Erklärungen: Entweder er versteht nichts von Symbolen oder aber er meint mit seiner Forderung nach Klarheit etwas ganz anderes. Nehmen wir an, er meinte etwas anderes. Was könnte das sein? Welche Art von Klarheit im Publikum wäre erstrebenswert? Das könnte doch wohl nur die Klarheit einer tiefen Zuneigung sein, etwa so, wie ein Mensch sich seiner Liebe zu seinem Partner klar sein kann. Klarheit als klare Überzeugung; diese könnte man als Ziel des Markenmanagements gelten lassen, keine andere. Wer eine andere Art von Klarheit fordert, möge doch nur einmal bei sich selbst feststellen, was dabei herauskäme. Er sollte versuchen, sein klares inneres Bild von seinem geliebten Partner festzustellen und dieses dann einem anderen Menschen mitzuteilen. Sein Scheitern würde ihm darüber Klarheit geben, dass seine Forderung nach Klarheit schrecklich ist. Er sähe sich gezwungen, seine Liebe zu zerstören.

Der kluge Markenmanager strebt in seinem Publikum die gegenteilige Wirkung von mitteilbarer Klarheit an. Das Gegenteil ist nicht geistige Verwirrung, sondern eine gefühlshafte Klarheit, die keiner gedanklichen Bestätigung bedarf, eine Glaubengewissheit. Dazu benutzt er eine Vielzahl sinnhaltiger Zeichen, deren jedes für sich und alle gemeinsam auf den Sinn seines Unternehmens hinweisen. Die meisten seiner Zeichen sind subtilere Symbole als der Preis, deshalb aber nicht weniger wirksam. Alle wirken sie auf der Ebene vorbewusster Empfindungen, alle entspringen sie universalen Mythen. Zur Veranschaulichung ziehe ich noch einmal das Fallbeispiel der Marke Hitler heran. Es eignet sich auch deshalb besonders, weil bei jener Markenstilbildung wirklich auf keine Art von Symbolen verzichtet werden musste. Der Hitler-Stil war so dicht gewebt wie sonst nur der Stil großer Kirchen. In keinem anderen Staatswesen der Neuzeit wurden so viele Symbole so systematisch miteinander verbunden, nirgendwo eine so hohe Stildichte erreicht. Natürlich erscheint uns der Hitler-Stil unter unseren eigenen weltanschaulichen Maßstäben unkultiviert und lächerlich, unter jener Weltanschauung, die er kommunizieren sollte, war er kultiviert. Ein Markenmanager, dem es gelingt, eine auch nur annähernd ähnliche Stildichte zu erreichen, wird auch unter den widrigsten äußeren Umständen erfolgreich sein.

Der kleine Bub, der damals wohl gern Hitlerjunge geworden wäre und nur Pimpf war, wurde von allen Seiten über alle seine Sinne und alle seine Empfindungen mit Zeichen bombardiert. Und er wurde sich des Bombardements nicht im Geringsten bewusst. Weder wurde er sich dessen bewusst, was für Zeichen da auf ihn einprasselten, noch wurde er sich dessen bewusst, dass die Empfindungen, die ihn infolgedessen bewegten, gar nicht seine persönlichen waren, sondern dass er sie mit Millionen Menschen teilte. Er fühlte sich ganz allein als Siegfried und ahnte nicht, dass sich Millionen anderer auch als Siegfried fühlten. Er kannte nicht einmal die Nibelungensage und fühlte sich doch als Siegfried. Ein Heldenmythos, der seinerseits nur eine Version vieler ähnlicher uralter Heldenmythen ist, erwachte ganz plötzlich in dem Knaben zu neuem Leben, ausgelöst durch das Zeichenbombardement eines Markenstils.

Der Hitler-Mythos konnte seine unwiderstehliche Kraft deshalb so schnell entfalten, weil seine Manager ein gewaltiges Symbolrepertoire sorgfältig auf das Wirkungsziel eines Stils hin ausgewählt hatten, der dem Mythos gemäß war. Man hatte zwar das eine oder andere Zeichen den ästhetischen Normen seiner Zeit ein wenig angepasst, aber doch nur gerade so viel wie nötig war, um Reibungswiderstände zu vermeiden. Die an seinem Styling beteiligten Texter, Artdirektoren und Designer waren verglichen mit ihren heutigen Kollegen gar nicht besonders kreativ, sondern griffen ungeniert in den historischen Symbolfundus hinein. Was immer die abendländische Geschichte an bewährten Symbolen für die neue Heldensage hergab, wurde geprüft, ausgewählt und eingepasst. So wurde die volle Ladung mythischer Energie, die in diesen Zeichen über mehrere Jahrtausende angesammelt worden war, für die Stilbildung im Dienste des Hitler-Mythos eingesetzt. Wenn sich die Kommunikationsexperten unserer Tage ein Beispiel daran nehmen würden, könnten sie den Wirkungsgrad ihrer Werke wesentlich erhöhen, vor allem dann, wenn sie ungenierter auf die Erbstücke ihrer Vorfahren zurückgreifen würden.

Alte Zeichen leisten für die Komposition eines Markenstils mehr als neue Zeichen

Die CI-Designer des Markenmanagers Goebbels waren überhaupt nicht zaghaft. Das Wirkungsziel war ihnen vorgegeben: Ohne Hitler kein Leben. Ihre Analogie: Ohne Sonne kein Leben auf der Erde. Also wählten sie die Sonne als Symbol für Hitler, als sein Logo. »Es werde Licht! und es wurde Licht. Gott sah, dass das Licht gut war. Gott schied das Licht von der Finsternis. Gott nannte das Licht Tag und die Finsternis nannte er Nacht.« (Gen. 1.Mose 1, 3-5) Der Leitgegner war damit auch schon gefunden: die Finsternis. Wer gegen Hitler war, war ein Bote der Finsternis. Ein Leitgegner beschleunigt die Markenbildung enorm. Gut und Böse waren mit der Wahl des Lichtsymbols unmissverständlich bestimmt. Die Designer griffen beherzt in die tiefe Kiste universaler Sonnensymbole und fanden dort die Swastika. Sie nannten es Hakenkreuz, nicht nur, weil es aussieht wie ein Kreuz mit Haken und sich so leichter ansprechen lässt, sondern um es eingedeutscht ihrem Hitler zueignen zu können.

Das Hakenkreuz, die Swastika, im Sanskrit: »So sei es«, vorarischen Ursprungs, bereits im alten China von Kaiser Tai Tsung wegen seiner Heiligkeit als Muster für Seidenerzeugnisse verboten, dort unter dem Namen *Wan* gleichzeitig für die Zahl 10 000 gesetzt, die für Asiaten Unendlichkeit, Segen und Glück bedeutet, von den Hindus ebenso verehrt wie von den Navajos in New Mexiko und nicht nur in den Fußstapfen Buddhas, sondern auch auf französischen und englischen Grabsteinen zu finden, ist wahrhaftig keine Nazikreation. Seine Symbolkraft ist in der Menschheitsgeschichte derart weit verbreitet und tief verwurzelt, dass man kaum darauf hoffen kann, es jemals aus der Welt zu schaffen. Verbieten hilft nichts. Dagegen hilft schon eher die über Jahrtausende hin bewährte Verfahrensweise der Sieger, den Besiegten dadurch endgültig zu entmachten, dass man ihm seine Machtsymbole nimmt und in das eigene Symbolrepertoire aufnimmt. Die Wappen der Sieger sind voll von eroberten Symbolen.

Goebbels' Designer wählten unter den vorhandenen Sonnensymbolen nicht nur mit Bedacht, sondern auch inspiriert. Ihr Markenmanager hatte sie offensichtlich gut auf seine Story eingestimmt, bevor er sie an die Arbeit schickte. Sonst hätten sie zum Beispiel auch ein Scheibensymbol oder ein Strahlensymbol wählen können und die Sonne ruhend, statisch, weiblich gezeigt wie in der Fahne Japans. Aber sie wählten eine dynamisierende Form der Sonne, das Sonnenrad, das der aggressiven Symbolik von Feuerrad und Sonnenwagen entspricht. Sie wählten die härteste, kantigste, männlichste Form unter den Sonnensymbolen als Aufbruchs- und Angriffszeichen der Nazis. Man hätte aus der Sonne auch etwas Friedliches gemacht haben können, so wie man es oft an Schweizer Urlaubshotels und Seniorenheimen sieht. Dieses sei hier nur erwähnt, um den großen Entscheidungsfreiraum der Designer zu belegen, die sich gern durch konzeptionsbedingte Symbolvorgaben in ihrer Designerfreiheit behindert fühlen.

Der Pimpf hatte das Hitler-Logo bei seiner Initiation übrigens nicht einmal bemerkt. Das Hakenkreuz war ihm längst vollkommen selbstverständlich. Sicher trat es an jenem Tag tausendfach in Erscheinung, auf Armbinden, Standarten, Fahnen jeglicher Größe und jeglichen Formats. Nur das Aufziehen, das Hissen einer sehr langen Fahne, war ihm aufgefallen. Aber das hatte auch eine besondere Ursache. Er musste beim Aufziehen der Fahne den Blick stark nach oben wenden, um der Fahne zu folgen, und dabei die Hand hochheben. Dazu blies man die Fanfaren. So waren da gleich mehrere Symbole gemeinschaftlich wirksam, und zwar äußerst starke.

Vor allem die Vertikale. Überall trat dem kleinen Menschen die hoch aufragende Senkrechte entgegen, in Fahnenstangen, Säulen, Pylonen, selbst noch in der Gestalt Hitlers. Und alle Menschen, die da versammelt waren, reckten sich und streckten immer wieder eine Hand nach oben. Die Vertikale ist eines der universalsten Symbole der Menschheit, ein Triumphsymbol sondergleichen. Seit sich der Mensch aus seiner krummen Affenhaltung zum Homo erectus emporgereckt hat, triumphiert er mit der Vertikalen. Unzählig viele Bilder aus allen Zeiten und Kulturen unterscheiden die hoch aufgerichtete Gestalt des Siegers von der liegenden Gestalt des Besiegten. In vielen Varianten werden sowohl der Akt der Unterwerfung als auch der des Niederwerfens eines Gegners in die Horizontale dargestellt. Senkrecht ist der Triumph, waagerecht die Demütigung, von Anbeginn der Menschheit an. Vom Senken des Hauptes über die Verbeugung und das Niederknien bis zur Berührung des Bodens mit der Stirn, den Kuss der Erde oder der Füße des Siegers bis zum Wälzen im Staube ist unsere Körper- und Gebärdensprache auch noch heute ist auf der ganzen Welt verständlich. Über eine Milliarde Muslime üben die Unterwerfung heute noch fünfmal täglich und selbst die höchsten geistlichen und weltlichen Würdenträger der Christenheit zeigen sie immer wieder demonstrativ gegenüber ihrem Allerhöchsten.

Gott ist oben und alles, was steil hinaufragt, nähert sich ihm. Jede Säule ist der Teil eines Tempels. Wer nach oben strebt, der reckt sich. Wer die Arme nach oben streckt, bekundet zugleich sein demütiges Unten gegenüber dem hohen Oben und seinen Wunsch, zu ihm zu gelangen. Der Hitlergruß mit dem Wort »Heil« dazu hatte eine ganz unglaubliche Symbolkraft. Dazu das Hissen einer großen, langen, roten Fahne an einem hohen Mast, bedächtig, fast minutenlang. Das zieht nicht nur den Blick der kleinen Menschen und ihr Begehren unwiderstehlich mit nach oben. Der Pimpf musste ständig nach oben schauen, dabei meistens auch die eigene Hand nach oben strecken und dazu immer wieder Musik machen oder hören. Und was für Musik! Nicht zufällig gleichen Fanfaren den Blasinstrumenten der Erzengel und ihr helles Schmettern jenen Klängen, die angeblich die Mauern von Jericho zum Einsturz brachten.

Nun fragen Sie vielleicht, welcher Markenmanager schon die Möglichkeit hat, Fahnen herumzutragen und aufzuziehen, Säulen und Pylonen zu errichten und seine Mitmenschen zu veranlassen, zu nächtlicher Stunde bei Fackelschein ihre Hand in die Höhe zu strecken. Das ist richtig: Die Gelegenheiten für derart dramatische Events sind selten. Aber schier unbegrenzt ist die Möglichkeit, bei nonverbaler Kommunikation zum Beispiel an die Symbolkraft der Vertikalen zu denken und sie zu nutzen. Nicht nur fast jeder Raum, auch fast jede Fläche bietet dazu Gelegenheit. Aber viel wichtiger als die formale Lektion der Vertikalen ist ihre inhaltliche: Wo immer sich Gelegenheit bietet, den Blick und das Gemüt des Publikums durch Zeichen nach oben zu lenken, hat der Markenmanager die beste Chance, den Wert seiner Marke zu erhöhen. Denn die Richtung aller Zeichen ist noch wichtiger als ihre einzelnen Bedeutungen.

Der Erfolg eines Markenstrategen ist der Dank jener Menschen, die er erhebt

Das Erheben des Gemüts ist die bedeutendste Wirkung eines Markenstils. Wer das wirklich begriffen hat, ist gegen die wohlgemeinten Ratschläge seiner Mitmenschen immun, die ihm empfehlen, doch volkstümlich zu kommunizieren. Bertold Brecht, ganz gewiss kein Nazi, hat ausdrücklich davor gewarnt, sich mit Volkstümelei anzubiedern: Das Volk reagiere sensibel und böse auf Volkstümelei, es bestraft die Herablassung. Man soll dem Volk wohl aufs Maul schauen, aber man darf es nicht nachäffen. Der Schaden, den

»volkstümelnde« Markenmanager bedeutenden Marken angetan haben, indem sie sie aus ihrer ursprünglichen Vertikalen in den horizontalen Staub heruntergerissen haben, ist sehr groß. Die Beschreibung der mir in meiner Praxis bekannt gewordenen Fälle würde ein Buch füllen. Marken orientieren wie Sterne; holt man sie vom Himmel herunter auf die Erde, so verblasst ihr Glanz.

Alle Menschen streben nach oben, jeder auf seine Weise. Auch ihr Vorwärtsstreben bedeutet ein Aufwärtsstreben. Dabei sollen dem Menschen die Marken helfen, allein dafür bildet er sie. Er ist sich dessen zwar nicht bewusst, aber er kann nicht anders. Es ist sein evolutionärer Auftrag zu wachsen und sich zu seiner Orientierung dabei der Markenbildung zu bedienen. Im persönliche Alltag versteht es jeder kultivierte Mensch auf das Streben seiner Mitmenschen Rücksicht zu nehmen. Jeder weiß, dass er die Würde eines Menschen verletzt, wenn er mit ihm in Kindersprache oder wie mit einem Betrunkenen spricht. Mindestens ahnt er es. In der Markenkommunikation dagegen setzt die Mehrzahl der Manager und Dienstleister immer wieder auf kulturelle und moralische Niedrigkeit und erniedrigt damit ihr Publikum und ihre Marken zugleich. Niedrigkeit und Primitivität werden fast regelmäßig verwechselt. Das primitive Streben zielt nach Erhöhung, nicht nach Erniedrigung. Die Idee, die so genannten *Massen* würden dem Niedrigen folgen, ist falsch. Gerade in seiner unbewussten Massenhaftigkeit ist der Mensch höchst empfindlich gegenüber Kräften, die seinem Entwicklungsstreben entgegentreten, viel empfindlicher als das Individuum.

Der Markenstil der Nazis wirkte nicht erniedrigend, sondern erhebend. Vielleicht war er die Kraft, nach der seit mehr als fünfzig Jahren so viele ernsthafte Analytiker suchen, um die grausige Macht des NS-Regimes zu verstehen. »Man kann ein Volk zwingen zu singen, aber man kann es nicht zwingen, mit solcher Begeisterung zu singen«, erkannte die Exil-SPD schon 1935. Aber woher die Begeisterung? Die Begeisterung war Dankbarkeit für die Erhebung der Gemüter. Alle Symbole, die bei der Einweihung und dem nächtlichen Aufmarsch eingesetzt wurden, wirkten erhebend: Die lodernden Feuer und Fackeln in der Nacht, das anschwellende Brausen des Chors der Heil-Schreier, die Uniformen und Karossen und alles das war hart verdient durch die Leistung eines langen, geduldigen, disziplinierten Wartens; davor das gemeinsame Singen der Hymne, dazu die Fanfaren.

Es ist ein Jammer, dass Markenmanager so selten Gelegenheit haben, musikalische Zeichen zu setzen. Bei den Olympischen Spielen erlebt man, was Musik in einem klug inszenierten Event bewirken kann. Sydney war auch in dieser Beziehung eine Glanzleistung der Markenkommunikation.

Im Prinzip ist aber schon durch kleine und kleinste Veranstaltungen bei kleineren Anhängerschaften die gleiche Faszination zu erreichen, wenn man mit Symbolen umzugehen weiß. Auch in Hauptversammlungen, Verkaufsveranstaltungen, auf Messen, in Filmen, TV-Spots, auf Plakaten, Anzeigen, ja selbst noch auf einem Briefbogen wirkt Stil faszinierend und markenbildend. Natürlich besteht ein Zusammenhang zwischen Aufwand und Ertrag, aber im Prinzip kann absolut alles, was da kommuniziert wird, Markenstil bilden, von der Begrüßung des Chefs bis zum Lieferschein. Die Wirksamkeit der geringen Mittel wird leider meistens erst dann deutlich, wenn sie negativ ist. Aus solchen Wirkungen lernt der Fortgeschrittene immer wieder. Irgendwann weiß er dann, dass er keine einzige Äußerung seines Unternehmens mehr dem Zufall überlassen darf, dass seine Stilregie genauso gnadenlos geübt sein will wie die des Film- oder Theaterregisseurs. Jener kennt keine unwirksamen Details.

Ein Versuch, aus dem kleinen Fallbeispiel über alle Lehren zu berichten, die ich aus ihm gezogen habe, würde den Rahmen dieses Buches sprengen. Aber es gibt da noch ein verbreitetes Missverständnis im Zusammenhang mit Stil, auf das ich aufmerksam machen muss. Das Missverständnis bezieht sich auf die Bewahrung von Stil. Man trifft es oft bei Menschen, die eine hohe enzyklopädische Bildung besitzen und ionische Säulen sicher von dorischen und korinthischen unterscheiden können. Sie meinen, man könne sich auf einem faszinierenden Stil ausruhen, ihn sozusagen verwalten. Solches Stilverständnis führt schnell zur Erstarrung und zum Bruch. Unter dem anthropologischen Maßstab ist Stil etwas überaus Lebendiges, eine Verhaltensform, die nicht rückwärts, sondern vorwärts gerichtet ist. Unter diesem Maßstab muss sich die Kraft eines Stils stets von neuem an seiner Wirkung auf die Umwelt erweisen, muss gelebt werden und lässt weder Restauration noch

Clownerie, Täuschung oder Betrug zu. Wer seinen Markenstil nicht als eine dem Sinn seiner Marke verpflichtete Führungsform entwickelt, sondern um zu täuschen, macht die Rechnung ohne ihr Publikum. Er scheitert, denn der Sinn seiner Marke liegt ja in ihrem Publikum, wie wir wissen, nicht in seinem Unternehmen. Vergessen wir das nicht und handeln konsequent, so ist uns der Erfolg sicher. Handeln wir nicht kalt und nach Vorschrift sondern in leidenschaftlicher Konsequenz, passioniert, dann sind wir sehr erfolgreich.

Anmerkungen zur Literatur

Weil es bis heute keine etablierte Markenwissenschaft gibt, gibt es auch keine wissenschaftliche Literatur zur Marke. Es gibt jedoch eine große Zahl von Autoren aus anderen Wissenschaften, deren Arbeiten wertvolle Beiträge zum Verständnis der Marke enthalten. Schon die Liste der Bücher, die mir geholfen haben, umfasst viele Seiten. Die Lektüre aller Bücher, die ich gern gelesen hätte, hätte ein sehr langes Leben ausgefüllt.

Als Markenpraktiker teile ich den Unmut jedes Praktikers angesichts ellenlanger Titellisten einerseits und karg bemessener Studienfreizeit andererseits. Deshalb beschränke ich meine Empfehlungen auf eine kleine Auswahl von Titeln, deren jeder einzelne wenigstens eine wichtige Schlüsselerkenntnis enthält und die in ihrer Gesamtheit ein leidlich rundes Bild des heute verfügbaren Wissens zur Marke bieten. Ich habe bei meiner Titelauswahl jenen Autoren den Vorzug gegeben, die sich um fachübergreifende Erkenntnisse bemühen. Dabei stimme ich nicht immer mit allen Aussagen überein. Wenn Auswahl und Lektüre noch immer mehr Zeit erfordern als vorhanden, kann ich den Leser nur ermutigen, sich einfach seiner Neugier anzuvertrauen. So tat ich es.

Biologie, Biochemie, Neurologie – zum Gedächtnis

1 Churchland, Paul M.: Die Seelenmaschine. Eine philosophische Reise ins Gehirn. Spektrum, Akademischer Verlag, 2001. Churchland schlägt einen Bogen *von den Neurotechnologien bis zu Moral und Kunst*. Er vertritt als Neurophilosoph sehr optimistische Erwartungen an die Entwicklung künftiger Kognitionsstufen, auch *gegen Proteste der Sozialpsychologie*.

2 Damasio, Antonio R.: Ich fühle, also bin ich. Die Entschlüsselung des Bewusstseins. Ullstein, 2002. Damasio, Neurologe und berühmt durch seine *Widerlegung des Dualismus von Gefühl und Verstand*, erklärt hier umfassend das Phänomen eines *sprachunabhängigen Kernbewusstseins* und die Emotionen zu *Kognitionsgrundlagen*.

3 Sir Eccles, John C.: Die Evolution des Gehirns- die Erschaffung des Selbst. Piper Verlag, 3. Aufl., 1999. Eccles, Neurobiologe und Nobelpreisträger, greift etwas weiter aus und bleibt offener als Churchland, ist weniger radikal, vielleicht religiöser, wagt hier den Sprung *vom Gehirn zum Geist*.

4 Maturana, Humberto R.; Varela, Françisco J.: Der Baum der Erkenntnis: Die biologischen Wurzeln des menschlichen Erkennens. Goldmann Verlag, 1996. Maturana und Varela, Neurobiologen und in Kontakt mit Physikern, Kybernetikern, Soziologen und Philosophen, haben vielleicht den wichtigsten erkenntnistheoretischen Durchbruch erreicht. Ihre Realitätsauffassung hebt Grenzen auf zwischen *harter* Wissenschaft und *weicher* Philosophie, *Repräsentationismus und Solipsismus* und überwindet die Idee einer *Kommunikation durch übertragene Information.* Ihre Theorie der *autopoietischen Organisation* scheint meine Theorie der natürlichen Markenbildung zu bestätigen.

5 Ratey, John J.: Das menschliche Gehirn. Eine Gebrauchsanweisung. Walter, 2001. Ratey, praktizierender Psychatrieprofessor, schreibt leicht lesbar und aufgeschlossen, speziell über unterbewusste und bewusste Gedächtnisleistungen, und bestätigt viele Aussagen von Anthropologen, Psychologen, Linguisten und Philosophen.

6 Sheldrake, Rupert: in der Diskussion. Das Wagnis einer neuen Wissenschaft des Lebens. Scherz Verlag, 1997. Sheldrake, Biochemiker, liefert unter dem Begriff *morphologische Felder* die Theorie eines *kollektiven, Gestalt bildenden Gedächtnisses* in der Nähe C. G. Jungs kollektivem Unbewussten einerseits und den Feldern der Quantenphysik andererseits; bestätigt anscheinend unsere Theorie der natürlichen Markenbildung.

7 Thompson, Richard F.: Das Gehirn. Von der Nervenzelle zur Verhaltenssteuerung. Spektrum Akademischer Verlag, 2001. Thompsons Werk hat den Charakter eines *laienverständlichen Lexikons*, sachlich und ohne philosophischen Anspruch, eine Informationsquelle für den, der in der künftigen Diskussion zum Gehirn immer wieder gesicherte Grundlagen sucht.

8 Wilson, Edward O.: Die Einheit des Wissens. Siedler, 1998. Der berühmte Ameisenforscher spannt hier den weitesten Bogen interdisziplinärer Erkenntnis; leicht lesbar, anregend und ermutigend für jeden, der zögert, die Grenzen seiner Ausbildung zu überschreiten, um sich die natürliche Markenbildung nutzbar zu machen.

Psychologie – zu Gedächtnis und Orientierung

1 Deneke, Friedrich-Wilhelm: Psychische Struktur und Gehirn. Die Gestaltung subjektiver Wirklichkeiten. Schattauer, 2001. Als Psychoanalytiker und Medizinprofessor steht Deneke gleichzeitig im naturwissenschaftlichen und im geisteswissenschaftlichen Lager, hat die *Kognitions : Emotions-Debatte* hinter sich und bietet hier eine moderne, leicht lesbare Einführung, speziell auch zum Gedächtnis.

2 Frankl, Viktor E.: Der Mensch vor der Frage nach dem Sinn. Eine Auswahl aus dem Gesamtwerk. Piper Verlag, 2001. Frankl, berühmter Erfinder der *Logotherapie*, Vertreter *humanistischer Psychologie*, stellt den unbewussten Geist als erste und letzte Instanz menschlichen Lebens fest und dessen Abhängigkeit vom *transzendenten Sinn.*

3 Fourastié, Jean: Die große Metamorphose des 20. Jahrhunderts. Econ Verlag, 1964. Philosoph? Psychologe? Soziologe? Volkswirt? Physiker? Fourastié stellt hier insbesondere *die Idee* als logische Kristallisation des Bewussten und Unbewussten und als *ausschließende Macht* in den Mittelpunkt seines leicht lesbaren Buches.

Philosophie – zu Wahrnehmung, Gedächtnis, Orientierung

1 Bergson, Henri: Materie und Gedächtnis. Eine Abhandlung über die Beziehung zwischen Körper und Geist. Meiner Verlag, 1991. Bergson, Philosoph und Nobelpreisträger, zunächst oft mit dem Vorwurf des Irrationalismus angegriffen, hat mit seiner Theorie von *Dauer und Gedächtnis* schon früh einen anthropologischen Erkenntnisstand erreicht, der von modernen Neurologen anscheinend nur bestätigt wird und viele Theorien des materialistischen Rationalismus überwindet.

2 Capra, Fritjof: Das Tao der Physik. Die Konvergenz von westlicher Wissenschaft und östlicher Physik. Scherz Verlag, 1984. Capra, ursprünglich Physiker, dann Philosoph und Kritiker unseres westlichen, physikalisch-mechanischen Weltbildes, öffnet dieses hier für Einsichten östlicher Kulturen, die auch für ein modernes Markenmanagement relevant sind.

3 Husserl, Edmund: Husserl. Diederichs, 1997. Husserl, Vater der Phänomenologie, wird hier durch verschiedene Arbeiten dem Leser vorgestellt, der Zeit und Kraft genug hat, um sich ein wirklich stabiles Fundament für das Verständnis jeglicher Wahrnehmung – also auch einer Marke – zu verschaffen.

4 Popper, Karl R.: Alles Leben ist Problemlösen. Über Erkenntnis, Geschichte und Politik. Pieper, 2002. Sir Karl, als Philosoph auch Arbeitspartner von Eccles, ermutigt durch Vorbild und Theorie zu interdisziplinärer Forschung, zu beherzter *Falsifikation* und *Akzeptanz der Konflikte* als Humus des Fortschrittes.

5 Sainsbury, R. M.: Paradoxien. Reclam, 2001. Eine kompetente philosophische Einführung und historische Übersicht zum Verständnis notwendiger Widersprüchlichkeiten, auch in Markenbildungen, streckenweise auch eine vergnügliche Lektüre.

6 Schöppe, Arno: Theorie Paradox. Kreativität als systemische Herausforderung. Carl Auer, 1995. Schöppe, interdisziplinär in Theorie und Praxis, bietet hier in philosophischer Freiheit aus der Verbindung von *Autopoiese und Paradoxie* einen sehr modernen Systementwurf; der auch für die Markenbildung gültig scheint.

Diverse Wissenschaften zu Symbol, Mythos, Kult

1 Barthes, Roland: Mythen des Alltags und Das semiologische Abenteuer. Suhrkamp, 1988. Barthes nutzt die Wissenschaft der nonverbalen Zeichen früh, um die zu allen Zeiten unvermeidliche *Macht der Mythenbildung* sensibel und kritisch darzustellen. Das erste Buch ist vor dem zweiten zu empfehlen.

2 Campbell, Joseph: Die Kraft der Mythen. Bilder der Seele im Leben des Menschen. Artemis-Verlag, 1994. Der bebilderte Dialog mit dem berühmten Mythologen gibt eine Vorstellung von der Notwendigkeit, auch in unserer Zeit über *zeitlos lebendige Geschichten* Sinn zu vermitteln.

3 Eco, Umberto: Einführung in die Semiotik. UTB, 2002. Eco, der Vitalität, Ästhetik und Aktualität seiner Wissenschaft durch seine *Romanerfolge* praktisch bewiesen hat, ist vermutlich auch ihr kompetentester Vermittler an eine künftige Markenwissenschaft.

4 Gadamer, Hans-Georg: Wahrheit und Methode. Grundzüge einer philosophischen Hermeneutik. J. C. B. Mohr, 1990. Gadamer, Vater der Hermeneutik, immer wieder der Unwissenschaftlichkeit geziehen, liefert hier insbesondere Einsichten über *Ästhetik, Geschmack und Stil* als soziale, nicht private Wertmaßstäbe von hoher Relevanz für das Markenmanagement.

5 Grethlein, Christian: Grundfragen der Liturgik. Ein Studienbuch zur zeitgemäßen Gottesdienstgestaltung. Chr. Kaiser, 2001. Was jeder Pfarrer heute über *Ästhetik, Symbolik, Ritual, Kult*, ja schon über Semiotik lernt und *liturgisch systematisiert*, kann für einen kreativen Markenmanager kaum uninteressant sein.

6 Jung, C. G.: Der Mensch und seine Symbole. Walter-Verlag, 1995. Jung, als Erfinder des *kollektiven Unbewussten* oft zitiert und missverstanden, sollte ein Markenmanager schon einmal selbst gelesen haben, zumal dieser reich bebilderte Band die Lektüre so leicht und anregend macht.

7 Neumann, Eckhard: Herrschafts- und Sexualsymbolik. Grundlagen einer alternativen Symbolforschung. Kohlhammer, 1983. Der Kunsthistoriker und Psychologe überführt das traditionell lexikalische Symbolverständnis über eine *Deutung in Funktionskreisen* in die moderne Kulturanthropologie, leicht verständlich und reich illustriert.

8 Welte, Bernhard: Religionsphilosophie. Josef Knecht Verlag, 1997. Zum Verständnis des *Kult als realsymbolische Handlung* empfiehlt sich nicht nur der letzte Teil der Darstellungen dieses Theologen, dessen Arbeit in der *Religionsphänomenologie* seinen Anfang hatte.

Diverse Wissenschaften – zu Großorganismen

1 Bloom, Howard: Global Brain. Die Evolution sozialer Intelligenz. Deutsche Verlags-Anstalt, 1999. Der Biochemiker Bloom bezeichnet sich als Paläo-Bio-Sozio-Psychologen

und beweist das Alter und die evolutionäre Bedeutung *mentaler Großorganismen*, wie es auch die Anhängerschaften von Marken sind.

2 Huntington, Samuel P.: Kampf der Kulturen. Die Neugestaltung der Weltpolitik im 21. Jahrhundert. Europa Verlag, 1996. Der Politikwissenschaftler bestätigt in seiner spektakulären Warnung vor multikulturellem Universalismus sowohl die *Stabilität kultureller Zivilisationen* als auch ihre *moralischen Gemeinsamkeiten*.

3 Kershaw, Ian: Der Hitler-Mythos. Führerkult und Volksmeinung. Deutscher Taschenbuch Verlag, 2002. Der Historiker Kershaw analysiert hier eine systematische *Entwicklung von Kult und Mythos*, nach seiner Meinung eine der erfolgreichsten der Geschichte.

4 Le Bon, Gustave: Psychologie der Massen. Kröner, 1982. Der Begründer der Massenpsychologie, ein Arzt, Ethnologe, Psychologe und Soziologe, verkündete als erster moderner Autor die *seelische Einheit menschlicher Großorganismen*; leicht lesbar, vorwissenschaftlich nach Meinung vieler Kritiker, doch immer noch grundlegend.

5 Ortega y Gasset, José: Aufstand der Massen und Der Mensch und die Leute. Deutsche Verlags-Anstalt, 1978. Zwei frühe Einführungen zum Markenverständnis als *massenpsychologischem Phänomen*, unter den philosophischen Werken zu diesem Thema ein wahres Lesevergnügen.

Einige Wissenschaften – zu Strategien

1 Domizlaff, Hans: Die Gewinnung des öffentlichen Vertrauens: Ein Lehrbuch der Markentechnik. Marketing Journal, 1992. Domizlaff, Künstler, Philosoph und Stratege, liefert den ersten Entwurf einer Markenwissenschaft. Obwohl er als *Pionier des Markenartikels* gilt, weist sein Entwurf schon weit über die materielle Gebundenheit der Marke hinaus.

2 Heuskel, Dieter: Wettbewerb jenseits von Industriegrenzen. Aufbruch zu neuen Wachstumsstrategien. Campus Verlag, 1999. Heuskel, Partner einer führenden Gesellschaft für Strategieberatung, berichtet unter dem Titel *Business Migration* über eine Befreiung des wirtschaftlichen Wettbewerbs aus Produkt- und Branchenbindungen, die es erleichtert, Marken aus materieller Gebundenheit zu lösen.

3 Köhler, Richard (Hg.): Erfolgsfaktor Marke. Neue Strategien des Markenmanagements, Verlag Vahlen, 2001. Diese Sammlung von Aufsätzen betriebswirtschaftlicher Theoretiker und Praktiker liefert einen (in diesem Buch erwähnten) Überblick über die aktuelle Einschätzung der Marke durch Wirtschaft und Wirtschaftswissenschaft.

4 Porter, Michael E.: Wettbewerbsstrategie. Methoden zur Analyse von Branchen und Konkurrenten. Campus Verlag, 1992. Das Standardwerk des berühmten Harvard-Professors bietet immer noch den vollständigsten Überblick über alle *betriebswirtschaftlich orientierten Wettbewerbsstrategien*.

5 Rapp, Reinhold: Customer Relationship Management. Das neue Konzept zur Revolutionierung der Kundenbeziehungen. Campus Verlag, 2000. Rapp, Marketingprofessor und Pionier des *CRM*, beschreibt unter der Idee des *Permission Marketing* eine Beziehungsstrategie, die unter einigen Aspekten der Markenstrategie entspricht, jedoch im Gegensatz zu dieser auf indi-

viduelle, kognitiv begründete Beziehungen zielt.

6 Ries, Al; Trout, Jack: Positioning. Die neue Wettbewerbsstrategie. McGraw-Hill, 1986. Ries und Trout praktizieren auf den Erkenntnisgrundlagen zur *ausschließenden Idee* und zur *Symbolbildung* eine *Werbestrategie*, die unserer Markenstrategie ähnlich ist, aber noch auf der Sender-Empfänger-Theorie aufbaut.

7 Sunzi: Die Kunst des Krieges. Droemer Knaur, 1988. Sunzi, chinesischer Urahn der Wettbewerbsstrategen, rühmte schon vor zweieinhalbtausend Jahren als höchstes Ziel der Kriegskunst den Frieden, eine *Koexistenz der Wettbewerber*, wie sie uns auch die Kunst des Markenwettbewerbs verspricht.

8 Vester, Frederic: Die Kunst, vernetzt zu denken. Ideen und Werkzeuge für einen neuen Umgang mit Komplexität. Deutsche Verlags-Anstalt, 1999. Vester, als Biokybernetiker ist er Theoretiker und Praktiker, empfiehlt im Umgang mit hochkomplexen Systemen (wie auch Marken) *systemische Strategien* auf den Grundlagen von *vernetztem Denken* mit unscharfen Mustern gemäß der *Fuzzy Logic*.

Namensregister